INHALT

Was ist Mutterliebe?

Eine Bande stärker als alle irdischen Bindungen, eine Lebensnotwendigkeit, eine Conditio sine qua non – ohne die es kein Leben gäbe, kein höheres im Allgemeinen, kein menschliches im Speziellen. Sie bildet den Charakter, ist das Gerüst, auf dem sämtliche zwischenmenschlichen Beziehungen aufbauen, ist die Basis von Selbstbewusstsein, Entwicklungsfähigkeit, Lebenswillen und Leistungsbereitschaft. Mutterliebe ist kurz gesagt so universal, so bedeutungsschwer und so lebensnotwendig, dass es fast vermessen scheint, ein Buch über sie zu schreiben.

Dass es dennoch hier versucht werden soll, hat mit dem merkwürdigen Phänomen zu tun, dass unsere Gesellschaft zunehmend meint, auf Mutterliebe verzichten zu können, und dass diese, wenn schon nicht zur Gänze verzichtbar, so jedenfalls ersetzbar sei. Und zwar beliebig, durch bezahlte Betreuer, von denen erwartet wird, dass die Kinder in ihrer Obhut mindestens so gut, wenn nicht besser gedeihen würden als in der Betreuung und Obhut der leiblichen Mutter. Dieses Phänomen ist nun ein relativ kurzfristiges, grob geschätzt 50 Jahre alt und im Verhältnis zum Alter der Menschheit mit ebenso grob geschätzten 5 Millionen Jahren so verschwindend, ja unbedeutend kurz, dass es unsere Erbanlagen und alles, was uns noch angeboren ist an Mutter- und Pflegeinstinkten, unmöglich beeinflusst haben kann.

Und dennoch scheint es bereits soziale Auswirkungen dieser Geringschätzung der Mutterliebe zu geben, findet eine Verrohung der Umgangsformen, eine Verringerung emotionaler Fähigkeiten und verbaler Ausdrucksmöglichkeiten, eine zunehmende Orientierungs- und Antriebslosigkeit unter den jungen Menschen statt. Kinder wachsen zwar körperlich rascher, seelisch-geistig aber langsamer heran, scheinen häufig emotional verarmt und nicht fertig ausgereift. Egozentrismus, wie er üblicherweise schon im Kleinkindalter abgelegt wird, bleibt bis ins Jugendalter bestehen mit sämtlichen Symptomen: geringer Frustrationstoleranz, mangelnder Selbstbeherrschung und Selbststeuerung, großer Bereitschaft zur Fremdsteuerung.

Emotionale Reife findet ihren Ausdruck nicht zuletzt in der Bewältigung von Gefühlen, welche mit Sprachkompetenz eng verknüpft ist. Verarmung in der Sprache, die vielfach zu beobachten ist, führt zur Verarmung der Gefühlswelt. Gefühle, die nicht begriffen werden, weil die Begriffe fehlen, können nicht verarbeitet werden, stauen sich an bis zur Unerträglichkeit und entladen sich daraufhin instrumental – in gewalttätigen Auseinandersetzungen. Die zunehmende Gewaltbereitschaft ist eine unmittelbare Folge der seelisch-geistigen Verarmung, der Sprachlosigkeit und der emotionalen Hilflosigkeit.

Es ist kein Zufall, dass diese Phänomene unter den jungen Menschen gerade jetzt häufiger auftreten, wo die Verantwortung für die Entwicklung der Heranwachsenden zunehmend delegiert wird. Emotionale und verbale Verarmung verlangsamt nicht nur die Entwicklung zum fertigen, mündigen, selbstständigen Erwachsenen, sie behindert auch die Entstehung sämtlicher zwischenmenschlicher Beziehungen. Eine stabile emotionale Grundausbildung ist unerlässlich für die hohe Schule der Lebensgemeinschaft. Auch hier spielt die Mutterliebe mit ihrem unersetzlichen Anreiz für die emotionale Entwicklung eine entscheidende Rolle.

Was ist aber nun diese ominöse Mutterliebe, von der hier vorab einfach behauptet wird, dass von ihr schlichtweg alles, was unser Leben lebenswert macht, abhängt? Wie entsteht sie? Wie vergeht sie? Und schließlich die Gretchenfrage: Ist sie an die Mutter gebunden? Können auch Väter Mutterliebe geben? Können fremde Menschen Mutterliebe geben? Welche Voraussetzungen müssen dafür gegeben sein? Welche Dosierung ist gesund, welche lebensnotwendig, und gibt es eine schädliche Dosis, ein Zuviel an Mutterliebe? Und letzten Endes: Wohin geht eine Gesellschaft, in der die Mutterliebe immer mehr an Einfluss und Bedeutung verliert?

1

GRUNDBAUPLAN MUTTER –
Treueeid auf Lebenszeit

Wer trägt den Tragling? Die Bedeutung früher Bindung

Wilder Tumult im Geäst. In den höchsten Bäumen tobt ein Kampf auf Leben und Tod. Drei große Schimpansenmännchen sind involviert. Einer davon ist Figan, der eben erst die Alpha-Position in der Gruppe am Gombe-Strom übernommen hat. Jetzt muss er sich Evered stellen. Der Herausforderer liefert ihm einen erbitterten Kampf neun Meter über dem Boden. Beide Männchen sind stark, keines gibt nach. Doch dann passiert das Unerwartete. Ein weiteres hochrangiges Männchen greift auf der Seite von Evered in den Kampf ein. Figan verliert das Gleichgewicht. Er fällt. Er stürzt krachend zu Boden. Sofort beginnt er durchdringend zu kreischen. Offenbar ist er schwer verletzt.

Einen halben Kilometer entfernt sitzt Flo. Sie ist 50 Jahre alt, steinalt für eine Schimpansin. Zu diesem Zeitpunkt hat sie nur noch zwei Monate zu leben. Jane Goodall schreibt über sie: »Sie sah unheimlich alt aus; ihr Körper war geschrumpft, ihre Augen blickten meist trüb und gleichgültig, ihre Bewegungen waren langsam.« Aber als sie Figan in der Ferne so schrecklich brüllen hört, sträubt sie all ihre verbliebenen Haare und braust los, so rasch, dass ihr menschlicher Beobachter nicht mithalten kann. Als sie am Ort des Geschehens ankommt, gibt es nicht viel, was sie hätte tun können. Unmöglich hätte sie Figans übermächtigen Gegner vertreiben können. Und doch hört Figan auf zu kreischen, als er sie sieht. Wimmernd humpelt er auf sie zu und lässt sich von ihr kraulen, entspannt sich unter ihren Händen, wird ganz und gar ruhig. Als sie aufbricht, folgt er ihr, und erst viele Tage später, als seine Verletzungen ausgeheilt sind, kehrt er in die Gesellschaft der erwachsenen Männchen zurück.[1)]

Was veranlasst eine alte Äffin, die dem Tod näher ist als dem Leben, auf das Geschrei eines erwachsenen Männchens derartig zu reagieren? Was ist das für ein Programm, das unabhängig vom Alter, von körperlichen Fähigkeiten oder Risiken Lebewesen vorantreibt, zum Schutz und zur Befreiung von anderen herbeizueilen, auch ohne die geringste Aussicht auf Erfolg? Und was lässt einen stolzen Alpha-Affen in der Blüte seiner Jahre Schutz und Trost suchen bei einer alten, gebrechlichen Äffin? Es ist, als ob es klarer nicht sein könnte, verständlich und nachvollziehbar auch für uns menschliche Beobachter: Flo ist Figans Mutter.

Sie ist für ihn da, obwohl es 26 Jahre her ist, dass sie ihn geboren, aufgezogen, gefüttert, herumgetragen und ihn umsorgt hat, bis er groß genug war, seine eigenen Wege zu gehen. Flo hatte in diesen Jahren viele weitere Kinder bekommen, umsorgt und großgezogen. Man möchte denken, sie hätte ihn vergessen. Seit Jahrzehnten schon war Figan in der Gruppe der erwachsenen Männchen mitgezogen, hatte sich an deren Spitze gekämpft und schließlich die Horde dominiert. Und dennoch war eines unverrückbar, unveränderlich wie am Tage seiner Geburt – und wenn auch diese Jahrzehnte vergehen mussten, um den Beweis auch für die menschlichen Beobachter sichtbar werden zu lassen –, auf die Unterstützung seiner Mutter konnte er sich verlassen.

Mein Vater erzählte niemals etwas aus dem Krieg. Als 17-Jähriger von der Schulbank weg eingezogen, von einem gnadenlosen Regime gegen seinen Willen zum Soldaten gemacht, kann es wohl nichts Schlimmeres geben für einen empfindsamen Heranwachsenden als die Gräuel eines ebenso sinnlosen wie bereits aussichtslosen Krieges. Verheizt an der Front starben die jungen, unausgebildeten Rekruten wie die Fliegen. Vater konnte das Lied »Ich hatt' einen Kameraden« nicht hören, ohne dass die Tränen flossen. Aber am Ende seines Lebens, als es ihm schon sehr schlecht ging und sein wacher Geist gefangen war in einem immer schneller verfallenden Körper, da erzählte er, dass die tödlich verwundeten und sterbenden Soldaten nach ihrer Mutter gerufen hätten. »Jetzt«, sagte er, »kann ich das verstehen.«

Ja, wer sollte denn sonst auch kommen in höchster Not? Verlässlicher als der treueste Kamerad und der beste Freund, in unerschütterlicher Liebe und Opferbereitschaft? Wer sollte mehr Anteil nehmen, wen sollte das Unglück tiefer berühren?

Die Mutter ist es, die erste Antwort auf die frühsten Bedürfnisse am Beginn unseres Gastspiels auf dieser Welt gibt. Ihre Liebe ist die Basis jeder späteren Liebeserfahrung, die Grundlage, auf der alle sozialen Eigenschaften aufbauen, der Grundstein der Paarbeziehung, der Familie und der Gesellschaft. Ohne sie gibt es kein Werden und keine Reifung, keine Entwicklung und kein Streben für kleine Erdenbürger. Ohne sie gibt es nur Rast- und Mutlosigkeit, Ziellosigkeit und Angst, die auch den Erwachsenen noch ewig plagt. Ohne sie aufzuwachsen ist wohl die schwerste Bürde, die ein Mensch tragen kann.

Daher setzen schon die Allerkleinsten, kaum haben sie das Licht der Welt erblickt, Himmel und Hölle in Bewegung, um Verbindung herzustellen. Sie tun alles, um ihre Mutter auf sich aufmerksam zu machen. Mit der ersten Luft in den Lungen schreien sie ihr Bedürfnis in die Welt. Obwohl sie selbst noch gar nichts sehen, suchen ihre Augen die der Mutter. Sie sind durch nichts zu beruhigen, schlafen nicht ein, bevor der ersehnte Körperkontakt hergestellt ist. Dieser signalisiert: Du hast es geschafft. Die Betreuerin ist da, du hast dir jemanden verpflichtet. Diesen Kontakt nicht zu verlieren ist lebenswichtig. Ein Baby, das sich weggelegt fühlt, in einem dunklen Zimmer alleine aufwacht oder sich plötzlich ängstigt, beginnt laut zu jammern, zu schreien und mobilisiert schließlich sein gesamtes Verhaltensrepertoire, um die Betreuerin herbeizurufen. Denn wenn sie nicht kommt, dann kommt wohl niemand mehr.

Früher gab es vielfach die Ansicht, man solle Babys ruhig schreien lassen, um die Lungen zu stärken oder um sie nicht zu verwöhnen. Das Schreien von Säuglingen entspricht aber echter Panik und sollte daher immer beantwortet werden. Mütter, die ihren Babys zugetan sind, reagieren auch meist richtig auf deren Bedürfnisse. Meine Mutter erzählt, dass sie ganz gegen den Usus in den frühen 60er-Jahren uns Babys sogar mit zu sich ins Bett holte – in aller Heimlichkeit, versteht sich.

Es ist gut, sich hier auf die eigenen Instinkte zu verlassen und sich von anderen nicht dreinreden zu lassen. Ich erinnere mich an beinahe körperlich spürbares Unbehagen, als ältere Familienangehörige mich aufforderten, mein erstes Baby aus den Armen zu legen, weil es nicht gut für das Kind wäre, ständig getragen zu werden.

Unsere Kinder sind, aufgrund unserer Vergangenheit, Traglinge. Sie wollen, ja sie müssen getragen werden, um sich wohlzufühlen. Keine Babywippe und kein Bettchen kann den bergenden Arm der Mutter ersetzen. Ein Baby, das in einem noch so schön schaukelnden Blätternest vergessen wurde, ist ein totes Baby und zählt daher nicht zu unseren Vorfahren. Erst viele Jahre später habe ich Bestätigung erfahren durch die Analyse einer Kinderzeichung meiner Tochter Isabella, auf der diese mich mit baumstammdicken Armen darstellte. Das wäre Ausdruck der Geborgenheit, die das Kind durch meine Arme erfahren hätte, so wurde mir gesagt.

Körperkontakt ist oft wichtiger als alle anderen Bedürfnisse. Nur wenn er hergestellt ist, hat das Baby genug Muße, um sich anderen dringenden Bedürfnissen zu widmen, die da wären: die Nahrungsaufnahme, das Schlafbedürfnis, das Bedürfnis nach Sauberkeit und schließlich das Bedürfnis, zu spielen und die Welt zu erkunden. Neugierde und Spielverhalten rangieren zunächst weit am Ende der Bedürfnisskala des kleinen Kindes, ohne die Erfüllung der vorhergehenden Grundbedürfnisse werden sie sich nicht entfalten. Weil aber das spielerische Erkunden der Welt für die seelisch-geistige Entwicklung unerlässlich ist, haben Kinder, die keine individuelle Betreuung finden konnten, einen großen Entwicklungsrückstand gegenüber Kindern, die eine Mutter haben. Zu groß sind die Ängste eines Kindes, wenn das Urvertrauen nicht da ist, das Vertrauen darauf, dass es für jemanden wichtig ist, jemandem schützenswert erscheint. Wenn niemand kommt, wenn es schreit, wer wird es dann schützen, wer wird eingreifen, wenn eine neue Erfahrung schiefgeht?

So bleiben Kinder ohne individuelle Betreuung ständig Suchende. Typischerweise klammern sie sich wahllos an jeden Fremden, wobei der Blickkontakt vermieden wird, der ja ohnehin nur Enttäuschung bringt, denn das Gesicht ist doch immer ein anderes. Aber wenn es schon keine Belohnung durch immer dasselbe Gesicht einer liebevollen Betreuerin gibt, dann doch wenigstens Körperkontakt – gleich von welchem Menschen, wenn er nur bereit ist, das Kind auf den Schoß zu nehmen, es im Arm zu halten.

Als Führerin in der Dinosaurier-Ausstellung des Naturhistorischen Museums in Wien hatte ich oft Kindergruppen verschiedenen Alters zu führen. Einmal kam eine Gruppe Heimkinder. Die Betreuerinnen, zwei junge Frauen, fanden den Preis für die Führung zu hoch und ließen die Kinder, die umsonst geführt wurden, mit mir alleine, ein spöttisches Lächeln auf den Lippen – na, die wird sich wundern! Mich schreckte das nicht, ich übernahm besonders gerne jene Kindergruppen, die von anderen Führern als problematisch beschrieben wurden – wie etwa die 4. Klasse Hauptschule –, für mich besonders lebhafte, aufgeweckte und interessierte Kinder. Besser, wenn man da als Führer in seinem Fach zu Hause war.

Die Gruppe der Heimkinder bestand aus etwa einem Dutzend Kindern zwischen 3 und 6 Jahren. Eines der Kleinen fragte gleich, ob es meine Hand halten könnte. Das hatte noch nie ein Kind gewollt, ich sah also nicht, warum ich das hätte ablehnen sollen. Doch kaum hatte ich es gestattet, wollten alle Kinder meine Hand halten. Es war ein heißer Tag und ich hatte eine Bluse ohne Ärmel an. Binnen Sekunden waren meine Arme bedeckt mit feuchten Kinderhändchen, jeder hielt ein Stückchen Haut fest. Wir zogen so durch die Säle. Nie hatte ich stillere Zuhörer. Sie stellten keine Fragen, ich hatte den Eindruck, sie sahen nicht mal die Tiere richtig an. Alles, was wichtig war, war der Körperkontakt zu einem Erwachsenen – irgendeinem Erwachsenen. Als dann das Kleinste getragen werden wollte, machte ich den Fehler, es kurz auf den Arm zu nehmen. Da brach ein großes Geschrei los. Ausnahmslos alle, auch die großen Kinder, wollten plötzlich getragen werden. Erst als ich den kleinen Jungen wieder abgesetzt und jedes der kleinen Händchen wieder ein Stück Haut auf meinem Arm gefunden hatte, konnte die Führung weitergehen.

Das Getragenwerden ist eines der grundlegendsten Bedürfnisse des Säuglings. Babys brauchen das Gefühl, mitgenommen zu werden, nicht dagelassen oder vergessen worden zu sein. Bei den Naturvölkern ist das Herumtragen des Babys eine Selbstverständlichkeit. Bei der Suche nach Nahrung, bei der Bestellung der Felder, beim Einbringen der Ernte, bei Festen und Ritualen, immer sitzen die Kleinen fest und sicher an die Mutter gedrückt. Sie schlafen dabei, essen, spielen und besorgen auch ihre Notdurft. In Kulturen ohne Höschenwindeln wissen sich die Frauen zu helfen. Sie gewöhnen die Babys früh daran, auf Pfiff zu urinieren (ein bedingter Reflex, der gut funktioniert, noch lange bevor das Kind seinen Schließmuskel kontrollieren kann). Dabei halten die Mütter die Beinchen der Kleinen weg von ihrem Körper und pfeifen dazu. Nicht einmal dabei werden die Babys abgesetzt. Sie danken es durch größtmögliche Zufriedenheit. Immerhin wird ihr Grundbedürfnis erfüllt.

Nur in den Industrienationen gibt es Säuglinge, die ständig brüllen. Sie haben leider noch gar keinen Sinn für Designerkinderzimmer mit teuren Accessoires und der schönste Panoramakinderwagen ersetzt nicht den warmen, bergenden Mutterarm. Eine sehr erfreuliche Entwicklung stellen daher die Babytücher und -tragen dar, die vor dem Bauch, seitlich oder am Rücken umgehängt und aufgeschnallt werden können. Ob alternatives Tragetuch oder Hightech-Designer-Sitz – die Babys fühlen sich darin bestens aufgehoben und behütet. Der ersehnte Kontakt ist fühlbar da. Nun kann sich der Tragling auch an die Erkundung der industrialisierten Welt machen.

Wie unglaublich wichtig schon dieser erste Stein im Puzzle zur Entwicklung eines glücklichen Erwachsenen ist, zeigt Jean Liedloff in ihrem Buch »Auf der Suche nach dem verlorenen Glück«. Die Publizistin und Psychotherapeutin lebte mehrere Jahre bei den Yepuana-Indianern im venezolanischen Urwald und entdeckte dort in unserer Gesellschaft längst vergessenes Wissen über den Umgang mit Kindern. Liedloff geht sogar so weit, von der Zerstörung unserer Glücksfähigkeit in frühester Kindheit zu sprechen. Wenn wir als Babys nicht getragen wurden, können wir nicht reifen. Wir verlieren unser Kontinuum, weil unsere Verbindung abreißt, weil wir uns weggelegt fühlen. Wir haben es als Babys nicht geschafft, den so wichtigen Kontakt zu halten, und daraus erwachsen für Liedloff die meisten Probleme in unserer Zivilisation. Sich-glücklich-Fühlen ist nicht mehr der Normalzustand des Glücks, sondern dieses wird zum Ziel. Ständig jagt man ihm hinterher, und ist man endlich dort, verläuft sich das Glück und man muss nach dem nächsten Gut streben. Menschen, die trotz Schönheit und Reichtum niemals glücklich sind, Menschen, die, um sich zu betäuben, ständig konsumieren müssen, und zwar jegliche Konsumgüter, auch Suchtmittel – sie alle sind ehemals frustrierte Traglinge. Die Partnerschaften bleiben infantil, man ist einander wechselseitig Mutter. Man liebt den anderen weniger, als dass man ihn braucht, es verlangt einen nach dem Partner. Die Frustration regiert in jede zwischenmenschliche Beziehung hinein. Unerfüllte frühkindliche Bedürfnisse verfolgen den Erwachsenen auf diese Weise ein Leben lang.[2)]

Das Gefühl, ständig getrieben zu sein, das offenbar den Naturvölkern weitgehend unbekannt ist, hat der Sozialpsychologe Erich Fromm als »Passion« bezeichnet, welche im Gegensatz zur »Aktion«, wie schon das Wort zeigt, passiv ist. Wer einer Passion zum Opfer fällt, fühlt sich ihr willenlos ausgeliefert, »kann nicht anders«, trudelt durch sein Dasein, ohne Befriedigung oder Ruhe zu finden. Für Fromm ist die Passion typisch für unreife Charaktere, kindliche Charaktere, die nicht zur Ausreifung gelangt sind. Um zu reifen, bedarf es aber der Aktion – einer willentlichen Handlung. Nur ein aktiver Mensch kann es zu einem reifen Charakter und zu einer individuellen Persönlichkeit bringen. Passive Menschen bleiben Getriebene und Sklaven ihrer Passion.[3)]

Auch Fromm sieht im Konsumbedürfnis einen frühkindlichen Antrieb der unreifen Persönlichkeit. Er ortet die Ursache dafür in dem Bestreben der zivilisierten Gesellschaften, ihre Mitglieder in einem Zustand der charakterlichen Unreife zu erhalten, da sie so reibungsloser in das System einzugliedern sind. Auch er sieht die Konsequenzen für die Partnerschaft, da unreife Charaktere zu wahrer Liebe kaum fähig sind. Sie konsumieren Liebe und den Partner, wie das Baby seine Mutter konsumiert.

Es sieht so aus, als gäbe es am Anfang unseres Lebens eine erste Schlüsselstelle, die wesentlich beteiligt ist an der Entwicklung unserer Persönlichkeit, unseres Glücksempfindens. Diese erste Schlüsselstelle heißt: Kontakt zu einer verlässlichen Betreuerin. Ich vermeide hier absichtlich das Wort Mutter, denn kein Kind kann wissen, wer es geboren hat. Wenn der Säugling seinen ersten Schrei in die Welt schmettert, seine Bitte um Akzeptanz und um erste Zuwendung, so ist es wohl meist die Mutter, die darauf antworten wird. Wenn die Mutter aber nicht kommen kann (und die Gründe dafür könnten vielfältiger nicht sein), so ist es dem kleinen Erdenbürger völlig gleichgültig – VÖLLIG GLEICHGÜLTIG –, wer ihn aufnimmt und an sich drückt. Dieser erste Kontakt ist so wichtig für das Kind, dass es sich diesem Menschen anschließen wird, ganz gleich, wer es nun tatsächlich geboren hat.

Natürlich ist der menschliche Säugling nicht, wie etwa Konrad Lorenz' berühmte Graugänse, prägbar auf nahezu jedes beliebige Objekt, das eine bestimmte Größe hat, sich bewegt und Laute ausstößt. Lorenz hat den Nobelpreis erhalten für die Entdeckung, dass Gössel nach dem Schlüpfen dem erstbesten sich anbietenden derartigen Gegenstand oder Lebewesen bedingungslos folgen. Er selbst war auf diese Weise »Mutter« einer ganzen Schar Graugänse.[4)]

Dennoch schließt sich der Säugling bevorzugt seinem ersten Betreuer an, ist geprägt auf dessen Geruch, Stimme, die Art, sich zu bewegen. Die menschliche Prägung auf eine Bezugsperson, zu der später das sogenannte »Urvertrauen« entwickelt wird, beginnt mit rund 3 Monaten. Von nun an lächelt das Baby fast nur mehr vertraute Gesichter an. Mit 6 bis 9 Monaten ist die Bindung an die Hauptbezugsperson nahezu abgeschlossen. In der sogenannten Fremdelphase, auch 8-Monats-Angst genannt, lehnt das Kind von sich aus Betreuung von anderen Personen ab. Es dreht sich weg und weint, wenn ein Fremder versucht, sich ihm zu nähern.

Der Begriff »Mutter«-Liebe hat seine Berechtigung nur deshalb, weil es in den allermeisten Fällen die leibliche Mutter sein wird, die dem Kind nach der Geburt die erste, so dringend notwendige Geborgenheit gibt. Die Nahrung kann dabei nicht das Wesentliche sein, denn die Milch schießt erst einige Tage nach der Geburt ein, was früher häufig ein Grund dafür war, der Mutter im Spital den Säugling abzunehmen und ihn mit dem Fläschchen zu füttern.

Bei meiner Tochter Isabella (1993) hatte ich große Probleme, sie vom Geschmack des Kautschuk-Saugers an die Brust umzugewöhnen. Trotz »Rooming-in« war sie mir gleich nach der Entbindung weggenommen und von den Schwestern im Säuglingszimmer mit Tee gefüttert worden. Der erste Kontakt mit einem Nahrungsspender roch für sie nach Kautschuk, und so akzeptierte sie die Brust, an die sie erst gelegt werden konnte, als man sie mir Stunden später endlich zurückbrachte, nur über die Vermittlung eines Kautschuk-Brustaufsatzes. Das war sehr mühsam, weil es keine Kautschuk-Brustaufsätze zu kaufen gab, nur solche aus Latex, die das Baby aber ebenfalls kategorisch ablehnte. Eine mitleidige Schwester schenkte mir einen Kautschuk-Aufsatz aus den Vorräten des Spitals, als wir nach Hause gehen durften, und dieser eine musste von mir ständig vor jeder Stillmahlzeit, auch nachts, ausgekocht werden. Zwar gelang es mir nach Wochen, dem Baby die Brust alleine auch schmackhaft zu machen, doch die Vorliebe für Kautschuk blieb, und bis ins Vorschulalter hatten wir Probleme bei der Bekämpfung der Kieferverformung, hervorgerufen durch die Kautschukschnuller, die jahrelang das einzige Mittel waren, sie zu beruhigen. Für Baby Isabella war ich – wenn man so will – eine Ersatzmutter. Ihr erster Kontakt war eine Säuglingsschwester mit Kautschuksauger-Teefläschchen gewesen.

Die Tatsache, dass Babys sich so eng und exklusiv an eine einzige Betreuerin binden wollen, ist mit der Komplexität der Bindung auf der einen Seite und mit der Bedeutung derselben für das ganze restliche Leben auf der anderen Seite erklärbar. Die Verbindung muss zunächst einmal hergestellt werden. Aber damit ist es nicht genug, sie muss exklusiv werden, unverwechselbar und einzigartig. Denn nur dann ist gewährleistet, dass sie den vielen Höhen und Tiefen eines Kinderlebens bis zur Selbstständigkeit gewachsen sein wird. Nur ein eingeschulter Betreuer kann das leisten, was ein Kind für seine Entwicklung braucht. Die auserwählte Person wird also vom Säugling in die Pflicht genommen. Durch ständige Rückmeldung über Erfolg oder Nicht-Erfolg wird der Betreuer angelernt, die Feinabstimmung in Angriff genommen. Trotz ihrer geringen Ausdrucksmöglichkeiten schaffen es die Babys, ihrer Betreuungsperson zu vermitteln, was angenehm ist und was nicht.

Das heftige Weinen des eigenen Babys lässt bei den meisten Müttern Schweiß ausbrechen, sie empfinden Stress, können nicht rasten oder ruhen, bis das Problem behoben ist, und auch die Milch schießt ein. Noch Jahre nachdem meine Kinder abgestillt waren, fühlte ich bei intensivem Babygeschrei jenes untrügliche Prickeln in den Brustwarzen. Das Stammhirn war gut programmiert und erinnerte sich sofort.

Nicht zu Unrecht sind Mütter darauf stolz, wenn sie stille und glückliche Babys haben. Sie haben die Feinabstimmung geschafft, sie reagieren bereits auf das kleinste Glucksen, Geschrei ist gar nicht mehr nötig. Und jene Mütter, die das Pech haben, besonders schwierige Babys zu haben, denen offenbar gar nichts recht zu machen ist, fühlen sich nach eigenen Angaben als Versagerinnen, abgelehnt von ihren Schützlingen. Die meisten von ihnen geben jedoch nicht auf, und viele berichten, dass es später dann doch noch geklappt hat. Und sollte es Jahre dauern. Aber was für ein Opfer ist es, Tag und Nacht zu wachen, zu beobachten, zu umsorgen, zu betreuen und zu funktionieren, obwohl es kaum sichtbaren Erfolg gibt, kein Lob und keine Garantie, dass es einmal besser werden wird!

Was bringt einen Menschen dazu, einen völlig unvertrauten, schrumpelig-hässlichen Schreihals derart zu lieben, ihn ohne jede Ge-

genleistung zu umsorgen, zu füttern, zu herzen, warm und trocken zu halten, ihn sogar gegen die eigenen Lebensinteressen zu schützen und zu verteidigen?

Das ist nämlich alles andere als selbstverständlich. »Vater werden ist nicht schwer, Vater sein dagegen sehr«, witzelte Wilhelm Busch. Was wohl heißen sollte, dass man davon ausgehen dürfe, Muttersein käme wie von selbst. Nun, auch hier trügt, wie so oft, der Schein.

Wer A sagt ... – der Schlüssel zum Mutterherz

Eine junge Frau, die gerade ein Kind geboren hatte, war am Dosenberg mit dem Kornschneiden beschäftigt. Das Kind lag in einem Bündel ihr zur Seite. Ein Wichtelweib schlich sich heran und vertauschte das Kind der Bäuerin mit ihrem eigenen, das einen hässlichen, dicken Kopf hatte. Doch die Frau bemerkte sogleich den Tausch und schrie gellend auf. Die Wichtelfrau war aber nur bereit, das richtige Kind zurückzugeben, wenn die Menschenfrau das Wichtelkind einmal mit ihrer Milch säugen wollte.[5)] Erkenntlich ist der Wechselbalg nämlich an seiner Missgestalt und seinem ungeheuren Appetit, der seine Eltern zur Verzweiflung bringt.[6)]

Ein Neugeborenes wird nicht notwendigerweise sogleich akzeptiert. Im Tierreich ist es gang und gäbe, Jungen, die zur Unzeit kommen, nicht anzunehmen, sie sich selbst zu überlassen, ja sie aufzufressen, wenn es opportun erscheint, denn Ressourcen dürfen nicht verschwendet werden. Schweinebauern kennen das Problem und müssen ihren Säuen manchmal sogar die Ferkel wegnehmen, damit diese überleben können. Trächtige Ratten resorbieren bereits ausgebildete Junge sogar noch im Uterus, wenn die Bedingungen ungünstig sind. Manche Vögel ziehen nur eines ihrer Jungen auf. Adler sind dafür bekannt, dass sich in ihren Horsten oft ein kleineres, vernachlässigtes »Reservejunges« findet. Entwickelt sich das erste »Hauptjunge« gut genug, lassen die Eltern das zweite sterben. Bartgeier legen ein zweites Ei sogar erst eine Woche später. Der jüngere Nestling kann sich gegen das ältere Geschwister nicht durchsetzen und wird von diesem nicht selten sogar getötet. Selbst Schimpansen unterziehen jedes Baby einer genauen Prüfung, aber nur der Mensch ist in der Lage, rational zwischen einem neuen Baby und einem neuen Baby, das wert ist, aufgezogen zu werden, zu unterscheiden.

Seit Jahrmillionen standen Mütter vor dem Problem, ob sie in der Lage sein würden, ein Neugeborenes auch wirklich zu versorgen. Viel stand auf dem Spiel. Das Überleben der älteren Kinder, das Überleben der Gruppe und schließlich das eigene Überleben und die künftige Gebärfähigkeit mit vielleicht besseren Chancen für zukünftige Neugeborene. Dabei galt es, Faktoren wie Jahreszeit, Nahrungsangebot, Ernährungs- und Gesundheitsstatus der Mutter, soziale Stellung, familiäre und soziale Unterstützung und schließlich den Zustand des Neugeborenen selbst reiflich abzuwägen. Eine Fehlinvestition war kostspielig in der menschlichen Urzeit, und selbst in historischen Zeiten war es durchaus üblich, Kinder wegzulegen, bei denen es nicht lohnte, sie großzuziehen.

Als die alten nordischen, keltischen, germanischen und griechischen Traditionen, sich unerwünschter Säuglinge zu entledigen, durch das Christentum abgelöst wurden, welches Kindestötung als Sünde ansah, entstanden Mythen, die den realen Bedürfnissen der Menschen wieder Raum gaben. War es Sünde, das eigene Kind wegzulegen oder es gar zu töten, so konnte man mit einem angeblich von Elben untergeschobenen Wechselbalg nach Belieben verfahren. So war es Eltern möglich, schwächliche Babys nicht mehr als Kinder, sondern als Dämonen oder Kobolde anzusehen.

Menschen berufen sich vor allem dann auf Mythen, schreibt die Biologin Sarah Blaffer-Hrdy in ihrem berühmten Buch »Mutter Natur«, wenn es Abweichungen zwischen dem vorherrschenden Weltbild und der Realität gibt.[7)] Der Mythos vom Wechselbalg ermöglichte es Eltern, Christen zu sein und gleichzeitig Babys wegzulegen, deren

Gedeih sie in Frage stellten. Einer Definition aus dem 13. Jahrhundert zufolge war ein Wechselbalg ein Kind, das sich nicht entwickelte, das einen harten, aufgeblähten Bauch behielt und nicht wuchs, ganz gleich, wie viel Milch es saugte. Diese Kinder sind mager, schreien ständig und sind nie satt. Hier zeichnet sich eine Grauzone ab zwischen Kindern, die krankheitsbedingt nicht wachsen konnten, und jenen, die, unerwünscht waren und deshalb einfach vernachlässigt wurden.

Es war durchaus üblich, Tests durchzuführen, die beweisen sollten, dass das Baby echt und kein Wechselbalg war. Die bekannteste Version aus Nordeuropa sieht vor, das Kind eine Nacht alleine im Wald zu lassen. Ist es am anderen Morgen tot, haben die Feen ihren Balg zurückgeholt. Ist es am Leben, haben sie das echte Kind zurückgegeben, die Eltern können es nun aufziehen. Eine Logik hinter diesen Tests wird man vergeblich suchen. Wenn die Feen ihren Balg zurückgeholt haben, muss das tote Kind dann das echte Baby sein. In diesem Falle hätten es natürlich die Elben getötet und nicht die Eltern. Und wer wollte mit Sicherheit sagen, dass ein Kind, das eine solche Nacht überlebt hat, nicht erst recht im Wald gegen einen Wechselbalg ausgetauscht worden ist? Hier wird deutlich, dass es weniger um schlüssige Geschichten und echten Volksglauben als vielmehr um eine mögliche Rechtfertigung von Kindesweglegung und -tötung geht. Schwache Kinder verstarben meist, wenn man sie eine Nacht aussetzte, und das Problem war gelöst. Erwies sich das Kind hingegen als stark genug, eine solche Tortur zu überleben, waren die Chancen gut, dass es sich auch weiterhin entwickeln würde. Die »Tests« auf Echtheit eines Kindes waren alle dazu angetan, die Fitness des Neugeborenen auf die Probe zu stellen.

Neben dem Aussetzen war es auch üblich, Neugeborene ins kalte Wasser zu tauchen und sie an der Luft zum Trocknen zu schwenken. Das stellte der griechische Mediziner Soranus bei vielen »barbarischen« Völkern, wie Germanen und Skythen, aber auch mit Entsetzen bei einigen »zivilisierten« Griechen fest. Diese Vorgehensweise sollte offiziell der Abhärtung dienen, war aber gleichzeitig auch ein Test, um »dasjenige sterben zu lassen, das die Kälte nicht ertragen kann und folglich nicht wert ist, aufgezogen zu werden«. Diese Praxis veranlasste Soranus, die Besorgnis zu äußern, dass hier vielleicht auch Babys zu Tode kämen, die es durchaus wert gewesen wären, am Leben zu bleiben.[8)]

Was hinter diesen Praktiken steckt, ist die Besorgnis um die Lebenstüchtigkeit des Neugeborenen. Überlebt ein Neugeborenes eine Nacht alleine im Wald oder eine eisige Dusche, ist die Wahrscheinlichkeit groß, dass es stark genug ist, um die ersten problematischen Kleinkinderjahre zu überstehen.

Die Anthropologin Nancy Sheper-Hughes beschreibt solche todgeweihten, stigmatisierten Babys im Nordosten des heutigen Brasilien. Die Mütter erklärten ihr, die Kinder seien schwer aufzuziehen, litten an einer »Kinder-Krankheit«, sie seien mit einem Widerwillen, zu leben, auf die Welt gekommen, seien überempfindlich und hätten bald alles satt. Es hätte keinen Sinn, sich um sie zu bemühen.[9)] Den Luxus des Mitleids mit einem schwächlichen Neugeborenen können sich nur Mütter aus reichen Industrienationen leisten, die Anspruch auf medizinische Versorgung und ausreichende Ernährung haben.

Vor der Erfindung der Gläschenkost starben Kinder häufig an der »Post-Weaning Diarrhea« (Diarrhöe nach dem Abstillen), weil, wie wir heute wissen, nach dem Abstillen der Immunitätsschutz durch die Muttermilch verlorengegangen war und gleichzeitig die meist wenig hygienische Erwachsenenkost das Darmsystem des Kleinkindes überforderte. Wenn schon der Säugling nicht recht gedeihen wollte, so war abzuwägen, ob sich das Durchfüttern bis in jenes besonders kritische Alter überhaupt lohnen würde.

Ein Baby voll zu stillen ist für den mütterlichen Organismus ein großer energetischer Aufwand. Heute, von fertigem Milchpulver und Fläschchenkost unterstützt, fällt der Druck vielleicht nicht mehr ganz so auf. Aber zu gut habe ich noch in Erinnerung, wie krank ich nach der Geburt meiner Tochter wurde, als ich aus Angst vor Ansteckung die nötigen Blutkonserven ablehnte, trotzdem aber voll stillen wollte. Ohne medizinische Versorgung hätte ich nicht einmal eine einzige Geburt und Stillperiode heil überstanden.

Es ist nur allzu verständlich, dass für die Mütter in den Entwicklungsländern und auch für Mütter aus unterprivilegierten Schichten in den Industrienationen die Entscheidung für oder gegen ein Baby eine Entscheidung über Leben oder Tod sein konnte und immer noch sein kann.

Bei heutigen Naturvölkern, wie den !Kung, ist es üblich, dass die Mutter nach der Geburt die Entscheidung trifft, ob sie das Kind annehmen will oder nicht. Eine werdende Mutter geht bei diesem Volk alleine in den Busch, um zu gebären. Kommt sie mit dem Kind wieder, wird dieses als vollwertiges Mitglied der Gesellschaft akzeptiert. Kommt sie alleine, wird ihr nicht angelastet, einen Menschen getötet zu haben.

In fast allen Kulturen gibt es Rituale, die Babys erst zu Menschen machen. Von ganz einfachen, wie dem griechischen Amphidromia, bei dem das Kind einen Namen erhält, von den Paten um eine Feuerstelle getragen und schließlich den Eltern zurückgegeben wird, bis hin zu Festen im Umfang einer christlichen Taufe. Und diese selbst enthält ja ein bemerkenswertes Element, nämlich dass das Kinderköpfchen mit kaltem Wasser benetzt wird.

Vor der jeweiligen Zeremonie war es in den meisten Kulturen den Eltern erlaubt, das Kind wegzulegen, danach erst galt es als Delikt. In vielen Kulturen ist die Tötung von Neugeborenen immer noch erlaubt bzw. wird sie zumindest stillschweigend toleriert, wie etwa das Ertränken von unerwünschten Mädchen in Indien und Asien in einem Kübel Wasser.[10)]

Gegenwärtige Kulturen unterscheiden sich darin, was das Lebensalter des Kindes anlangt, das getötet werden darf. Unerwünschte Neugeborene zu töten ist in Gesellschaften ohne medizinische Kenntnisse und Möglichkeiten weitaus ungefährlicher, als Aborte zu versuchen. Die Kinder werden daher möglichst gleich nach der

Geburt weggelegt, obwohl Aborte durchaus auch praktiziert werden können. In Ländern mit guter medizinischer Versorgung wird der Schwangerschaftsabbruch deutlich vorgezogen. Die sogenannte Fristenlösung, bei der Embryonen bis zum 3. Monat abgetrieben werden dürfen, ist die gesellschaftlich akzeptierte Lösung dieses Problems in den meisten Industriestaaten. Die Abtreibung unter ärztlicher Aufsicht im Spital ist schonender für die Frau, als die Geburt abzuwarten. Aber natürlich spiegelt der gesellschaftlich akzeptierte Zeitpunkt der Kindestötung, neben den nüchternen Erwägungen der Rentabilität der Investitionen, auch die emotionale Bindung der potenziellen Mutter wider. Der natürliche Tod eines Säuglings ist umso schwerer zu ertragen, je später das Kind stirbt. Vor der Namensgebung, bevor das Baby als vollwertiges Mitglied der Gesellschaft anerkannt worden ist, investieren die Eltern noch weniger Gefühle, sie erlauben es sich nicht. Das ist ein Mechanismus des Selbstschutzes, da noch bis in die frühe Neuzeit hinein die Säuglingssterblichkeit bei nahezu 50 Prozent lag. Wolfgang Amadeus Mozart soll in einem Brief den Tod eines seiner Kinder ziemlich nüchtern erwähnt haben. Um den kleinen, dicken Jungen wäre ihm doch arg leid, so schreibt er. Er hatte offenbar noch nicht einmal einen Namen für ihn. Der Tod seiner anderen Kinder scheint ihn noch weniger berührt zu haben.

Trauer war ein Luxus, den man sich dieser Tage nicht wirklich leisten durfte. Hätten Eltern damals dieselbe Einstellung zu ihren Neugeborenen gehabt wie wir heute, wären viele wohl an ihrem Schicksal zerbrochen. Nachdem wir ja nur literarische Quellen haben, kann es natürlich auch sein, dass man sich nur nicht den Luxus geleistet hat, diese Trauer offen zu zeigen bzw. über diese Trauer ausführlich zu schreiben. Vielleicht war sie ein so allgemeines Phänomen, dass es »egoistisch« gewesen wäre, mehr als die anderen zu klagen.

Trauer und Schmerz stehen wohl meist in direktem Zusammenhang damit, wie sehr auf das Kind gewartet wurde. Ein in Wirklichkeit unerwünschtes Kind wird entsprechend kaum betrauert worden sein, ein erwünschtes oder dringlich ersehntes umso mehr.

Eine Freundin erzählte mir aus ihrer eigenen Erfahrung mit einem ganz früh verlorenen Kind: Man könne es ja auch gar nicht »persönlich«, sprich »als Person« betrauern, weil man seine Person noch gar nicht kennengelernt hat. Es ist eher das Projekt »Kind« oder sogar noch mehr das Projekt »Muttersein«, das man schmerzlich betrauert, wenn man sich darauf gefreut hat.

Die Rituale, die aus einem Baby erst zu einem Zeitpunkt, an dem eine gute Chance auf Überleben besteht, einen Menschen machen, sind also eine kluge Einrichtung, und der Abstand dieses Zeitpunktes von der Geburt spiegelt die Lebensbedingungen einer Kultur wider. So weigern sich bei uns Mütter oft, vor Ablauf der verhängnisvollen ersten drei Schwangerschaftsmonate, auf die selbst unsere Medizin noch kaum Einfluss hat, das Kinderzimmer einzurichten und Babykleidung zu kaufen. Ich gestehe, dass ich selbst das alles erst nach der Geburt getan habe, aus dem natürlichen Aberglauben heraus, mich nur nicht vor der Zeit auf ein Lebewesen einzustellen, das mir vielleicht gar nicht bleiben würde.

Die amerikanische Biologin Sarah Blaffer-Hrdy schreibt, dass der Moment, in dem eine Mutter auf das Überleben ihres Kindes zu vertrauen beginnt, offenbar einen emotionalen Wandel in der Mutter-Kind-Beziehung einleitet. Erst dann lässt sie sich aktiv auf ihre zukünftige Rolle ein. Wenn einer Massai-Mutter ein Kind vor der Namensgebung stirbt, reagiert sie oft erstaunlich gelassen, während nach der Namensgebung extreme Trauer gezeigt wird: lautes Klagen, Selbstverstümmelung, Raserei.

Menschenmütter haben es offenbar geschafft, die sensible Prägungsphase nach der Geburt, die wir von vielen Tierarten kennen, kurzfristig auszusetzen. Im Tierreich hat die Trennung von Mutter und Jungtier oft gravierende Folgen. Schafe, denen ihre Jungen nach der Geburt weggenommen werden, verstoßen diese, wenn man sie zu spät der Mutter zurückbringt. Vögel verstoßen Junge, die aus dem Nest gefallen sind und fremd riechen. Doch auch beim Menschen darf diese sensible Phase nicht ganz ungenutzt verstreichen. In den

60er-Jahren schlugen Ärzte in den USA Alarm. Da hatten sie wochenlang um das Leben von Frühchen gekämpft, sie endlich gesund und lebensfähig ihren Eltern nach Hause geben können, nur um sie wenig später mit Verletzungen wieder eingeliefert zu bekommen, die ihnen die eigene Mutter zugefügt hatte. Es stellte sich heraus, dass Kinder, die früh von der Mutter getrennt wurden, häufiger Opfer von Gewalt wurden als Kinder, die man bei ihren Müttern ließ. In den 60er-Jahren war es nämlich üblich, Mütter von ihren zu früh geborenen Babys zu trennen – aus Angst vor Infektionen. Lediglich eine Besuchszeit von einer Stunde pro Woche wurde eingeräumt.

Noch in den 1990er-Jahren wurde die berühmte Wiener Fachärztin für Frühgeborene, Marina Marcovich, geächtet und vom Spitalsbetrieb ausgeschlossen, weil sie auf sämtliche teuren Geräte zur Lebenserhaltung verzichtete und Mütter und Väter animierte, sich stattdessen ihr Frühchen auf die nackte Haut zu legen. Die Zahlen gaben ihr allerdings recht. Frühchen, nach ihrer Methode behandelt, überlebten eher, reiften rascher und konnten früher entlassen werden als andere, die von den teuersten Geräten und besten Medikamenten, aber ohne Körperkontakt behandelt worden waren.[11)]

Der Köperkontakt ist aber nicht nur für die Entwicklung des Säuglings notwendig, sondern dessen Geruch, seine Erscheinung und die Geräusche, die er macht, veranlassen auch die Mutter, sich zu binden. Sie muss sich ebenso an das Kind gewöhnen wie dieses an sie. Ja, in den ersten drei Monaten scheint die Prägung der Mutter auf ihr Kind sogar stärker zu sein als umgekehrt. Wird diese Feinabstimmung gestört oder kommt nach der Geburt überhaupt keine emotionale Bindung zustande, erschwert das eine funktionierende Mutter-Kind-Beziehung.

Sensible Phasen stehen ganz im Dienste der Prägung. Der Verhaltensforscher und Nobelpreisträger Konrad Lorenz erkannte, dass eine der Tücken der Lernfähigkeit darin besteht, dass auch tatsächlich gelernt werden muss. Ist ein Lebewesen so flexibel angelegt, dass es sich innerhalb von Lernphasen auf Lebenssituationen neu einstellen kann, statt starren Instinkten unterworfen zu sein, so muss diese sensible Phase auch wirklich genutzt werden, um etwas zu lernen. Verstreicht diese Phase ungenutzt, hilft uns kein angeborenes Verhaltensschema aus der Verlegenheit und es fehlt Wesentliches in unserer Entwicklung. Diesem entscheidenden Zusammenhang werden wir später noch begegnen. Für den Augenblick interessiert hier vor allem, dass die Mutter-Kind-Beziehung auf prägende Vorgänge angewiesen ist. So wichtig sie ist für das Gedeihen des Säuglings und Kleinkindes, so sehr ist es notwendig, dass ihr Raum und Zeit gegeben wird.

Die Fehler, die aus falsch verstandener Hygiene in den 60er-Jahren gemacht wurden, als man Babys so früh von ihren Müttern trennte, haben tiefe Wunden hinterlassen. Mütter sahen sich außerstande, die von ihnen geforderte Liebe auf Knopfdruck zu produzieren, nachdem sie Babys nach Hause bekamen, die ihnen nicht mehr bedeuteten als zeternde Fremde. Sie fühlten sich als Versagerinnen, weil sie dem Idealbild der Mutter, wie es von ihrer Gesellschaft propagiert wurde, so gar nicht entsprechen konnten. Und Kinder wuchsen heran, die einen Knick in ihrem Kontinuum erlebt hatten, die am Beginn ihres Lebens wie Heimkinder von Hand zu Hand weitergereicht worden waren, um schließlich bei einer Betreuerin zu landen, an die sie sich nicht gebunden fühlten. Viele dieser Mutter-Kind-Beziehungen mögen also in wechselseitiger Frustration begonnen haben, manche in diesem frühen Stadium bereits gescheitert sein.

Aber dank der Fähigkeit der menschlichen Mütter, Unerfülltes oder vorübergehend Unerfüllbares aufzuschieben, haben dann trotzdem die meisten Beziehungen mit Verspätung funktioniert. Ähnlich jenen Müttern, die ihr Baby aussetzten, um herauszufinden, ob es ein Elbenkind sei, fanden die meisten Mütter gewiss auch zu diesem verspäteten Zeitpunkt in ihre Mutterrolle hinein. Und auch das kindliche Programm, einen einzelnen Betreuer für sich alleine zu gewinnen, war noch nicht aufgegeben.

Der bekannte deutsche Kinderpsychologe Bernhard Hassenstein und seine Frau Helma beziffern den Höhepunkt der Prägungsphase des Säuglings mit etwa 7 Monaten. Bindungslos aufwachsende Heimsäuglinge zeigen in den ersten 6 Monaten häufiges Daumenlutschen, sie schreien außerordentlich viel und beginnen oft gleich nach den Mahlzeiten wieder zu weinen. Das Lächeln setzt im selben Alter ein wie bei Säuglingen mit einer individuellen Betreuung, aber im Gegensatz zum Familienkind erlischt das Lächeln des Heimsäuglings wieder, gibt es doch kein liebevolles individuelles Gesicht, auf das es reagieren könnte. Etwa ab dem 8. Monat, zu einem Zeitpunkt, an dem das Familienkind in die Fremdelphase kommt, stellen die Babys in Säuglingsheimen das Weinen ganz ein. Ab nun machen sie bitterernste Gesichtchen mit weit geöffneten Augen und zusammengezogenen Lippen. Auf die Phase der intensiven Kontaktsuche, bei der die Säuglinge schreien, bis sie blau anlaufen und oft nicht mehr in der Lage sind, richtig Luft zu holen (Atemkrampf) – ein Gebrüll, das übrigens sofort aussetzt, wenn man den Säugling auf den Arm nimmt –, folgt die Phase der Resignation, eine nahezu unheimliche Stille. Die sensible Phase ist verstrichen, der ersehnte Kontakt konnte nicht hergestellt werden. War die Entwicklung von Familien- und Heimkindern bis zum 7. Monat noch vergleichbar, so sinkt im 2. Lebenshalbjahr das Aktivitätsniveau drastisch ab. Die Heimkinder schreien nicht mehr, ihre Mimik ist unbewegt und unbeteiligt, sie lassen nahezu alles willenlos mit sich geschehen. Diese Kinder bleiben in ihrer Entwicklung hinter den Familienkindern deutlich zurück. Der Psychoanalytiker René Spitz spricht hier von einer anaklitischen Depression.[12)]

Es ist also innerhalb der ersten Wochen nach der Geburt noch Zeit für eine geglückte Beziehung zwischen Mutter und Baby, auch wenn der Start unrund erfolgte. Heute, durch das allgemein übliche Rooming-in, bekommen Mütter ihre Säuglinge gleich nach der Geburt ausgehändigt, und zwar tatsächlich. Isabella wurde mir 1993 gleich nach der Entbindung noch unter dem Vorwand, der Kinderarzt müsse sie erst »freigeben«, weggenommen, obwohl ich ausdrücklich auf Rooming-in bestanden hatte. Auf meinen Interventionsversuch hin riet man mir, ich solle mich ausruhen und etwas schlafen nach der Anstrengung der Geburt. Doch in der Tat war ich hellwach und außerstande, auch nur ein Auge zuzumachen, bis sie mir endlich nach 6 Stunden mein Kind brachten. Thomas bekam ich hingegen 1999 tatsächlich sofort und ohne Wenn und Aber. Vielleicht ist es kein Zufall, dass Thomas im Gegensatz zu Isabella nie einen Schnuller brauchte, Fläschchensauger ablehnte und sich mit 9 Monaten nur mit Mühe abstillen ließ.

Natürlich handelt es sich hier um eine ganz persönliche Erfahrung deren Aussagewert nicht unmittelbar auf andere Mutter-Kind-Beziehungen zutreffen muss. Dennoch fand ich anhand dieser Erlebnisse bestätigt, was ich in der Fachliteratur über das Phänomen der frühkindlichen Prägung gelesen hatte.

Die Natur weiß wohl um die Unwägbarkeiten der ersten Stunden und Tage nach der Geburt. Soll die Bindung klappen, soll die Prägung stattfinden, soll der Bund geschlossen werden, die Betreuerin verpflichtet werden – lebenslang –, so muss etwas geschehen, wenn das nicht dem Zufall überlassen werden soll. Gilt es doch den gesunden Egoismus, den Selbsterhaltungstrieb und die rationalen Überlegungen der Mutter auszusetzen, um nicht zu sagen zu übertölpeln.

Dieser Streich ist von langer Hand geplant. Ein Komplott, geschmiedet tief im innersten Kern des Geschehens, an der Drehscheibe der Emotionen: dem Hormonsystem.

Oxytocin – Droge Mutterliebe

Juni 2005. Steiermark.

In der großen Tiefkühltruhe im Keller des Mehrparteienwohnhauses in Graz Thalstraße sucht ein Familienvater ein Speiseeis für seine Kinder. Die tastenden Finger greifen einen seltsam geformten Sack, der einen merkwürdigen dunklen Klumpen enthält. Wer hat denn da wieder die Kühltruhe mit unförmigen Fleischstücken befüllt? Und was ist da überhaupt drin? Der Familienvater sieht genauer hin – und lässt den Sack mit einem Aufschrei des Entsetzens zurück in die Truhe fallen. Kein vergessener Hasenbraten und kein Grillgut wird da am Boden der Truhe gelagert. Es ist ein neugeborenes menschliches Baby.

Der Mann alarmiert sofort die Kriminalpolizei. Die Mutter wird ausgeforscht, sie lebt mit ihrem Lebensgefährten im selben Haus. Sie gibt zu, zwei Jahre zuvor das Kind zur Welt gebracht zu haben. Sie hätte nicht gewusst, dass sie schwanger sei. Beim Baden wäre plötzlich ein blutiger Klumpen aus ihr herausgerutscht. Zuerst hätte sie gar nicht hinsehen können. Dann hätte sie doch bemerkt, dass es ein Baby war. Doch ob es gelebt hätte oder schon tot war, das wisse sie nicht mehr. Sie wäre zu sehr unter Schock gestanden. Später hätte sie das tote Kind in der Gefriertruhe entsorgt.

Bei der Untersuchung der Tiefkühltruhe findet sich eine weitere Babyleiche. In einem Malerkübel, in eine Mörtelschicht eingegossen, eine weitere. Und schließlich wird in einem Nebengebäude noch eine vierte Babyleiche in einem Plastiksack gefunden. Die Frau ist verwirrt, sie weiß nicht mehr, in welcher Reihenfolge sie die Kinder zur Welt gebracht hat, kann sich nicht mehr erinnern. Alles, was sie weiß, ist, dass sie immer Angst hatte, ihr Lebensgefährte würde sie verlassen, sollte sie Kinder bekommen. Er hatte nämlich schon drei Kinder aus einer anderen Beziehung.

Kein Einzelfall, sagt die Statistik. Babyleichen tauchen regelmäßig auf, in Plastiksäcken, in Schuhkartons, in Badezimmern, Kellern, aufgelassenen Biotopen, Wäschekörben, Rückstaubecken – und das ist nur die traurige Bilanz eines einzigen Jahres in Österreich (2005). Ein Phänomen, das nicht nur für Österreich typisch zu sein scheint. Auch die Nachbarländer weisen ähnliche Statistiken auf. Im Jahr 2006 wurden in Deutschland alleine in Sachsen-Anhalt sechs Fälle von Säuglingstötungen bekannt. Wieder wurde ein Baby in der Tiefkühltruhe entsorgt, drei weitere, bereits skelettierte Leichen finden sich auf einem Dachboden, eines wird am Wegesrand entdeckt, ein anderes in einer Wohnung ...

Die Mütter werden als normal beschrieben, unauffällig, vielleicht ein wenig zurückgezogen, sozial weniger privilegiert. Sie erinnern sich nicht, sind sich keiner Schuld bewusst, glauben, richtig gehandelt zu haben, schwören, die Babys seien schon tot gewesen, auch wenn die Obduktion anderes ergibt.

Was ist hier los? Wir leben nicht mehr im finsteren Mittelalter, wo die »unfrohen Kinder« noch vor der Stadtmauer in die Erde gelegt wurden, weil sie nicht in der geweihten Erde des Friedhofes bestattet werden durften, damals, als die Geburt eines Kindes noch über soziale Ächtung und Überleben der Mutter mitentscheiden konnte. Nein, es geschieht heute, im Zeitalter der Babyklappen, der Frauenhäuser, der Sozialfürsorge, in dem es Jugendämter und staatliche Zuwendungen gibt. In einer Zeit, in der potenzielle Adoptiveltern auf Wartelisten stehen, in der Kliniken für künstliche Befruchtung wie die Pilze aus dem Boden schießen, und ausgerechnet heute findet man diese Babyleichen, entsorgt, als ob es sich nicht um menschliche Wesen handeln würde. Was geschieht hier mit den Müttern, mit den Gebärenden, dass sie vergessen, was mit ihnen geschieht, verleugnen, was sie geboren haben, und zur Mörderin am eigenen Kind werden?

Wie hohl da die gängigen Erklärungsversuche klingen. Sozialer Stress wird angeführt, Geldsorgen, Versorgungsengpässe, Verlustängste. Nein, das ist nicht glaubwürdig, bringen doch alle Augenblicke Mütter Babys zur Welt unter viel schlimmeren Bedingungen als jene Frauen, die mit ihrer Geschichte die Medienwelt in Atem halten.

Vielleicht aber ist die Frage falsch gestellt. Vielleicht sollten wir umgekehrt fragen. Nicht danach, was die Mütter dazu bringt, die Situation der Geburt derart zu verkennen, ihre Kinder als blutige Klumpen wahrzunehmen statt als segensreichen Nachwuchs, sondern eher, was Mütter dazu bringt, nach all dem Schmerz und den Strapazen der Geburt überhaupt noch irgendeine Form der Begeisterung aufzubringen für dieses blutige Bündel, diese fleischgewordene Forderung nach lebenslanger Betreuung. Warum, so könnten wir fragen, gehen nicht alle Mütter ihrer Wege ohne das Kind, nachdem sie es geboren haben? Warum tun sie es sich an, dieses fremde Wesen, das ihren Körper 9 Monate lang bewohnt hat, anzunehmen und es sofort zu umsorgen, ungeachtet der Schmerzen, die noch viele Tage über den Akt der Geburt hinaus anhalten werden, ungeachtet der Müdigkeit und der Stimmungsschwankungen und teilweise ungeachtet jeglicher Vernunft?

Was im Sport verboten und verpönt ist, ist in der Natur erlaubt. Mütter werden gedopt. Von ihrem eigenen Gehirn. Frisch aus der Küche des emotionalen Zentrums im Gehirn, des Hypothalamus, wird ein Hormon ausgeschüttet, das uns augenblicklich in Entzücken versetzt. Es gehört zu den Endorphinen, ist ein Morphin, es macht die Mutter high und führt so zu einem Hochgefühl in den ersten Stunden nach der Geburt. Es vermindert die Stressempfindung. Der Akt der Geburt, die Schmerzen und das Blut, die Angst und die Plage, alles sinkt in gnädiges Vergessen, weil unsere Belohnungsbahnen überschwemmt werden mit jenem Botenstoff, der für äußerstes Wohlempfinden verantwortlich ist.

Dieser Prozess läuft selbstständig auf rein biochemischer Basis ab. Östradiol, ein Hormon, das von den Eierstöcken gebildet wird, aktiviert das Gen, das für die Herstellung von Oxytocin verantwortlich ist, in einem eigenen System von Nervenzellen des Hypothalamus. Das ist jenes Gehirnzentrum, das anatomisch zwischen dem Stammhirn und dem Großhirn liegt und dem die Wirkung zugeschrieben wird, dass körperliche Befindlichkeiten, die z.B. mit der Stoffwechselchemie zu tun haben, vom Bewusstsein als Gefühle wahrgenommen werden. Neben den zuständigen Produktionszentren für Oxytocin im Hypothalamus wirkt Östradiol auch auf die Gene für die Oxytocin-Rezeptoren in anderen Teilen des Zwischenhirns (limbische und hypothalamische Zellgruppen genannt[13)]); deren Aufgabe ist es, das ausgeschüttete Oxytocin wahrzunehmen und dem Großhirn in Form des Gefühls »angenehm« zu vermitteln. Das geschieht, indem die Verfügbarkeit von Oxytocin die elektrische Aktivität in bestimmten Nervenzellen des Hypothalamus erleichtert. Diese vermehrten Nervenimpulse werden vom Großhirn als angenehmes Gefühl interpretiert, das sich, je nach Intensität, bis zum Glücksrausch steigern kann.

Auf diese Weise wird der Grundstein für soziales Verhalten wie z.B. Partnerwahlverhalten oder Elternverhalten gelegt. Fühlt man sich wohl, wird das mit den anwesenden Personen ursächlich verknüpft. Das Gehirn funktioniert so, dass bei gleichzeitigem Auftreten von Ereignissen uns diese als zusammenhängend erscheinen. Um das angenehme Gefühl wieder zu erreichen, wird der Mensch versuchen, sich wieder mit denselben Menschen zu umgeben, die ihm zu der angenehmen Empfindung verholfen haben. Dabei reagiert die Körperchemie genauso auf die Erwartungshaltung, wie umgekehrt ein schönes Gefühl heraufdämmert, wenn die Oxytocinproduktion anläuft. Es ist ein sich selbst verstärkender Regelkreis, der zu enorm starken Gefühlen führen kann, die jenen lebenserhaltenden Trieben wie Hunger, Durst und Bedürfnis nach Sicherheit durchaus ebenbürtig sein können.

Oxytocin gilt als Hormon der Mutterliebe schlechthin. Es wird schon bei der Dehnung des Gebärmutterhalses ausgeschüttet, sozusagen präventiv. Schließlich ist es auch verantwortlich für das Einschießen der Milch. Lange noch kann man nach der Geburt während des Stillvorganges die schmerzhaften Nachwehen in der Gebärmutter fühlen, die sich nun wieder zusammenzieht. Oxytocin tut seine Arbeit. Und damit Mütter nicht abgelenkt werden von ihren eigentlichen Pflichten, während der Körper seine Funktionen wahrnimmt, werden sie dabei glücklich gemacht. Weit über den Vorgang der Geburt hinaus gilt Oxytocin als Frauenhormon, als das sozialisierende, stimulierende, befriedende, Leidenschaft entflammende, Partnerschaft erhaltende Lebenselixier.

Sein wesentlicher Einfluss auf die soziale Zuwendung ist heute unumstritten. Oxytocin-Nasensprays helfen heute sogar bei der Kontaktanbahnung in unserer emotional unterentwickelten Massengesellschaft. Aber der eigentliche Produzent, das menschliche Gehirn, funktioniert meist ganz von selbst. Und immer, wenn es nötig ist, wird der Stoff ausgeschüttet. Er wird vorproduziert im Hypothalamus und wandert dann in die Hirnanhangdrüse, an der Unterseite des Gehirns, wo er im Hinterlappen gespeichert ruht, bis er gebraucht wird.

Seine Einsatzgebiete sind mannigfaltig. Nicht nur bei der Geburt spielt es eine wichtige Rolle, auch beim Sex, beim Orgasmus wird es sowohl im weiblichen als auch im männlichen Gehirn freigesetzt. Schließlich sollte Sex ein beglückendes Erlebnis sein, das doch gut in Erinnerung bleiben soll, damit es noch viele Fortsetzungen findet.

Aber auch viel bescheidenere Glückserlebnisse werden von Oxytocindosen hervorgehoben. Bereits zartes Streicheln auf der Haut löst eine angenehme Empfindung aus, ebenso ein liebevoller Blick, eine freundliche Zuwendung. Das Belohnungssystem des Oxytocins bildet die Basis für alle sozialen Gefühle.[14)]

Der bekannte Humanethologe Irenäus von Eibl-Eibesfeldt, Schüler von Konrad Lorenz, sagt dazu: »Mutterliebe ist eine Schlüsselerfindung der Natur, aus der sich alle anderen Formen der Bindung zwischen Menschen entwickelt haben: Mitleid, Mitempfinden, romantische Liebe und höhere Formen von Geselligkeit.«[15)]

Schon im Tierreich ist das Oxytocin verantwortlich für die Treue unter Ehegatten. Thomas Insel aus Atlanta, Georgia, hat das in seinen nahezu klassischen Versuchen an Bergwühlmäusen und Präriewühlmäusen nachgewiesen. Die Bergwühlmäuseriche sind keine Familienväter – ein »Quickie« mit der Partnerin, und schon laufen sie wieder ihrer Wege. Ganz anders die Präriewühlmäuseriche. Sie suchen eine Partnerin fürs Leben und sind nach der Paarung treu sorgende Familienväter. Höchst spannend ist, was die beiden so nahe verwandten Nager unterscheidet: die Konzentration zweier Hormone im Blut und die Dichte der dazugehörigen Rezeptoren im Gehirn.

Die Hormone – wir haben es schon geahnt – sind Oxytocin, unser altbekanntes Liebeshormon, und Vasopressin, ein weiteres Liebeshormon, das mit dem Paarungsverhalten außerhalb der Brutsaison, der Paarbildung und allgemein dem Appetenzverhalten (Suchverhalten) nach einem Partner assoziiert wird.

Die Präriewühlmäuse haben nicht nur höhere Dosen dieser beiden Hormone im Blut, ihr Gehirn ist dafür auch empfänglicher. Die Dichte der Rezeptoren, welche auf die Hormone reagieren sollen, ist viel höher im Gehirn der Nager aus dem Flachland.

In seinen berühmten Versuchen versah Insel die treuen Präriewühlmäuseriche mit Oxytocinblockern. Diese docken anstelle von Oxytocin an den Rezeptoren an und das Oxytocin, das nun keine Anlegestelle im Gehirn mehr vorfindet, kann seine Wirkung nicht entfalten. Die Reaktion war dramatisch. Statt nach der Kopulation treu bei ihren Weibchen zu bleiben, beließen es die geblockten Mäuseriche wie ihre Vettern, die Bergwühlmäuseriche, bei einem »Quickie« und machten sich anschließend aus dem Staub.

Doch auch den »Highländern« rückte Thomas Insel zuleibe. Da sie zu wenige Rezeptoren besitzen, um Oxytocin gebührend wahrzunehmen, genügte hier nicht einfach eine höhere Dosis des Liebeshormons. Hier musste zusätzlich zu drastischeren Methoden gegriffen werden. Insel veränderte die Erbanlagen der Bergwühlmäuseriche. Er verlängerte das Gen, das für die Oxytocin-Rezeptoren im Gehirn kodiert, sprich er vermehrte die Rezeptorenanlagen. Nun waren die Gehirne der Mäuseriche aus luftigen Höhen ebenso empfänglich für Oxytocin wie jene ihrer Vettern aus dem Flachland.

Und was geschah? Nach dem Quickie verblieben die Bergwühlmäuseriche bei Weib und Kind und verteidigten diese ganz gegen ihre sonstigen Gewohnheiten gegen Eindringlinge.[16)]

Hängt nun also alles Verhalten am seidenen hormonellen Faden? Hat jenen Müttern, die nach der Geburt kein menschliches Wesen in dem erkennen konnten, was ihren Körper verlassen hatte, einfach nur das Hormon oder der zugehörige Rezeptor gefehlt?

Im Tierreich scheint es tatsächlich so zu sein. Ohne Oxytocin gibt es keine Obsorge um den Nachwuchs. Weibliche Ratten, die selbst noch nicht geboren haben, deren Gehirn also noch keinerlei Erfahrung mit Oxytocin hat, töten im Experiment Rattenbabys, die ihnen in den Käfig gesetzt werden. Sie können offenbar zwischen arteigenem Nachwuchs und Beute nicht unterscheiden.[17)]

Wie nahe diese beiden Schemata, Beute- und Jungtier, beisammen sein müssen, konnte ich an unserer Hauskatze Wanda beobachten. Sie wurde nie wirklich zahm, behielt immer etwas von einer Wildkatze an sich, obwohl wir sie als junges Kätzchen bekommen hatten. Sie wurde zu unserer Überraschung bereits mit 6 Monaten trächtig und bekam drei niedliche Junge. In einem Körbchen brachte sie die Jungen zur Welt und versorgte sie, wie es Katzenmütter machen. Sie leckte sie sauber, entsorgte ihre Stoffwechselprodukte und säugte sie geduldig. Wenn dann aber eines zu zappeln begann, konnte es vorkommen, dass Wanda einen irren Ausdruck in den Augen bekam. Dann packte sie das Junge mit den Krallen der Vorderpfoten, biss fest ins Fell hinein und begann es mit den Hinterpfoten »totzukratzen«. Erst als das Junge in jämmerliches Fiepen ausbrach, stoppte sie abrupt ihre Instinkthandlung. Der irre Ausdruck in den Augen wandelte sich sichtlich in Verwirrung und nach einer Sekunde »Bedenkzeit« begann sie das Junge hingebungsvoll zu lecken, dort, wo sie eben noch zugebissen hatte.

Wanda war jung, sie war mit Sicherheit keine erfahrene Katze, weder, was ihr Beutefangverhalten, und schon gar nicht, was ihr Verhalten als Mutterkatze anlangte. Umso deutlicher konnte man aber sehen, wie schwer es für die Natur gewesen sein musste, gerade Raubtiermütter davon zu überzeugen, dass es sich bei ihren Jungen nicht um Beute, sondern um Nachwuchs handelt, der so ganz anders behandelt werden muss. Es ist daher sehr wahrscheinlich, dass die Ausschüttung von Oxytocin zur »Befriedung« schon recht früh in der Evolution notwendig geworden ist.

Jene Ratten, die Babys ihrer Artgenossen fressen und sie nicht von Beute unterscheiden, ändern sofort ihr Verhalten, wenn sie eine Dosis Glückshormon bekommen. Kinderlosen Ratten wurde 1968 im Experiment Blut von Ratten-Müttern injiziert. Die Tiere begannen sogleich, ein Nest zu bauen. Damals ahnte man schon, dass es einen Stoff im Blut geben musste, der zwischen mütterlichem und nichtmütterlichem Verhalten entschied. Es sollte aber noch 11 Jahre dauern, bis der Auslöser dingfest gemacht werden konnte: Oxytocin, unser Beziehungshormon.[18)]

Je einfacher ein Tier in seiner Ausstattung, umso instinktgebundener ist es. Der wesentliche Unterschied zu uns Menschen besteht hauptsächlich darin, dass Tiere keine übergeordnete Instanz (Vernunft) besitzen, die bei wettstreitenden Trieben entscheiden könnte. Man sieht es dem Tier förmlich an, wie ein Instinkt den anderen ablöst. Wie beim Wechseln der Gänge eines Fahrrades, wo die Kette auf das nächstgrößere Rad gleitet, um plötzlich einen anderen Antrieb zu bekommen, so gleiten die Instinkthandlungen der Tiere ineinander. Wenn ein Instinkt von einem anderen zu stark konkurriert wird, kann es passieren, dass die Kette »entgleist« und ein ganz anderer, scheinbar sinnloser Trieb zur Entfaltung kommt. In der Verhaltensforschung spricht man von Übersprungshandlungen. Das Tier beginnt zum Beispiel mitten in einer anderen Handlung, sich zu putzen. Einen fernen Nachhall solcher Übersprungshandlungen kennen wir bei uns selber als Verlegenheitsgesten: Die Kleidung wird gerichtet, das Haar zurechtgestrichen. Diese Handlungen füllen wie Leerlauf die Zeit, bis das Gehirn entschieden hat, was nun sinnvollerweise unternommen werden kann.

Das Tier hat wenige Möglichkeiten, bei gleich starken Trieben mittels Vernunft zu entscheiden. In Extremfällen kann es zu sehr langen Zeiten des Leerlaufes kommen, wie in der folgenden Geschichte: Eine Löwin hatte ein Gnu erlegt und ging zurück zu ihrer Höhle, um das erste ihrer beiden Jungen zu holen. Inzwischen fand ein Leopard das tote Gnu und fing zu fressen an. Als die Löwin mit dem ersten Jungen zurückkehrte, flüchtete der Leopard auf einem Baum. Die

Löwin setzte das erste Junge ab und begann ein paar Schritte zurückzulaufen, offenbar um das zweite Junge nachzuholen. Doch als sie den Leoparden sah, kehrte sie um. Ihr Instinkt, zu dem zweiten Jungen zurückzukehren, war genauso groß wie ihr Instinkt, bei dem ersten Jungen zu bleiben, um es vor dem Leoparden zu schützen. Sie lief eine halbe Stunde lang immer wieder einige Schritte weg von dem abgesetzten Jungen, nur um nach wenigen Schritten umzukehren. Ein unlösbarer Konflikt für ein nichtrationales Wesen. Die beiden Instinkte waren gleich stark, eine Entscheidung fast nicht möglich. Schließlich siegte einer der beiden Instinkte. Kaum hatte sich die Löwin 100 Meter weit entfernt, sprang der Leopard herab und packte das verlassene Junge. Die Mutter kehrte zwar sofort um, doch es war bereits zu spät. Das Löwenjunge war schon tot.[19)]

Hier wird besonders deutlich, welchen Vorteil die Einrichtung einer übergeordneten Instanz bedeutet, wie sie unsere menschliche Vernunft darstellt. Wir können sinnvoll entscheiden, welchen Instinkten – bei uns eher Bedürfnissen – nachgegeben werden sollte. Das bedeutet aber auch, dass wir von unmittelbaren Reaktionen, die immer in gleicher Weise auf einen Antrieb reagieren, abgekoppelt wurden. Die freie Entscheidung ist nur möglich, wenn nicht sofort reagiert werden muss. So sehr wir auch unseren Hormonschüben und -ausschüttungen unterworfen sind, so haben wir doch genügend Autorität, uns bei höherer Priorität eines anderen Antriebes anders zu entscheiden.

Daher können eine noch so hohe Dosis Oxytocin und noch so viele Rezeptorstellen im Gehirn, die höchste Annehmlichkeiten vermelden, niemals ausreichen, um unsere Vernunft zu überzeugen, wenn es ausreichend Gegenargumente gibt. Ja, diese unsere Vernunft ist sogar in der Lage, die ankommenden Glücksgefühle ins krasse Gegenteil umzukehren. Abhängig von der Erfahrung, die wir mit diesem Botenstoff im Laufe unseres Lebens gemacht haben, kann die Überschwemmung unterschiedlicher Gehirne mit Oxytocin völlig Verschiedenes bedeuten. Zwar gibt es ohne Oxytocin auch bei uns

Menschen keine Geburt (weil der Ferguson-Reflex, das Luftanhalten und Pressen, unterbleiben würde), aber es folgt auf die Ausschüttung des Liebeshormons nicht notwendigerweise Liebe.

Wo ist die Kraft, die Mütter schafft?

Goblin und Flint, die beiden Schimpansenjungen, sind eben munter am Spielen, ihre Mütter Flo und Melissa mit Fellkraulen beschäftigt, als plötzlich laute »Pant-Hoots« aus der Ferne die Ankunft einer fremden Schimpansengruppe ankündigen. Das friedliche Bild ändert sich innerhalb von Sekunden. Während Flint sofort auf den Rücken seiner Mutter Flo springt, die rasch mit ihm auf eine Palme flüchtet, tappt Goblin völlig unbeeindruckt und sorglos auf Mike zu, das große Alphamännchen, dessen Fell bereits stark gesträubt ist und dem an jeder Faser seines angespannten Körpers anzumerken ist, dass seine Imponierveranstaltung kurz bevorsteht. Melissa, Goblins Mutter, eilt vor Angst kreischend hinter ihrem Sohn her, sie ahnt, was geschehen wird – doch zu spät. Mike stürmt bereits los. Im Vorbeirasen packt er Goblin und schleift ihn mit, als wäre er ein Zweig. In ihrer Angst um das Kind wirft sich die sonst so zaghafte und vorsichtige Melissa dem tobenden Mike entgegen. Sie wird augenblicklich bestraft für ihre Einmischung und böse zugerichtet. Aber es ist ihr gelungen, Mike von Goblin abzulenken. Kreischend drückt der sich flach auf den Boden, wo das ranghöchste Männchen ihn hat fallen lassen. Ein älteres Männchen hebt den Kleinen auf, wie um ihn zu schützen, bis Mike endlich genug hat und Melissa blutend und aufgelöst zu ihrem Kind zurückkehren kann.[20)]

Dass es Goblin erwischte und nicht Flint, war in den Augen der bekannten Primatenforscherin Jane Goodall kein Zufall. Wie viele Kinder unerfahrener Mütter war Goblin sehr anfällig für Unfälle und bekam mehr Schrammen ab als andere Schimpansenkinder. Wenige Wochen nach dem Unglück mit Mike geriet Goblin abermals in Bedrängnis. Bei einem plötzlichen Tumult unter den Männchen wurden auch Melissa und eine andere Schimpansenmutter, die friedlich beisammengesessen hatten, angegriffen. Die Mütter stürmten davon, um ihre Kinder in Sicherheit zu bringen, die gerade miteinander spielten. Melissa aber, die voranlief, griff sich das falsche Kind und rannte los. Die andere Mutter packte zuerst Goblin, bemerkte aber den Irrtum und ließ ihn fallen, um dem Schreien ihres eigenen Kindes nachzueilen, das von Melissa davongetragen wurde. Diesmal war es Mike, der den kleinen Goblin rettete. Behutsam drückte er ihn an die Brust und trug ihn aus der Gefahrenzone. Als Melissa endlich auftauchte, um ihren Sohn in Empfang zu nehmen, sah Mike geduldig zu, wie der Kleine in ihre Arme eilte.

Mutter sein muss gelernt werden, schon im Tierreich. Jane Goodall beschreibt immer wieder große Unterschiede im mütterlichen Verhalten ihrer Schimpansinnen. Während Flo als erfahrene Mutter genau wusste, wann es gefährlich wurde und sie eingreifen musste und wann sie das nicht zu tun brauchte, reagierten jüngere Schimpansinnen oft völlig konfus und unangemessen.

Beatrix Jarcewski, Revierleiterin der Affenstation im Stuttgarter Zoo Wilhelma, konnte besonders extremes Fehlverhalten junger Affenmütter beobachten. Als die unerfahrene Gorilladame, Mimi, heute 41, ihr erstes Baby bekam, sprang sie fast an die Decke vor Schreck, als dieses versuchte, sich an ihr festzuhalten. Mimi hatte offenbar während ihrer Gefangenschaft keine Möglichkeit gehabt, angemessenes mütterliches Rollenverhalten zu erlernen. Die Wärterinnen mussten sich um die Aufzucht des kleinen Gorillababys kümmern, Mimi selbst war hingegen erst bei Meru imstande, mütterliches Verhalten zu zeigen. Meru war ihr achtes Kind.[21)]

Innerhalb ein und derselben Art kommt bei hoch entwickelten Tieren sehr unterschiedliches mütterliches Verhalten vor. Passion, ein ungewöhnliches Schimpansenweibchen, das später als Kannibalin in die Geschichte der Affengruppe vom Gombe-Strom eingehen sollte, war schon ein voll ausgereiftes Weibchen, als sie zum ersten Mal ein

Baby durchbrachte. Frühere Babys dürfte sie wohl verloren haben, und den menschlichen Beobachtern wurde auch sofort klar, warum. Passion, ganz wider ihren Namen, zeigte überhaupt keine Affinität zu ihrer Tochter Pom. Während andere Schimpansinnen ihre Kinder am Bauch trugen, bis sie alt genug waren, am Rücken zu reiten, und sie mit der Hand unterstützten, damit sie trinken konnten, schob Passion die kleine Pom sofort auf ihren Rücken. Die Kleine musste von Anfang an sehen, wie sie zurechtkam, und war mehrfach stark gefährdet, abzustürzen, wenn ihre Mutter bedenkenlos davonstürmte, ohne sich im mindesten um ihr Kind zu kümmern, das sich gerade noch mit letzter Kraft anklammern konnte. Nur zum Trinken durfte die Kleine an die Vorderseite der Mutter, wurde aber immer zu früh unterbrochen und wieder auf den Rücken geschoben. Selbst im Regen bekam sie keinen Unterschlupf gewährt, da half auch kein Wimmern und Greinen. Passion zeigte nur sehr selten Erbarmen. Während andere Mütter ihre Kinder im Auge behielten und auf kleine Hilferufe sofort herbeigeeilt kamen, ging Passion ihrer Wege und überließ es ihrer Tochter, kaum dass diese laufen konnte, zu sehen, wie sie ihr nachkam. Die kleine Pom war ständig in Sorge, die Mutter zu verlieren, und hielt sich immer ängstlich mit einer Hand an deren Fell fest, selbst wenn sie mit anderen Schimpansenkindern spielte.

Ganz anders Flo, die Parademutter aus der Gruppe. Sie hatte all ihre Kinder immer am Bauch getragen, sie beim Trinken unterstützt und mit Hingabe und offensichtlichem Mutterverstand auf deren Bedürfnisse reagiert. Flos mütterliche Fähigkeiten scheinen allerdings nicht nur auf Erfahrung mit ihren Kindern beruht zu haben – sie muss wohl auch eine besondere empathische Begabung mitgebracht haben, eine emotionale Intelligenz, sie scheint überhaupt eine ungewöhnlich kluge Äffin gewesen zu sein. Das zumindest geht aus vielen Geschichten rund um diese Affenpersönlichkeit hervor. Entsprechend gab es auch Affenmütter am anderen Ende der Begabungsskala, die das Muttersein auch mit viel Erfahrung nie so gut lernten. Aber auch die anderen Mütter erschienen im Vergleich zu

Passion zumindest sehr bemüht um ihre Kleinen. Selbst die junge Melissa hatte versucht, ihrem ersten Kind Goblin beim Trinken zu helfen, wenn auch so ungeschickt, dass die tastenden Lippen statt auf der Brust an Schulter und Rücken landeten.

Der Unterschied im Erziehungsstil der Schimpansinnen hätte deutlicher nicht sein können und setzte sich während der gesamten Entwicklung der Kinder fort. Im Verlaufe ihrer Langzeituntersuchungen stellte Jane Goodall fest, dass der Erziehungsstil sogar von der Mutter an die Tochter weitergegeben wird. Ob der Erziehungsstil auch eine erbliche Grundlage hat oder alleine die Erfahrung, welche die Tochter mit der Mutter macht, sich prägend auf deren eigenen Erziehungsstil auswirkt, ist anhand der Freilandbeobachtungen jedoch nicht leicht zu unterscheiden.

Wie ihre Mütter Flo und Passion unterschieden sich später auch deren Töchter Fifi und Pom in ihrer Rolle als Mütter. Dabei ist offenbar nicht nur wesentlich, welche Behandlung die Schimpansinnen selbst als Kinder erfahren. Die erwachsenen Töchter helfen gewöhnlich der Mutter bei der Betreuung der jüngeren Geschwister und lernen so, nicht unähnlich wie in menschlichen Großfamilien, das »Handwerk« der Mutterschaft.

So sehr Hormone uns auch vorbereiten auf unsere Rolle als Mutter, muss doch, wie bei allen höher entwickelten Lebewesen, die nicht mehr ausschließlich von Instinkten geleitet sind, ein Lernvorgang stattfinden, der uns beibringt, wie das richtige Verhalten auszusehen hat.

Für verhaltensplastische Lebewesen wie höhere Säugetiere, insbesondere Primaten, zu denen wir selbst gehören, ist soziales Lernen eine Grundvoraussetzung für die Entwicklung jeglichen normalen Verhaltens. Je höher die Entwicklung, umso weniger zielführende Verhaltensmuster sind genetisch vorgegeben. Instinkte werden im Zuge der Weiterentwicklung von Trieben und diese wieder von Motivationen abgelöst. Während Instinkte noch über fix einprogrammierte Handlungsabläufe ausgelebt werden, können Triebe schon auf verschiedene Weisen befriedigt werden, über das Eingehen auf Motivationen gar kann vernünftig entschieden werden.

Stammesgeschichtlich weniger hoch entwickelte Tiere werden mit fix vorprogrammierten Handlungsabläufen geboren, sie sind nicht darauf angewiesen, von anderen zu lernen. Das neugeborene Fohlen »weiß«, wie es seine Beine benutzen soll, noch ehe sein Fell richtig trocken ist. Das Menschenkind muss erst lernen, auf zwei Beinen zu gehen, wie wir später noch sehen werden. Ohne Anleitung aus der sozialen Umgebung kann ein höher entwickeltes Lebewesen kein sinnvolles Verhalten entwickeln. Ohne Instinkte und dazu passende fix programmierte Handlungsabläufe können Triebe und Motivationen nur Bedürfnisse schaffen. Wie diese befriedigt werden können, muss gelernt werden. Die Ausschüttung von Hormonen kann beispielsweise bei uns Menschen zum entsprechenden Verhalten nur motivieren, indem sie uns in eine entsprechende Stimmung versetzt. Aber wenn es keine Vorlage für dieses Verhalten gibt, verpuffen die körpereigenen Drogen effektlos und unbeachtet.

Was für unsere nächsten Verwandten, die Menschenaffen, gilt, gilt daher in noch viel stärkerem Maße für uns Menschen. Die Unfähigkeit, eine Bindung zu den eigenen Kindern aufzubauen, wird von Generation zu Generation weitergegeben, sagt die deutsche Gynäkologin Friederike Perl. Die persönliche Liebesfähigkeit muss aber auch bei guten Voraussetzungen von jedem Individuum wieder aufs Neue zur vollen Entwicklung gebracht werden, und das geschieht auf verschiedenen Ebenen, entsprechend der Stadien, die wir während unserer Entwicklung durchlaufen.[22)]

Die erste Stufe des sozialen Lernens ist in höchstem Maße davon abhängig, wie wir selbst in unserer Umgebung angenommen und geliebt wurden. Mühelos kann man Kindern nur weitergeben, was man selbst erfahren hat, meint auch der Psychologe Seth Pollack von der University of Wisconsin und bestätigt das anhand der dramatischen Ergebnisse eines einfachen Experiments. Er untersuchte den Einfluss mangelnder Mutterliebe auf den Oxytocinhaushalt von Kindern.

Seine Versuchspersonen waren Kinder, die im Schnitt die ersten 17 Monate ihres Lebens in russischen oder rumänischen Waisenhäusern verbracht hatten und später von amerikanischen Familien adoptiert worden waren, wo sie im Mittel bereits 35 Monate gelebt hatten. Typisch für viele Waisenhäuser der ehemaligen Ostblockstaaten war die psychische und körperliche Vernachlässigung der Kinder. Der Hormonhaushalt von achtzehn vierjährigen ehemaligen Waisenkindern wurde mit jenem von gleichaltrigen amerikanischen Kindern verglichen, die immer bei ihren Eltern gelebt hatten.

Die Konzentration des Glückshormons Oxytocin wurde vor Beginn des Experiments im Urin beider Kindergruppen gemessen. Dann wurden die Eltern aufgefordert, mit den Kindern Körperkontakt einzugehen. Die Kinder nahmen im Verlauf der Sitzung auf dem Schoß der Mutter bzw. Adoptivmutter Platz. Nach 30 Minuten, in denen ein Computerspiel gespielt wurde, bei dem enger Körperkontakt verlangt wurde, wie Kitzeln, Streicheln und Flüstern, wurde abermals die Oxytocinkonzentration im Harn der Kinder gemessen. Dieser Versuch wurde anschließend leicht abgewandelt wiederholt. Die Kinder spielten dasselbe Spiel noch einmal, aber diesmal auf dem Schoß einer ihnen fremden Frau.

Seth Pollack konnte einen massiven Unterschied zwischen Familien- und Heimkindern feststellen. Jene Kinder, die schon als Babys in ihren Familien gelebt hatten, verzeichneten während der 30 Minuten Körperkontakt zu ihrer Mutter einen starken Anstieg ihres Oxytocinspiegels. Die Adoptivkinder, welche das erste Jahr ihres Lebens im Heim verbracht hatten, zeigten jedoch gar keine Veränderung. Auf die fremde Frau reagierte keines der untersuchten Kinder, darin unterschieden sich ehemalige Heimkinder und Familienkinder also nicht.[23)]

Was heißt das? Das beglückende Erlebnis des Körperkontaktes mit einer betreuenden Bezugsperson, welches eingangs als eine der Grundvoraussetzungen für die seelisch-geistige Entwicklung eines jungen Menschen dargestellt wurde, muss schon sehr früh als beglückend erlebt werden, sonst unterbleibt die positive Besetzung. Kommt die Erfahrung, wie bergend und beruhigend Körperkontakt sein kann, zu spät, wird dieser nicht mehr als Glücksempfindung erlebt. Für ein Heimkind, das diese Annehmlichkeiten nie kennen, also nie schätzen gelernt hat, macht es dann später hormonell kaum einen Unterschied, ob es auf einem Sessel oder auf dem Schoß einer Person sitzt.

Wie viel mehr an Interaktion braucht es jedoch in einer Mutter-Kind-Beziehung innerhalb der ersten Lebensstunden, -tage, -wochen, -monate und -jahre, bis ein menschliches Kind gelernt hat, was Glück, Geborgenheit und Liebe bedeuten! Welch komplizierte Feinabstimmung ist notwendig für die Orchestrierung der Empfindungen, die ihren Grundstein in den ersten Lebensjahren gelegt bekommen, die aber darüber hinaus nie zur Ruhe kommen und immer aufs Neue verbessert und verfeinert werden im Verlaufe eines Erwachsenenlebens.

Nicht nur der Körperkontakt wird bei fehlender liebevoller Betreuung nicht positiv besetzt und gewährt so später auch keine beglückenden Erfahrungen, sondern die Institution Bezugsperson als Ganzes wird in Frage gestellt und die gesamte Bindungsfähigkeit eines jungen Menschen dadurch in Gefahr gebracht. Ein Kind, das in einem Heim oder Krankenhaus lebt, wird über einen Wechsel seiner Bezugspersonen irgendwann nicht mehr traurig sein, es wird seinen Betreuern gegenüber keine Gefühle mehr zeigen. Das Kind kann durchaus gut gelaunt erscheinen, aber diese soziale Angepasstheit ist oberflächlich, man erkennt, dass sich das Kind aus niemandem mehr etwas macht, schreibt John Bowlby, der bekannte Psychoanalytiker.[24)]

Für Seth Pollack ist sehr wichtig, dass die Ergebnisse seines Experiments richtig interpretiert werden. Die ehemaligen Waisenkinder hatten schwere emotionale Defizite aufzuarbeiten. Schließlich waren sie beinahe die Hälfte ihres jungen Lebens von der Zuwendung einer individuellen, liebenden Bezugsperson abgeschnitten. Der Zeitraum bis zu ihrem vierten Geburtstag war wohl noch zu kurz, um dieses Defizit aufzuarbeiten. Die Adoptiveltern beschrieben die Kinder als ängstlich. Pollack meint, dass hier das Beruhigungssystem noch nicht richtig gegriffen hat. Erst wenn ein Kind sich richtig geborgen fühlt, kann es sich fallen lassen und seiner Bezugsperson völlig vertrauen. Es ist sehr wahrscheinlich, dass Kinder, die in russischen oder rumänischen Waisenhäusern erste Erfahrungen machen mussten, länger brauchen, um sich völlig geborgen zu fühlen.

Waisenkinder haben emotionale Defizite, das zeigt die Studie auf. Das heißt aber nicht, dass diese nicht durch viel Geduld und Liebe wettzumachen wären. Bernhard Hassenstein beschreibt eindrucksvoll, was individuelle Fürsorge auch bei einem älteren ehemaligen Heimkind bewirken kann: Frau G. leitete ein Kleinkind-Erholungsheim an der Nordsee. In einer neu eingetroffenen Kindergruppe fiel ihr ein dreieinhalbjähriges Mädchen auf. Claudia hatte dunkle Ringe unter den Augen und war völlig apathisch. Sie blieb, wo man sie hinsetzte, schaukelte den Oberkörper hin und her, ihr Blick war in weite Ferne gerichtet und sie konnte kein Wort sprechen. Näherte sich ein Erwachsener auf mehr als zwei Meter, begann das Kind am ganzen Körper zu zittern und stieß einen tierisch klingenden Angstschrei aus.

Wegen seines schlechten Allgemeinzustandes nahm Frau G. sich des Kindes besonders an. Das Heim, in dem Claudia bis zu ihrem dritten Lebensjahr gewohnt hatte, war überbelegt gewesen, die Pflegerinnen völlig überlastet. Aus Zeitmangel hatten die Kinder nur flüssige Nahrung bekommen und waren auch tagsüber in den Betten geblieben. Als Folge davon konnte Claudia nicht gehen, nicht sprechen und nicht kauen. Frau G. ließ das Kind psychiatrisch untersuchen und die Experten bestätigten ihren ersten Eindruck. Das Kind sei schwachsinnig und gänzlich bildungsunfähig, hieß es. Wenn sie schwachsinnig ist, so sagte sich Frau G., dann fängst du am besten mit einer Dressur an. Um Claudia das Zubeißen beizubringen, legte sich Frau G. eine Erdbeere zwischen die Zähne und platzierte auch eine in Claudias Mund. »Rot spricht an«, sagte sich Frau G. und biss zu. Claudia sollte sehen, was geschah, und vielleicht würde sie es nachmachen und dann den süßen Geschmack auf der Zunge fühlen. Als das gelungen war, kam die Erdbeere auf ein Stück Brot, dann das Brot alleine – das Kunststück war vollbracht.

Claudia lernte nicht nur essen, sie sprach auch erste Laute. Frau G. beantragte eine Verlängerung ihres Aufenthaltes an der Nordsee. Claudia sollte noch nicht wieder in das Heim zurückkehren müssen. Stattdessen meldete Frau G. Claudia in einem psychotherapeutischen Kindersanatorium an, wo fachmännisch mit Claudia gearbeitet wurde. Aufgrund der Diagnose »schwere Hospitalisierungsschäden und eine die Gesamtentwicklung des Kindes betreffende Retardierung« bekam Claudia dort eine psychotherapeutische, medikamentöse und heilpädagogische Behandlung. Claudia lernte gehen. Schon nach vier Monaten liebevoller Betreuung hatte das Kind in großen Schritten seinen Entwicklungsrückstand aufgeholt. Das Therapiezentrum bescheinigte Claudia nach einem Jahr, nicht schwachsinnig zu sein. Mit fünfeinhalb Jahren nahm Frau G. Claudia ganz zu sich, wo sie nun in Liebe und Geborgenheit aufwachsen durfte. Claudia konnte mit sieben Jahren in eine normale Grundschule eingeschult werden. Sie besuchte die Hauptschule, wo sie nicht eine Klasse wiederholen musste, und machte die mittlere Reife an einer Fachschule, danach erlernte sie einen medizinisch-pflegerischen Beruf.

Ohne die Liebe und individuelle Zuwendung von Frau G. wäre Claudia aus dem Zustand scheinbaren hochgradigen Schwachsinns wohl niemals herausgekommen. Die Geschichte von Claudia zeigt, dass unter besonders glücklichen Umständen sogar sehr große seelische Schäden durch liebevolle Fürsorge noch behoben werden können.[25)]

Pollacks Studie kann also nicht dazu herangezogen werden, zu beweisen, dass frühe Schädigungen in der emotionalen Entwicklung irreparabel sind, sie zeigt nur eines: Individuelle, liebevolle Betreuung ist unerlässlich für die Entwicklung des sozialen Belohnungssystems in den ersten Lebensjahren. Was aber wäre mit jenen Heimkindern aus seiner Studie geschehen, wären sie niemals adoptiert worden?

Das Fehlen von liebevoller Zuwendung in den ersten Stadien der Entwicklung hat nur dann wirklich verheerende Auswirkungen, wenn nichts dagegen unternommen wird. Die Weichen für die spätere Liebesfähigkeit eines Kindes werden also schon sehr früh gestellt. Die ganz besondere Bedeutung dieses Umstands für Mädchen, die ja später selbst Mutter werden können, ist unübersehbar. Aber auch der Einfluss auf die Liebesfähigkeit der Jungen, die später ebenfalls Glück in der Beziehung zu einer Partnerin und den gemeinsamen Kindern finden sollen, darf nicht geringer geschätzt werden.

Der Liebesmangel hinterlässt seine Spuren im Gehirn. Katharina Braun von der Universität Magdeburg konnte das im Tierversuch eindrucksvoll nachweisen. Strauchratten, Octodon degus, bilden enge Familienverbände. In der Natur kommt eine Trennung der Kinder von den Eltern nicht vor. Braun jedoch trennte dreimal täglich für je eine Stunde junge Strauchratten von ihren Eltern. Sie maß ihre Gehirnaktivitäten und verglich sie mit jener von jungen Strauchratten, welche die ganze Zeit über bei den Eltern bleiben durften. Die Ergebnisse waren dramatisch. Im Gehirn der Strauchrattenjungen, die wiederholt kurz von den Eltern entfernt worden waren, waren praktisch alle emotionalen Zentren verstummt. Sogar anatomisch unterschieden sich die Gehirne von jenen der normalen Vergleichsgruppe. Sie waren offenbar völlig anders verschaltet. Die Ratten, die ihren Eltern, wenn auch nur für kurze Zeit, weggenommen worden waren, wurden verhaltensauffällig. Sie hörten zum Beispiel nicht mehr auf den Ruf der Mutter, eine Verhaltensstörung, die sie für ein Überleben in der freien Wildbahn untauglich gemacht hätte.

Strauchrattenkinder reagieren offenbar besonders sensibel auf die prägende Wirkung ihrer Umgebung. Junge, die ohne Vater, aber mit Mutter aufwachsen, haben in Hirnregionen, die mit Emotionen zu tun haben, wie dem cingulären Cortex, nur halb so viele Verschaltungen wie Rattenkinder, um die sich beide Eltern kümmern.[26)]

Natürlich ist immer größte Vorsicht geboten, wenn es darum geht, die Ergebnisse von Tierversuchen für die Erklärung der menschlichen Situation zu nutzen. Eines ist jedenfalls gewiss: Das bei weitem lernfähigste, am leichtesten formbare und für Einflüsse der Umgebung empfänglichste Gehirn haben wir Menschen. Dass die Einflüsse auf die Verschaltungen frühkindlicher menschlicher Gehirne durch mangelnden Input an emotionaler und sozialer Information vergleichbar dramatisch sein müssen, ist nahe liegend. Wären sie aber ebenso irreversibel wie bei jungen Strauchratten, wäre eine Erfolgsgeschichte wie die von Claudia nicht möglich gewesen.

So sehr frühkindliche Erfahrungen auch für die spätere Liebesfähigkeit verantwortlich sind, so sind sie doch prägungstechnisch gesehen nur die halbe Miete. Nicht jede, die ausreichend geliebt und behütet wurde, wird automatisch selbst zu einer guten Mutter. Mindestens ebenso sehr wie von unseren vorbewussten Erfahrungen werden wir von direkter Erfahrung mit unserer Umgebung geprägt. Dabei geht es nicht nur darum, was wir in der eigenen Familie beobachten. Als soziale Wesen haben wir in hohem Maß auch Anteil an der Gesellschaft, an ihren Vorstellungen und Normen.

Personal Coaching – der lange Weg zur Selbststeuerung

Auf einer Missionsreise durch den Dschungel, einige 100 km westlich von Kalkutta, hörte der katholische Geistliche Singh, in einem Dorf ganz in der Nähe spuke ein gräulicher Geist. Er begab sich an den Ort des Spuks und wartete auf einem Hochstand darauf, dass das Gespenst sich zeigte. Tatsächlich bewegte sich plötzlich etwas in einem nahe gelegenen Erdbau. Zunächst kamen nur junge Wölfe zum Vorschein. Dahinter aber kroch plötzlich ein ganz schrecklich aussehendes Wesen hervor. Es hatte den Rumpf eines Menschen, lief aber auf allen Vieren, und anstelle des Kopfes hatte es einen riesigen

Ballon aus Pelz, der bis über den Oberkörper reichte und nur das Gesicht freiließ. Das Gesicht – war menschlich. Und damit nicht genug, folgte diesem Wesen auf dem Fuß ein weiteres, das genauso aussah, nur etwas kleiner war. Singh konnte gerade noch verhindern, dass seine Begleiter auf die Wesen schossen. Eine Woche später kam er zurück, erlegte die Wölfin und holte zwei menschliche Kinder aus dem Bau, wo diese mit den jungen Wölfen ängstlich zusammengekuschelt lagen. Er brachte sie in sein Waisenhaus in Midnapore. Hier begann Singh Tagebuch zu führen und zeichnete zum ersten Mal die Geschichte zweier echter Wolfskinder auf.

Das ältere Mädchen, Kamala genannt, war zum Zeitpunkt seiner Auffindung etwa 8 Jahre alt, das jüngere, Amala, wurde auf eineinhalb Jahre geschätzt, wahrscheinlich war sie älter. Amala starb bald darauf und ihre Wurf-Schwester zeigte sich darüber tief verstört. Kamala lebte noch neun Jahre, bevor sie selbst in dem Waisenhaus an Urämie verstarb, mit etwa 17 Jahren.

Beide Mädchen konnten sich nur schwer an den aufrechten Gang gewöhnen. Kamala lernte zwar nach drei Jahren ohne Hilfe aufrecht stehen, aber wenn es schnell gehen sollte, ließ sie sich (bis zu ihrem Tode) zeitlebens noch auf alle Viere fallen. Beide Kinder mochten nicht baden, lehnten Kleidung ab und rissen alles herunter, was ihnen angezogen wurde. Schließlich knotete man die Lendenschürze an ihnen fest. Erst mit der Pubertät begann Kamala an Kleidung ein wenig Gefallen zu finden.

Nahrung schlappte sie zunächst nur aus Schalen am Boden. Sie fraß noch lange nur rohes Fleisch, gerne auch Aas, das sie mit unmenschlich scharfer Nase schon von weitem roch und von dem sie sogar Geier vertrieb. Einmal fand sie ein totes Huhn und schlug sich damit ins Gebüsch, wo sie es offenbar fraß, denn als sie wieder hervorkam, hingen noch Gedärme aus ihrem Mund. Erst fünf Jahre nach ihrer Auffindung gewöhnte sie sich an Gesalzenes, immer wieder stahl sie Fleisch, wenn sie konnte.

Beide Kinder verabscheuten das Tageslicht, konnten aber im

Dunkeln hervorragend sehen. Den Tag verbrachten sie dösend, vor sich hinstarrend, nachts aber wurden sie aktiv und strichen furchtlos umher. Jeweils um 10 Uhr abends, um 1 und um 3 Uhr Früh stießen sie ein heiseres Geheul aus, das sich zu einem schrillen Klagelaut steigerte. Erst acht Jahre nach ihrem Auffinden entwickelte Kamala die typisch menschliche Furcht vor der Dunkelheit.

Menschen wurden von den Wolfskindern zunächst nicht als ihre Artgenossen betrachtet, sie fauchten sie an, kratzten und bissen sie. Zu Hunden hingegen fühlten sie sich hingezogen. Amala, die jüngere, schien sich mit dem Menschsein rascher anfreunden zu können. Kamala brauchte sieben Jahre, um sich selbst als Mensch zu sehen.

Das Sprechen lernte Kamala nie wirklich. Nach vier Jahren unter Menschen begann sie Fragen zu verstehen, benutzte selbst aber nur insgesamt sechs Worte. Bis zu ihrem Tode konnte sie nichts Komplexeres formulieren als Drei-Wort-Sätze, wie »Puppe im Kasten«.

Kamala hätte wohl nie von ihrem Leben unter Wölfen erzählen können, selbst wenn sie länger gelebt hätte. In menschlichem Umfeld lernen Kinder hingegen nahezu implosionsartig sprechen – sie beginnen mit 18 Monaten und saugen innerhalb von drei Jahren alles auf, was nötig ist, um die Muttersprache und auch jede beliebige andere Sprache, die in dieser Zeit angeboten wird, zu beherrschen. Heute ist bekannt, dass es eine kindliche Prägephase gibt, in der Sprache erworben werden kann.[27] Ähnlich wie jene Prägungsphase am Anfang des Lebens, in der es um die Herstellung der lebensnotwendigen Bindung an eine Betreuungsperson geht, muss diese Zeit auch wirklich genutzt werden. Wird die Frist versäumt, kann nur unter großen Schwierigkeiten und zumeist nie mehr ausreichend gelernt werden, was in der Prägephase wie von selbst passiert. Bei einem verhaltensplastischen Wesen wie dem Menschen, der wie kein anderes Lebewesen in der Lage ist, sich an neue Situationen anzupassen, sind die Instinkte zwar stark reduziert, aber nur zugunsten vieler Lernphasen, die einander überlappen und abwechseln. Das formbare Gehirn ist nur während bestimmter Zeiten offen für Lerninhalte, die aufgesogen werden, wo sie sich bieten. Voraussetzung dafür ist ein menschliches, soziales Umfeld, das entsprechend reagiert und die entscheidenden Anreize zum Lernen setzt.

Geschichten wie jene von Kamala und ihrer kleinen Wolfsschwester illustrieren in aller Deutlichkeit, welche Tragweite dem Einfluss eines liebevollen Elternhauses, eingebettet in ein entsprechendes Sozialgefüge, zukommt. Es scheint beinahe, als könnte aus dem weichen, amorphen Material Mensch nahezu Beliebiges werden.[28)]

Freud irrte, so der Anthropologe Rudolf Hernegger, als er meinte, die Gesellschaft sei der Gegenspieler des Ich. Denn der Gegenspieler ist man letztlich immer selbst. Die Grundveranlagung, das »Primäre Ich« wird beim erwachsenen Menschen allerdings immer mehr vom »Sekundären Ich« überlagert und dieses enthält Elemente, die aus der Gesellschaft entlehnt sind. Es besteht aus Eigenschaften, die man gerne hätte, die man an sich selbst gerne sehen möchte, denen man nacheifert. Je älter man wird, umso mehr gelingt es, die primären Bedürfnisse und Wünsche hintanzustellen und zugunsten von gesellschaftlich akzeptiertem Verhalten in den Hintergrund treten zu lassen. Bis Letzteres so selbstverständlich wird, dass es einem als das eigentliche Ich erscheint.[29)]

So kann der erwachsene Mensch sogar eigene Grundeinstellungen und Bedürfnisse noch überwachsen. Eine Tatsache, die einigermaßen optimistisch stimmt, verurteilt sie doch nicht all jene, denen in ihrer frühen Kindheit etwas abging, dazu, automatisch schlechtere Eltern zu werden.

Die Gesellschaft liefert eine Fülle an Informationen zur Mutterrolle. Wie Mutterliebe auszusehen hat, kann man demnach auch der weiteren Umwelt entnehmen, man ist damit nicht einmal an die eigene Familie gebunden. Das Bild von möglichen Mutterrollen ist der größte gemeinsame Nenner der Vorstellungen aller Menschen, welche die jeweilige Gesellschaft bilden. Einiges davon ist traditionell überliefert, teilweise generationstypisch modernisiert, adaptiert an alltägliche Notwendigkeiten, erweitert oder verengt, idealisiert oder verdammt – je nachdem, in welche Richtung sich diese Gesellschaft aufmacht und entwickelt.

Darin verbirgt sich allerdings auch eine große Gefahr. Gerade dann, wenn die Familie selbst nicht mehr in der Lage ist, Anhaltspunkte für die Mutterrolle zu geben, und die Funktion der Mutterliebe aus gesellschaftlichen Vorstellungen extrahiert werden muss, kann das Bild von Mutterschaft sehr verzerrt werden zugunsten von anderen Prioritäten, die sich aus der Notwendigkeit des Zusammenlebens in einer Massengesellschaft ergeben. Die Vorstellungen von Mutterrollen können daher auch schädlich werden und in die falsche Richtung gehen. Je weniger Menschen Mutterliebe am eigenen Leib erfahren und je eher sie ihre Mutterrolle aus gängigen Klischeevorstellungen ableiten denn aus realer Erfahrung »am Substrat« der Familie, umso größer ist die Wahrscheinlichkeit, dass die Entwicklung in eine falsche, ja schädliche Richtung geht. Die bekannte Verhaltensforscherin Margarete Mead, die in den 1930er-Jahren die Ureinwohner der Südseeinseln studierte, wurde von den Frauen gefragt, ob es wahr sei, dass die Amerikanerinnen nachts ihre Babys in Käfige sperren würden.

Die Anlehnung an gesellschaftliche Vorstellungen mag zwar ein letzter Rettungsanker sein, wird aber niemals das soziale Lernen ausreichend ersetzen können. Und dieses beginnt schon ab der ersten Stunde nach der Geburt. Das Kind erfährt Resonanz aus seiner Umgebung durch eine Mutter oder einen anderen Betreuer, der Antwort gibt auf die Bedürfnisse des Kindes. Das Kind lernt dadurch im Laufe der ersten Lebensjahre, seine eigenen Bedürfnisse zu erkennen und einzuordnen.

Das Neugeborene hat selbst noch keine Idee, was Hunger wäre oder Kälte. Es schreit los, wenn der Zustand, in dem es sich befindet, sich verschlechtert. Das kann auch relativ geringfügig sein – verursacht durch ein plötzliches lautes Geräusch, durch Lichteinfall oder auch durch eine ungewollte Veränderung der Stellung. Das Baby ist noch nicht in der Lage, sich selbst zu helfen. Erst durch die Reaktion der Mutter und das daraus resultierende angenehmere Gefühl lernt das Kind allmählich, was seine Zustände ihm selbst bedeuten sollen.

Dieses Kennenlernen der eigenen Gefühlswelt erstreckt sich über Jahre. Noch das zweijährige Kind läuft unbekümmert ohne Winterbekleidung in den Schnee hinaus. Und in der Tat, wenn nicht jemand mit einer Jacke hinterherläuft und darauf besteht, dass etwas übergezogen wird, lernt das Kind nicht, was kaltes Wetter ist. Das »wilde Kind« Genie, das von ihrem geisteskranken Vater 13 Jahre lang auf einen Toilettenstuhl gefesselt in einem dunklen Zimmer gefangen gehalten worden war, schien kein Kälteempfinden zu haben.[30)]

»Wilde Kinder«, die entweder ohne menschliche Betreuung aufwachsen oder aus anderen Gründen verwahrlost sind, kennen viele dieser Unterscheidungen nicht, die einem Kind, das in liebevoller menschlicher Umgebung aufgewachsen ist, selbstverständlich werden. Es ist, als hätten sie keine Sensorien dafür entwickelt. Sie lernen grundlegende Fähigkeiten nicht, die uns ganz simpel erscheinen, wie Blase und Darm zu kontrollieren. Sie lernen nicht, auf zwei Beinen zu gehen, und sie lernen nicht sprechen, auch wenn sie später mit menschlicher Sprache konfrontiert werden.

Wenn aber das Erlernen sogar so elementarer Dinge nicht selbstverständlich ist, wie steht es dann erst um die Feinabstimmung der Interaktion in einer Großgesellschaft? Wenn schon derart Grundlegendes erst erlernt werden muss, um wie viel mehr muss das Menschenkind dann noch aus seiner Umgebung mitbekommen, um zu einem vollwertigen Mitglied der Gesellschaft werden zu können, in die es hineingeboren wurde? Wenn, wie im tragischen Fall Kamalas, die frühe und vollständige Prägung durch das Aufwachsen in einer Wolfsfamilie offenbar derart stark war, dass das Mädchen auch lange Jahre nach seiner »Rettung« und Rückführung in die Welt der Menschen noch nachtaktiv war, Hühner im Gebüsch zerfleischte und Wolfsgeheul von sich gab, wirft das auch ein Schlaglicht auf die immense Bedeutung der menschlichen Betreuerin und ihrer Familie, wenn es darum geht, die artgerechten Entwicklungsanreize geben zu können.

Dieses Lernen geschieht im Allgemeinen so selbstverständlich, dass wir gar keinen Gedanken daran verschwenden. Noch bis vor 50 Jahren etwa waren Mütter im Allgemeinen eine selbstverständliche Institution im Haushalt der meisten kleinen Erdenbürger. Mütter waren rund um die Uhr greifbar, vom Aufstehen morgens bis zum Zubettgehen am Abend und darüber hinaus auch noch manche Nacht. Es war ständig ein erwachsenes Wesen verfügbar, das selbstverständlich zur Verfügung stand – zum Guten wie zum Schlechten.[31)]

Diese tägliche Interaktion erlaubte Kindern natürlich eine bestmögliche Unterweisung in der Bewältigung des täglichen Lebens, nicht durch Belehrungen, sondern durch Zusehen dabei, wie etwas gemacht wird. Wie das Wolfskind Kamala passen auch Familienkinder ihr Verhalten perfekt an die Gegebenheiten an, in denen sie aufwachsen. Kinder lernen am besten durch Nachahmung (learning by doing). Sie »schauen sich ab«, wie etwas geht. Wie man mit täglichem Frust und Ärger, aber auch mit großer Freude und Stolz umgeht, was man tut, wenn einem Unrecht geschieht, wie man reagiert, wenn man gelobt wird. Das zwischenmenschliche Alltagsgeplänkel innerhalb und außerhalb der Familie ist die Schule des Lebens für die Kinder. Darauf wird jener Erwachsene den meisten Einfluss haben, der für das Kind am zuverlässigsten greifbar ist.

Dieses soziale Lernen geschieht keineswegs nur passiv. Kinder finden Mittel und Wege, sich mit der Welt auseinanderzusetzen, und zwingen ihre Umgebung, auf sie zu regieren. Sie können dabei sehr insistent sein. Als Isabella etwa vier Jahre alt war, konnte sie mich derart provozieren, dass ich wie ein zorniges Rumpelstilzchen durch das Zimmer hüpfte. Isabella huschte dann aus der Türe hinaus – ein kleines, listiges Lächeln auf den Lippen. »Hier also sind die mütterlichen Grenzen«, schien sie zu denken, »gut zu wissen.«

Kinder sind daher keineswegs nur an gemütlichem Beisammensein interessiert. Erziehung ist auch Selbstverteidigung der Erwachsenen. Nur durch tägliche Interaktion und Reibung aneinander ist jene Feinabstimmung zu erreichen, die nötig ist, um einen für alle erträglichen Modus zur Bewältigung des Alltages zu erlangen.

Entdeckt das Kleinkind seinen Willen, meist rund um den zweiten Geburtstag, beginnen die ersten »Revierkämpfe« zwischen dem betreuenden Erwachsenen und dem Kind. Interessant dabei ist, dass vorwiegend fix gebundene Kinder, die sich von ihrer Betreuungsperson zu 100 Prozent geliebt und akzeptiert fühlen, sich getrauen, solch einen Aufstand zu proben. So wichtig dieser erste Schritt in Richtung Selbstständigkeit ist, so viel Mut erfordert es auch von diesem kleinen Wesen, sich gegen einen übermächtigen erwachsenen Betreuer durchzusetzen. Genervten Eltern von Kleinkindern mag es ein Trost sein, dass es auch Ausdruck ihrer guten Erziehungsarbeit sein kann, wenn es zu so einem Verhalten überhaupt kommt.

Pascale, eine liebe Freundin und Nachbarin, hatte das kambodschanische Waisenkind Tiri mit 3 Jahren zu sich genommen, später auch adoptiert. Das Kind war ein Musterbeispiel an Selbstkontrolle. Unglaublich für das winzige Wesen, das schon so viel durchmachen musste in seinem Leben, wirkte es wie eine kleine Erwachsene. Es führte z.B. wie selbstverständlich wildfremden Erwachsenen sein neues Kinderzimmer vor – »Tiri Zimmer!« –, aß manierlich bei Tisch und äußerte niemals Unbehagen oder Ärger. Ein Jahr später erzählte Pascale, dass Tiri dazu übergegangen war, zu rebellieren. Sie hatte zum ersten Mal Kleidung abgelehnt, die in der Früh für sie auf dem Bett hergerichtet worden war. Sie hatte das Kleid genommen und in die Ecke geworfen. Ich gratulierte Pascale zu diesem Zeichen außerordentlichen Vertrauens. Tiri fühlte sich nun erst richtig angenommen und akzeptiert, sie vertraute darauf, dass sie nicht mehr weggegeben werden würde, wenn sie ungehorsam war. Jetzt traute sie sich zum ersten Mal, richtig Kind zu sein. Geborgen in ihrer neuen Familie, durfte sie nun auch einen eigenen Willen entwickeln.

Natürlich ist dieses erste Erkunden des eigenen Willens noch ungeschickt, grob und unrund. Zeternde Kleinkinder, weitergeschleift von ihren Müttern, die selbst eine Pokermiene aufgesetzt haben, gehören zu den alltäglichsten Erscheinungen. Dass dieses Verhalten nicht bei allen Menschen immer auf Verständnis stößt, gehört zu den Besonderheiten unserer westlichen Gesellschaft und ist Ausdruck jener Separation der Generationen, die uns später noch beschäftigen wird.

Der erste Weg zur Selbstkontrolle führt unweigerlich über die Selbsterkenntnis. Parallel zu den frühen Bestrebungen, selbst zu entscheiden – »Selbi-Selbi« nannten wir diese Phase bei unseren beiden Kindern –, muss auch die erste Einordnung von Bedürfnissen erfolgen. An der Reaktion der Mutter erfährt das Kind, ob es seinen Gefühlen Beachtung schenken soll oder ob »alles halb so wild« war. Wird einem Kind ein Spielzeug weggenommen, das es gerade an sich gebracht hat, wird es weinen. Aber wie reagiert die Mutter? Einmal greift sie auf seiner Seite ein, einmal nicht. Warum? Weil das erste Mal das Spielzeug ein eigenes war, das vom Brüderchen oder von einem Spielkameraden weggenommen wurde, und es das andere Mal umgekehrt war, das Kind hatte etwas genommen, das einem anderen Kind gehörte. Geschrei gibt es in jedem Fall. Aber die Mutter reagiert unterschiedlich. Unterschiedlich zwar, aber in ähnlichen Situationen immer auf die gleiche Weise. Und sie hat auch ein Gegenmittel für den größten Frust – ein noch interessanteres Spielzeug oder eine kleine Ablenkung: »Sieh mal, was Fritz da baut!« Und oft wird die Erklärung gleich mitgeliefert, warum das Kleine jetzt gar so unglücklich ist. »Du bist traurig, weil Maria dir das Spielzeug weggenommen hat, aber sie wusste nicht, dass es dir gehört«, oder »Du bist über Freds Fuß gestolpert, er hat gar nicht gesehen, dass du vorbeilaufen wolltest.« Und schon verliert die Tragik der Situation ihren Schrecken.

Hier tritt auch die immense Bedeutung von Sprachbeherrschung zutage. Gefühle in Worte kleiden zu können ist Grundvoraussetzung, diese später auch zu verstehen. Erst wenn ein Gefühl in Sprache übersetzt werden kann, kann ein klarer Gedanke dazu überhaupt entstehen. Ebenso wie wir unsere Umwelt begreifen lernen müssen, müssen wir auch uns selbst erst begreifen lernen. Erst Prognostizierbarkeit,

Voraussagbarkeit von Ereignissen, macht uns sicher im Leben. Schon die kleinsten Erdenbürger sind darauf aus, zu wissen, was passieren wird. Sie fühlen sich sicher, wenn immer in derselben Weise reagiert wird. So ist es auch zu verstehen, dass eine bestimmte Betreuungsperson, die »eingearbeitet« ist, besonders bevorzugt wird. Selbst wenn mehrere Betreuerinnen zur Verfügung stehen, wird das Kind in der Regel eine auswählen, an die es sich besonders anschließt. Nur sie kennt die Rituale, die nötig sind, damit es abends zu Bett geht und ruhig einschläft, nur sie weiß, was notwendig ist, um ein erhitztes Gemüt zu besänftigen, nur sie kann »richtig« trösten und in den Arm nehmen. Daher wird das Kind sich ihr immer mehr anschließen. Denn erst wenn immer alles in der gleichen Weise bewertet und immer gleich reagiert wird, gewinnt das Kind Sicherheit. Es lernt sich leichter, wenn Dinge sich wiederholen. Und nichts verstört oder verängstigt ein Kind mehr als Abweichungen von dieser Routine.

In seinem Buch »Verhaltensbiologie des Kindes« beschreibt Bernhard Hassenstein das Drama des Jungen John, der mit 17 Monaten in Fremdbetreuung gegeben werden musste. Die Mutter stand kurz vor der Entbindung eines Geschwisterchens, der noch in Ausbildung befindliche Vater sah sich außerstande, inzwischen für seinen Sohn zu sorgen. Die Eltern dachten, das Kind wäre wohl am besten im Heim unter anderen Kindern und mit professioneller Betreuung aufgehoben. Die Kinderpsychologin Joyce Robertson dokumentierte den Fall auch filmisch und erregte im Jahre 1969 großes Aufsehen damit.

Als die Wehen bei der Mutter einsetzen, wird John ins Heim gebracht. Da er es vorher mit den Eltern gemeinsam besucht hat, protestiert er nicht. Er weint eine halbe Stunde lang, dann schläft er ein.

Tag Eins: Er erwacht in einem fremden Zimmer mit fünf anderen Jungen gleichen Alters, die schon seit ihrer Geburt im Heim sind. Die Kinder sind laut und wild. John hat Angst davor, mit ihnen zu spielen, ist aber freundlich zu den Schwestern Mary und auch Christine, lässt sich füttern und anziehen. Beim Besuch des Vaters schaut

John erst erstaunt, dann folgt ein Lächeln des Wiedererkennens; er protestiert nicht, als der Vater wieder geht. Als ihn eine Schwester zu Bett bringt, weint er.

An Tag Zwei spielt John konstruktiv wie zu Hause. Er isst brav und weint nur, wenn er in sein Bett gebracht wird. Der Vater kommt zu Besuch; als er gehen will, ändert John sein Verhalten, er schreit und will unbedingt mitkommen. Schwester Mary kann ihn beruhigen, doch als auch sie weggeht, bricht er in lang dauerndes Weinen aus.

Tag Drei: John spielt in einer Ecke mit dem Rücken zur Gruppe oder steht verloren am Ende des Raumes. Er weint nur noch selten. Doch als der Vater zu Besuch kommt, reagiert John aggressiv, schlägt ihn und reißt an seiner Brille.

Tag Vier bringt eine deutliche Verschlimmerung. John weint lange vor sich hin, die Schwestern beachten das nicht, haben keine Zeit. Er lutscht am Daumen, streicht mit Fingern über Gesicht und Augen, trinkt wenig, geht lustlos umher und verkriecht sich unter dem Tisch, um alleine zu weinen.

Tag Fünf sorgen sich die Schwestern wegen seines anhaltenden Elends. Niemand kann ihn trösten, kein Spielzeug interessiert ihn, John isst nichts. Die Schwestern wechseln die Schicht, keine fühlt sich verantwortlich. John wälzt sich am Boden, das Gesicht verschwollen, ringt die Hände, schreit zornig, meint aber niemanden bestimmten. Als Schwester Mary sich ihm zuwendet, schlägt er ihr ins Gesicht.

An Tag Sechs ist John elend und apathisch, der Mund zuckt vor verhaltenem Schluchzen. Er weint viel. Als der Vater kommt, reagiert er zunächst aggressiv, dann hellt sich sein Gesicht auf. Er läuft und bringt seine Schuhe, eine stumme Bitte, ihn mit nach Hause zu nehmen. Als der Vater nichts unternimmt, wendet John sich ab, das Gesicht wieder finster. Er geht zu Schwester Mary und schaut unsicher auf den Vater zurück, dann wendet er sich von beiden ab, geht in die Ecke und nimmt seine Kuscheldecke.

Tag Sieben bringt eine weitere Verschlechterung. John weint ständig vor sich hin, nimmt nichts zu sich und lässt sich nur für wenige Sekunden ablenken. Es tröstet ihn ein wenig, wenn er auf den Schoß genommen wird, aber das passiert immer nur kurz, dann wird er wieder abgesetzt. Gegen Ende des Tages geht er manchmal auf einen Erwachsenen zu, nur um sich gleich wieder verzweifelt abzuwenden, er wirft sich zu Boden, das Gesicht nach unten. Er klammert sich an einen großen Teddybären. Der Vater kommt an diesem Tag spät, John schläft schon.

Tag Acht – Verschlimmerung der Situation. John weint wieder, isst kaum, wird zornig, als ein anderes Kind versucht, ihn vom Schoß einer Schwester zu verdrängen, findet keine Linderung seines Schmerzes. Der Vater kommt zur Teezeit, John kann nichts essen oder trinken, schluchzt nur hemmungslos. Als die Lieblingsschwester Mary ihn auf den Schoß nehmen will, entwindet er sich und kriecht zum Teddybären.

Tag Neun beginnt mit hemmungslosem Schluchzen, John hängt über seinem Gitterbettchen. Es ist der Rückkehrtag der Mutter. Alle Schwestern haben gewechselt, bis auf eine, auf ihrem Schoß liegt John teilnahmslos, als die Mutter kommt, um ihn mit nach Hause zu nehmen. Als John die Mutter sieht, wird er plötzlich lebendig. Laut schreiend wirft er sich herum. Nach einem verstohlenen Blick auf die Mutter sieht er wieder weg. Einige Male blickt er sie an, wendet sich aber mit lautem Schreien und verstörtem Ausdruck von ihr ab. Als die Mutter ihn auf den Schoß nimmt, schreit er laut und biegt sich durch, bis er wieder am Boden ist. Er rennt zur Beobachterin Joyce Robertson, die ihn beruhigt und ihn seiner Mutter reicht. Er kuschelt sich an die Mutter, umklammert seine Decke, sieht die Mutter aber nicht an. Als der Vater den Raum betritt, läuft John von der Mutter weg in seine Arme. Erst von dieser sicheren Position aus schaut er das erste Mal direkt die Mutter an. Es ist ein langer, harter Blick. Die Mutter ist entsetzt, so hat er sie noch nie angesehen.

Die ersten vier Wochen daheim lehnt John jede Zuwendung von den Eltern ab, er geht allein in sein Zimmer, spielt aggressiv und destruktiv, weint viel und erträgt nicht den kleinsten Aufschub seiner Wünsche. Die zweite Woche bringt eine vorübergehende Besserung, John wirkt ausgeglichen, spielt meist friedlich in seinem Zimmer. Dann in Woche Drei ein dramatischer Rückfall. John weigert sich zu essen, verliert an Gewicht, schläft nachts nicht und beginnt, sich wahllos an wen auch immer anzuklammern. Die Eltern sind tief erschrocken und reorganisieren ihr Familienleben. Nun bekommt er endlich höchste Aufmerksamkeit. Eine Besserung stellt sich dennoch nur langsam ein. Zwei Besuche der Beobachterin Joyce Robertson werfen John jeweils auf Tage wieder zurück. Ihre Anwesenheit weckt offenbar Erinnerungen an die schlimme Zeit.

John wurde wieder gesund, aber noch mit vier Jahren plagten ihn plötzliche Ängste, die Mutter könnte verschwunden sein, vor allem wenn sie nicht dort war, wo er sie vermutete. Und immer wieder gab es Phasen von Aggressivität gegen die Eltern, die einige Tage anhielten.

Johns Schicksal, vorübergehend die Betreuerin zu verlieren, ist kein Einzelfall. Die gegenseitige Verstärkung mehrerer zusätzlich belastender Umstände, wie der gleichzeitige Verlust der gewohnten Umgebung und der familiären Routine, sowie die Konkurrenz mit mehreren anderen Kleinkindern um die spärliche Aufmerksamkeit der wechselnden Betreuerinnen in einer lärmenden Kindergruppe nahmen ihm jedoch jede Chance auf ausreichende Erfüllung des Grundbedürfnisses nach Geborgenheit und ließen so auch die Annäherung an eine neue Bezugsperson misslingen. Damit gehört Johns Erlebnis zu den extremsten Erfahrungen von Verlust im Kleinkindalter.

Das Ehepaar Robertson nahm in der Folge Kleinkinder bei sich in der Familie auf, während deren Mütter im Spital ein weiteres Geschwisterchen zur Welt brachten. Ein Mädchen war genauso alt wie John. Jane ertrug die Trennung von der Mutter viel leichter. Doch auch sie begann sich nach einigen Tagen zu verändern, lachte weniger, wurde ernster, lutschte häufiger am Daumen. Den Vater ließ sie gegen Ende der ersten Woche bei Besuchen links liegen, nur um sich an ihn zu klammern, wenn er wieder gehen wollte. Als nach 10 Tagen die Mutter Jane wieder abholt, schmeichelt sich das Kind bei ihr ein und bittet so wortlos darum, dass die Mutter sich wieder um sie kümmern solle. Erst zu Hause, Tage später, wendet sich Jane gegen die Mutter, fordert sie heraus durch Ungehorsam und ist in keiner Weise mehr das pflegeleichte Mädchen, das sie einmal war. Bei Besuchen der Pflegemutter ist Jane hin und her gerissen zwischen den beiden »Müttern«. Erst nach einigen Wochen gewinnt die leibliche Mutter wieder mehr an Bedeutung. Alles in allem dieselben Verhaltensweisen wie bei John, nur in viel abgeschwächterer Form.[32)]

Kinder bestehen auf ihren Gewohnheiten und sind dabei zu Recht große Egoisten. Sie können sich nur entfalten, wenn es Kontinuität in ihrem Leben gibt. Was für Liedloffs Traglinge gilt, gilt umso mehr für das Kleinkind, das erste Schritte in die Selbstständigkeit machen möchte und auch machen muss. Kinder lehnen daher jede Veränderung ihrer Betreuungssituation kategorisch ab.

Joyce Robertson konnte drei Phasen dieser typischen Reaktionen verlassener Kinder unterscheiden. Erst gibt es Protest, dann folgt Verzweiflung und schließlich Ablehnung. Was Eltern dabei besonders schockiert, ist, dass das Kind nach der Wiedervereinigung mit dem so bitter vermissten Erwachsenen diesem nicht glücklich in die Arme fliegt, sondern ihm mit Aggressivität und Ablehnung begegnet. Kinder reagieren auf Vernachlässigung wie gekränkte Liebhaber, verhalten sich ruppig und ablehnend. Sie erwarten Treue und unbedingte Liebe von dem einen Menschen, den sie für sich gewählt haben, und wenn dieser »versagt«, bestrafen sie ihn mit allen ihnen zur Verfügung stehenden Mitteln. Und genauso wie gekränkte Liebhaber lassen sie sich von fremden Menschen auch nur bedingt trösten.

Böse Stiefmutter, mörderischer Stiefvater – sind biologische Eltern unersetzlich?

Christel Meyer, 4 Jahre alt, klammert sich in panischer Verzweiflung an die ältere, rundliche Frau mit der Brille. Ärmchen und Beinchen hat sie um die Frau geschlungen, als wollte sie mit ihr verschmelzen. Was hat der Polizist denn vor und was wollen der Mann und die Frau von ihr, die hinter dem Polizisten stehen? Nun ist der Polizist mit seiner Geduld am Ende. Er packt einen Arm des Mädchens und zieht an ihm. Sie beginnt vor Angst zu weinen, klammert sich an der Frau fest, nein, sie will nicht weg von ihr! Doch der Polizist waltet seines Amtes, muss es tun, auch wenn seinem Gesicht anzusehen ist, dass ihm selbst auch eher zum Heulen zumute ist. Der Mann und die Frau dahinter schauen mit versteinerten Mienen zu. Sie greifen nicht ein, überlassen alles dem Hüter des Gesetzes, der ihnen zu ihrem Recht verhelfen soll. Der Polizist packt nun fest zu, macht Ernst, zieht das Mädchen weg von der Frau, an die es sich krallt. Es brüllt wie am Spieß, die ältere Frau verliert die Brille, weint jetzt auch. Sie kann, sie darf dem Mädchen nicht helfen. Der Polizist ist stärker als das Mädchen. Er übergibt es dem wartenden Paar, das mit dem weinenden Kind auf dem Arm eilig die Szene verlässt.[33)]

Was ist geschehen? Hat das Jugendamt hier amtshandeln müssen, war das Kind verwahrlost und musste der Mutter weggenommen werden? Nein, nichts von alledem. Der Mann und die Frau, die mit der Polizei kommen mussten, um das Kind zu holen, sind Tante und Onkel des kleinen Mädchens. Nach dem frühen Tod der Mutter war Christel an eine Pflegemutter übergeben worden, eben diese ältere Frau, die nun fahrig ihre zerstörte Frisur richtet, die Brille wieder auf die Nase schiebt. Und nun haben Onkel und Tante beschlossen, das Kind zu sich zu nehmen. Denn Blut ist schließlich dicker als Wasser. Bei wem sollte ein Kind besser aufgehoben sein als bei seinen nächsten Verwandten? Der Staat hat dieses Ansinnen offenbar unterstützt. Christel, der es endlich gelungen war, nach dem Tod der Mutter ihr

Herz an eine andere Pflegerin zu hängen, wird diese nun wieder verlieren.

Das Mädchen hätte sicher anders entschieden als das Gericht. Cui bono? Für Kinder hat die biologische Verwandtschaft keine Relevanz. Nicht wer ein Kind geboren hat, ist die Mutter, sondern jener Erwachsene, der bereit ist, für es zu sorgen, für es da zu sein, es aufzuziehen. Kinder schließen sich jenem Erwachsenen an, den sie selbst als Hauptbezugsperson wählen. Das ist jener Mensch, der greifbar und bereit ist, Zeit, Liebe und Geduld zu investieren. An diesen und nur an diesen Menschen hängt das Kind sein Herz und zu diesem und nur zu diesem Menschen will es gehören. Leibliche Eltern, die spät beschließen, ihr Kind doch noch selbst aufzuziehen, müssen begreifen, was sie diesem antun, vor allem dann, wenn es bereits eine fixe Bindung mit einem anderen Erwachsenen eingegangen ist.

Die Natur hat zwar die leibliche Mutter mit allen erdenklichen Voraussetzungen ausgestattet, um diese wichtige und einzigartige Rolle im Leben ihres neugeborenen Kindes zu übernehmen. Daher ist es in der Regel auch die Mutter, die diese Rolle gerne und bereitwillig übernimmt. Und nur deshalb ist es überhaupt zulässig, von »Mutter«-Liebe zu sprechen. Aber es gibt Fälle, in denen das Leben es nicht gut mit werdenden oder jungen Müttern meint und ihnen Stolpersteine in den Weg legt, die es ihnen trotz bestem Willen unmöglich machen, diese für beide Seiten so erfüllende Verbindung einzugehen. Das zu erkennen und sich einzugestehen: »Ich kann unter diesen Umständen nicht für mein eigenes Kind sorgen« erfordert Mut, Vernunft und Selbsterkenntnis und ist in jeder Weise bewundernswert. In einer solchen Situation die Mutterrolle jemand anderem zu überlassen und das Kind zur Adoption freizugeben ist eine Entscheidung, der in der Tat besonderer Respekt und allergrößte Hochachtung gebührt. Es ist ein Akt größter Liebe und Selbstlosigkeit.

Eine Mutter, die so im Sinne ihres Kindes entscheidet, ist keine Rabenmutter. Ganz im Gegenteil. Sie tut für ihr Kind das Bestmögliche, trifft in einer schwierigen Situation die richtige Entscheidung.

Denn das Kind wird sie nicht vermissen. Die Leidtragende ist nur sie alleine. Ist eine geeignete Ziehmutter gefunden, die bereit ist, das Kind anzunehmen, als wäre es das eigene, ist es das Beste, was diesem Kind passieren kann. Für das Kind wird es keinen Unterschied machen. Mutter ist jener Mensch, der Mutterliebe gibt – nicht jener, der geboren hat.

Viele Adoptiveltern machen sich Sorgen, ihr Kind könnte eines Tages zu seinen leiblichen Eltern zurückkehren wollen. Die Sorge entspringt echter Trennungsangst, denn nicht nur das Kind hängt mit Leib und Seele an seinen Betreuern, auch die Eltern hängen an ihrem Kind, gleichgültig ob es biologisch mit ihnen verwandt ist oder nicht. Das ist der Preis, der für Liebe und Hingabe zu zahlen ist. »Man liebt, wofür man sich müht, und man bemüht sich für das, was man liebt«, schreibt der Sozialpsychologe Erich Fromm.[34)] Die Angst der Adoptiveltern, das darf hier in aller Deutlichkeit betont werden, ist völlig unbegründet. Ist das Kind einmal fix gebunden und hat es seine Betreuerin gewählt, kann nichts und niemand dieses Band jemals wieder zerstören.

Zwar mag in der Pubertät das adoptierte Kind das Bedürfnis haben, seine »Wurzeln« zu suchen. Das ist aber nur Ausdruck von ganz natürlichen Freiheitsbestrebungen des heranwachsenden Jugendlichen. Ganz ähnlich übrigens wie in der Trotzphase des Kleinkindes, bei dem die Entwicklung des ersten eigenen Willens auch nur über die Auseinandersetzung mit dem Betreuer läuft, suchen alle Kinder in der Pubertät die Schwachstellen ihrer Eltern. Und wenn das die Sorge ist, das Kind könnte lieber zu seinen leiblichen Eltern gehören wollen, wird das Kind gerade diese Schwachstelle nutzen. Die Tatsache, dass leibliche Kinder nicht auf die Idee kommen, ihre »Wurzeln« suchen zu müssen, hängt nur damit zusammen, dass ihre Eltern zwar alle möglichen anderen, aber eben genau diese Schwachstelle nicht haben. Auf die ebenso bitteren wie notwendigen und unausweichlichen Zwistigkeiten und Auseinandersetzungen zwischen Eltern und pubertierenden Kindern werden wir aber später noch zurückkommen.

Christel Meyer hatte ihre Betreuerin gewählt, so wie viele andere Kleinkinder sich an Menschen binden, die nicht die leiblichen Eltern sind. Die Zerstörung solcher Beziehungen sollte also nur aus wirklich triftigen Gründen in Kauf genommen werden, und immer ist dabei zu berücksichtigen, in welch tiefe seelische Not Kinder gestürzt werden, die sich von ihrer Bezugsperson trennen müssen.

Die Stärke der seelischen Bindung an einen unverwechselbaren Betreuer zeigt sich oft erst dramatisch, wenn Störungen auftreten. Ende der 60er-Jahre gelang Harry Harlow von der Universität Wisconsin eine sensationelle Entdeckung. In zahlreichen Experimenten mit verwaisten Rhesusaffenbabys konnte er den Nachweis erbringen, dass nicht die Nahrungsquelle Mutter die Bindung des Babys an seine Betreuerin auslöst, wie es damals die gängige Meinung unter den Wissenschaftlern war, sondern das Bedürfnis nach Schutz.

Bietet man einem verwaisten Affenbaby ein mit Frotteetuch überzogenes Drahtgestell sowie ein weiteres, mit einer Milchflasche ausgestattetes Gestell ohne Überzug an, so wird das Junge zwar auf dem nackten Gestell zum Trinken sitzen, aber dann so rasch wie möglich das weiche Frotteetuch auf dem anderen Gestell ohne Nahrungsquelle aufsuchen. Ängstigt sich das Junge, z.B. wenn ein unheimliches, fremdes Objekt in den Käfig gestellt wird, flieht es sogleich auf die Frotteetuch-»Mutter«. Und erst nachdem es sich dort Kraft geholt und von ihr »ermutigt« worden ist, macht es sich daran, das neue Gerät zu inspizieren.

Doch Harlow wollte es noch genauer wissen. Ihn interessierte, auf welches Minimum an Merkmalen die Mutter der jungen Rhesusaffen reduziert werden konnte. Also schuf er »Rabenmütter«. Diesen baute er ein Katapult ein, mit welchem das Affenbaby, das sich anklammerte, in bestimmten Abständen weggeschleudert wurde. Trotz dieser abartigen und garstigen Behandlung kam das Kleine jedoch immer wieder zurück. Der Drang, sich an etwas Warmem und Weichem anzuklammern, überwog sogar die Unannehmlichkeit, ständig weggeschleudert zu werden.[35)]

Auch menschliche Kinder hängen mit einer abgöttischen Liebe und Zuneigung selbst an jenen Bezugspersonen, die sie böse misshandeln. Das ist das teuflische Dilemma der Jugendbehörden. Nur aus diesem Grunde zögern Jugendämter häufig, wenn eine Entscheidung ansteht, Kinder ihren Eltern wegzunehmen. Sie wissen um diesen grausamen Zusammenhang, denn eine Trennung von Eltern und Kind trifft immer den Falschen. Es ist das Kind, das sich bestraft fühlt. Es muss aus der gewohnten Umgebung weg zu wildfremden Menschen, von denen es zwar nicht misshandelt wird, die es aber nicht liebt und die bei aller erdenklichen Fürsorge und Rücksichtnahme in so kurzer Zeit nicht die erforderliche emotionale Bindung zu dem Kind herstellen können.

Wien, November 2007. Der fassungslosen Öffentlichkeit werden in den Abendnachrichten Bilder des 17 Monate alten Luca gezeigt. Das winzige Gesichtchen völlig verquollen, und das nicht nur von Tränen, der Blick trostlos in weite Ferne gerichtet, hängt der Junge erschöpft über der Schulter einer Krankenschwester im Spital Mödling. Sein kleines Körperchen wurde grün und blau geprügelt. Luca, dieser arme kleine Junge – er ist nicht mehr. Er ist an den Folgen der Misshandlungen gestorben. Die Mutter und ihr Lebensgefährte sitzen in Untersuchungshaft. Dem Stiefvater wird schwere Kindesmisshandlung mit Todesfolge sowie inzwischen auch sexueller Missbrauch vorgeworfen.

Der Schock sitzt tief. Was ist da schiefgelaufen? Wer hat Schuld? Warum wurden die Bilder von den Ärzten im Spital nicht an das zuständige Jugendamt übermittelt? Warum ist dieses nicht eingeschritten, obwohl es mehrfach informiert wurde? Inzwischen hat die Behörde Selbstanzeige erstattet, es soll eine Untersuchung geben. Fassungslose Menschen verlangen, dass früher eingegriffen wird. Warum lässt man Kinder in solchen Situationen alleine? Warum gab man dieser Mutter ihr Kind zurück?

Die Antwort ist einfach. Weil man mit einer Trennung immer nur das Kind bestraft. Nur deshalb zögern die Jugendämter. Nach all der

Pein, die der kleine Luca schon erleben musste, sollte man ihm nun auch noch das Einzige nehmen, das ihm ein wenig Trost und Geborgenheit bieten konnte? War denn eindeutig vorauszusehen, dass die Geschichte so ausgehen würde? Wie viele Familien, in denen ähnliche Probleme bestehen, werden von Sozialarbeitern doch erfolgreich betreut! Wie viele Male gelingt es, das »Vertrauen in den Familien wieder zu stärken«, wie es so schön heißt! Und dann passiert eine Fehleinschätzung – mit einem unglaublich tragischen Ende.

Die Öffentlichkeit ist plötzlich wachgerüttelt. Viele wollen es immer schon gewusst haben und erleichtern ihr Gewissen auf dem Rücken einer Behörde, die zunehmend Übermenschliches zu leisten hat. In einem wahren Drahtseilakt muss zwischen den Grundbedürfnissen der kleinen Kinder, den Schutzbefohlenen des Jugendamtes, um die es in erster Linie zu gehen hat, und ihren Eltern vermittelt werden, die meist in aussichtsloser sozialer Situation, durch Armut, soziale Stigmatisierung oder Drogenkonsum an den Rand der Gesellschaft gedrängt und völlig alleine gelassen sind mit ihren unlösbaren Problemen. Das Ergebnis hat dann auch noch vorzeigbar zu sein, einer Öffentlichkeit, die weit entfernt von diesem Elend in weichen Fernsehsesseln nach Erklärungen verlangt, die es niemals ausreichend geben wird – und so niemals geben kann.

Ein Detail des Falles Luca lässt besonders aufhorchen. Es war der Freund der Mutter, der dem Kleinen die lebensgefährlichen Verletzungen zugefügt hat. Der Stiefvater also.

Stiefeltern waren schon immer in Verruf. Die böse Stiefmutter der Märchen verdammt Aschenputtel zu seinem erniedrigenden Dasein, sie will Hänsel und Gretel, die unnötigen Esser, aus der Welt schaffen und »stiefmütterlich« hat auch heute noch die Bedeutung »schlecht«, »nachlässig« und »ungerecht«. Recht bemerkenswert für eine Gesellschaft, in der die Patchwork-Familie im Vormarsch ist, wo »Bio«- und »Öko«-Eltern sich gegenseitig die Türklinke in die Hand drücken.

Viel mehr noch als die Stiefmutter ist jedoch der Stiefvater in Verruf. Laut einer Studie der beiden berühmten Biologen Martin Daly und Margo Wilson von der McMasters-Universität, Kanada, hat ein Stiefkind das 70-fach höhere Risiko, von seinem Stiefvater umgebracht zu werden, als ein leibliches Kind von seinem Vater. Stiefväter werden demnach 70-mal so oft zu Mördern wie leibliche Väter. Den beiden Forschern, Soziobiologen der ersten Stunde, war nur ein Schluss sofort nahe liegend: Blut ist dicker als Wasser.[36] Im Tierreich kann man schließlich auch beobachten, dass Männchen die Jungen der Nebenbuhler töten. Das ist rein rechnerisch auch eine ganz schlüssige Fortpflanzungsstrategie. Infantizid konnte bei vielen Tierarten, darunter auch bei unseren nächsten Verwandten, den Primaten, z.B. bei den Languren, besonders gut dokumentiert und belegt werden.[37] Sobald es einem neuen Männchen gelingt, an die Macht zu kommen und die Weibchen des Nebenbuhlers für sich zu beanspruchen, reitet es als Erstes brutale Attacken gegen die noch abhängigen Jungen. Das Grausame an dieser Situation ist, dass die Affenjungen durch ein besonderes Fellkleid ausgezeichnet sind, das unter normalen Umständen die erwachsenen Tiere zu besonderer Rücksichtnahme und Fürsorge animiert. In diesem Fall aber ist genau dieses auffällige Fell Ziel der zerstörerischen Aggressivität des neuen Herrschers. Unfassliche Szenen spielen sich ab, weil die Mütter versuchen, ihre Kleinen zu schützen, dabei teilweise selbst lebensgefährlich verletzt werden und noch tagelang ihr tödlich verletztes oder bereits totes Junges mit sich herumschleppen.[38]

Nein, damit will der »vernunftbegabte Mensch« nichts gemein haben. Aber tötet der Stiefvater aus demselben Grund? Erträgt er die »Brut« des Nebenbuhlers genauso wenig wie irgendein neuer Alpha-Affe an der Spitze einer Affenhorde? Oder ist die Sache, wie so oft bei uns Menschen, weitaus komplizierter?

Männer waren noch bis vor kurzem von der Kindererziehung weitgehend ausgeschlossen. Noch in der Generation unserer Großeltern war es undenkbar, dass ein Vater bei der Geburt seines Kindes anwesend sein sollte. Es wurde nicht erwartet und war genauso wenig erwünscht. Ebenso war die frühe Kinderstube reine Frauensache. Ein Vater mit einem Kinderwagen hätte noch vor 50 Jahren bloß eine lächerliche Figur abgegeben. Auch mein Vater wartete noch unser »Alter der Vernunft« ab, bis er sich eingehender mit uns Kindern befasste. Als kleine Kinder waren wir fast ausschließlich Sache der Mutter. Wir wurden fertig gefüttert und angezogen dem Ernährer der Familie »präsentiert« und wurden ebenso wieder »abserviert«, wenn die Tätigkeiten des Vaters wieder Ruhe und Störungsfreiheit erforderten. Die Generation meiner Eltern hielt das für selbstverständlich. Der Vater brachte das Geld heim und die Mutter kümmerte sich um die häuslichen Dinge, die Erziehung der Kinder, den Haushalt sowie das leibliche und seelische Wohl der Familie. Nur Kinder, die auf dem Land aufwuchsen, wussten noch darüber Bescheid, was ihr Vater untertags zu tun hatte, und wurden dementsprechend auch dazu herangezogen, mitzuhelfen, sobald sie dazu in der Lage waren. Die bäuerliche Familie war daher sicher nicht gemeint, wenn Freud von der »vaterlosen Gesellschaft« sprach.[39)] Doch die Ballungszentren, die Städte, machten eine andere Lebensweise nötig. Hier erforderte der Beruf meist tatsächlich die physische Abwesenheit des Vaters. Der urbane Ernährer einer Familie war daher kaum mehr in der Lage, untertags für seine Kinder da zu sein. Daraus resultierte wohl die Annahme, nur die Mutter habe die Fähigkeit, sich um Kinder zu kümmern.

Wie wir aber schon sehen konnten, ist niemand eine geborene Mutter. Jeder kann zur Mutter werden, was zwar auch ein Akt des Willens ist, vielmehr aber ein Akt der wechselseitigen Prägung und des Lernens. Erziehung ist immer auch Selbsterziehung. Das Kind wird auf die betreuende Person geprägt, prägt diese aber auch in eben demselben Maße. In den Studententagen meines Vaters lachte man gerne über die »dumme« Laborratte, die zu ihrer Kollegin sagt: »Den Versuchsleiter habe ich ganz schön dressiert, immer wenn ich auf die rote Taste drücke, wirft er mir ein Stück Futter herein.« Aber aus der Perspektive der Laborratte sieht es genau so aus und ist nicht viel weniger wahr als die umgekehrte Perspektive, die uns gewohnt erscheint. Die prägenden Kräfte, die von einem kleinen Kind ausgehen, dürfen daher auf keinen Fall unterschätzt werden.

Es verwundert daher gar nicht, dass Studien herausfanden, dass sexueller Missbrauch von Kindern umso unwahrscheinlicher wird, je stärker betreuende Männer in die Säuglingspflege miteinbezogen werden. Ja, ein Vater, der seinen Säugling von Anfang an gebadet und gewickelt hat, wird niemals sein Kind sexuell missbrauchen. Warum, steht außer Frage. Durch die Interaktion mit dem Säugling lernt dieser Mann, die Bedürfnisse des kleinen Wesens zu erkennen und in angemessener Weise auf sie zu reagieren. Er erfährt Befriedigung und Bestätigung genauso wie die Mutter, wenn er es schafft, eine gemeinsame Basis mit dem Kind aufzubauen.

So erklärt sich auch die unfassbare Realitätsferne von Sexualstraftätern, die sich an Kindern vergehen. Sie entwickeln dabei keinerlei Unrechtsbewusstsein und versteifen sich darauf, das Kind hätte »es« ohnehin gewollt. Ein auf diese Weise entarteter Mann kann gar kein richtiges Konzept von dem Kind haben. Es fehlt ihm, was jedem selbstverständlich erscheint, der mit Kindern zu tun hat: die Einsicht in die Beschaffenheit der Psyche und der seelischen Bedürfnisse von Kindern. Hätte er diese, könnte gar keine sexuelle Fehlprägung stattfinden, denn die körperliche Nähe und Vertrautheit mit einem Kleinkind baut einen später recht zuverlässig wirkenden wechselseitigen Inzestschutz auf. Dieser wirkt sowohl zwischen Eltern und Kindern als auch zwischen Geschwistern, sodass weitgehend sichergestellt ist, dass innerhalb Familien im Allgemeinen gar keine sexuellen Anziehungskräfte entstehen. Die fatalen Fälle von Geschwisterliebe zum Beispiel ergeben sich ja meist daraus, dass Geschwister getrennt voneinander aufwachsen und sich später wie Fremde ineinander verlieben, die sich durch ihre Ähnlichkeit unwiderstehlich voneinander angezogen fühlen.[40)]

Ebenso, wie die Mutter schon in der Schwangerschaft auf die Ankunft des Kindes und ihre zukünftige Aufgabe eingeschworen wird, kann also auch der Vater an diesem Prozess teilhaben. Wenn er Anteil nimmt an der Schwangerschaft seiner Frau, wenn er zu den Geburtsvorbereitungskursen mitgeht, im Schwangerschaftsturnen die Griffe übt, mit denen er die Frau unterstützen und lockern kann, und wenn er die Frau dann auch bei der Geburt selbst begleitet und dabei ist, wenn der große Augenblick naht, dann beginnt auch sein Körper zu reagieren.

Sein Hormonkostüm verändert sich, die Testosteronwerte fallen, das macht ihn »weiblicher«, verträglicher und ruhiger. Ja selbst das Stillhormon Prolaktin konnte im Blut werdender Väter nachgewiesen werden. Es überrascht daher nicht besonders, dass werdende Väter, die ihre Rolle ernst nehmen, die gleichen begleitenden Beschwerden entwickeln wie ihre schwangere Partnerin. Viele klagen über Gewichtszunahme, Schlaf- und Verdauungsstörungen, sie haben Probleme mit den Zähnen und vieles mehr.

Die Völkerkunde kennt das »Männerkindbett« in vielen verschiedenen Ausprägungen. Männer bauen Hütten, in denen sie bis zur Ankunft des Kindes leben und ihrer zukünftigen Rolle entgegenmeditieren, sie legen sich ins Wochenbett und lassen sich von Verwandten füttern, sie tun eine Fülle von gesellschaftlich erwarteten Vorbereitungsschritten, um sich auf das wichtige Ereignis vorzubereiten: die Ankunft ihres Nachkommen.[41)]

Eine Studie an werdenden Vätern konnte zeigen, dass ein Mann vor der Geburt seines Kindes auf fremdes Babygeschrei mit einem Anstieg des Stresshormons Cortisol im Blut reagiert. Derselbe Mann wird nach der Geburt seines Kindes auf das Schreien desselben keine erhöhten Werte dieses Hormons mehr im Blut haben.[42)] Das Schreien eines Neugeborenen, das vor der Prägung auf ein eigenes Baby noch eine Stressreaktion hervorgerufen hat, wird nach der Erfahrung mit einem eigenen Kind keine solche Reaktion mehr auslösen. Hier hat eindeutig ein prägungsartiger Lernvorgang eingesetzt, der den Mann auf »Vater« gepolt hat.

Und damit ist schon eine der brennendsten Fragen unserer Gesellschaft beantwortet. Können Männer Mutterliebe geben? Unbedingt ja. Aber sie müssen auch die Chance dazu bekommen. Männer aus der Kinderstube zu vertreiben hat nur dazu geführt, dass sie die Beziehung zu den Kindern verloren. Wie auch die Mutter muss der Vater lernen dürfen. Der beste Lehrmeister ist hier nicht das theoretische Lehrbuch, sondern ausschließlich das Kind selbst. Mütter, die sich Engagement vom Vater in der Kindererziehung erhoffen, sind gut beraten, von Anfang an Arbeiten rund um den Säugling zu delegieren. Je früher damit begonnen wird, umso größer die Aussichten auf Erfolg. Wer es nicht erträgt, zuzusehen, wie ein anderer – und sei es der Vater – mit dem kleinen Wicht hantiert, tut gut daran, den Raum zu verlassen. Die gewonnene Freizeit kann zur dringend benötigten Erholung der jungen Mutter sicher bestens genutzt werden.

Je früher der Vater in die Betreuung des Kindes eingebunden wird, umso virtuoser wird er diese Aufgabe erledigen. In der Studie über die Kindstötungen durch Stiefväter hätten diese Männer also dahingehend überprüft werden sollen, inwieweit sie Gelegenheit gehabt hatten, kleine Kinder zu betreuen. Ob ein Mann mit dem Kind in seiner Familie blutsverwandt ist oder nicht, hat bezüglich seiner Gefährlichkeit für dieses weniger Aussagekraft als seine bisherige Erfahrung mit Kindern. Ist sein Hormonkostüm auf Kinderbetreuung gepolt, ist er genauso wenig gefährlich für das Kind wie eine etwaige Stiefmutter.

Und dennoch bleibt ein kleiner Wermutstropfen für alle Patchwork-Eltern erhalten, die das Kind nicht in den ersten Monaten und Jahren seines Lebens betreuen können. Denn danach ist es außerordentlich schwer, dessen Herz und Vertrauen vollständig und rückhaltlos, gleich einem von Anfang an betreuenden Elternteil für sich zu gewinnen. Es ist zwar nichts unmöglich und das Gelingen hängt wohl zuallererst von der Mühe ab, die sich alle Beteiligten geben, aber es muss dennoch mit teilweise nicht unbeträchtlichen Problemen gerechnet werden, weil eben jene ersten Prägungsphasen, die für die Feinabstimmung gedacht waren, schon verstrichen sind und das Kind darüber hinaus zumeist noch den Verlust der bisherigen Familienkonstellation zu verkraften hat.

2

DIE MUTTERMACHER – zwischen Biologie und Gesellschaft

Die Evolution der Mutterliebe – der nackte Affe

»Leb wohl!«, flüsterte sie. Dann nahm sie all ihre Kraft zusammen und winkte ihm mit einem ihrer Vorderbeine zu. Danach rührte sie sich nicht mehr. Am nächsten Tag, als das Riesenrad abgebaut wurde, als die Rennpferde auf Transporter verladen wurden und die Schausteller ihre Habe zusammenpackten und mit ihren Wohnwagen davonfuhren, starb Charlotte. Bald lag das Jahrmarktgelände verlassen da. Die Schuppen und Gebäude waren öd und leer. Auf der Festwiese lagen Flaschen und Abfall herum. Niemand von all den Leuten, die den Jahrmarkt besucht hatten, wusste, dass eine graue Spinne die wichtigste Rolle dort gespielt hatte. Niemand war bei ihr, als sie starb.[43)]

Wie habe ich als Kind geweint um die Spinne Charlotte, die ihrem Freund Wilbur, dem Schwein, das Leben gerettet hatte. Dabei hätte es noch schlimmer kommen können. Wilbur nimmt aus Dankbarkeit den Kokon mit den 514 Spinnenkindern an sich und bringt ihn zurück auf den Bauernhof. Hätte die Natur ihr Recht gefordert, wäre die treue Freundin von den eigenen Jungen gefressen worden.

Zumindest ist es bei Röhrenspinnen so. Die Mutter erlebt zwar noch das Schlüpfen der Jungen und füttert sie mit einem Sekret aus ihrem Mund, dann aber stirbt sie und dient den eigenen Jungen als Nahrung. Noch die für uns garstigsten und gefährlichsten Tiere sind fürsorgliche Mütter bis hin zur Selbstaufgabe. Manche Schaben sind sogar lebendgebärend und säugen ihre Jungen mit einem milchigen Sekret aus einer Brusttasche. Krokodile tragen die Jungen im Maul, bis sie groß genug sind, selbstständig zu werden. Ja, die sprichwörtliche Rabenmutter erscheint nur dem oberflächlichen Betrachter desinteressiert an ihren Pflichten. Die jungen Raben purzeln zwar bald aus dem Nest, was die Eltern nicht verhindern, aber dennoch werden sie auf dem Boden liebevoll umsorgt und gefüttert.[44)]

Die Geschichte einer jeden Tierart liefert die tiefsten Einblicke in die Entwicklung der jeweiligen Eltern-Kind-Beziehungen. Will man verstehen, warum die einen Nestflüchter sind, die sofort nach der Geburt aufstehen und hinter ihren Mütter herlaufen können, die anderen hingegen Nesthocker sind, blind und nackt geboren werden und wochenlang, ja sogar – wie bei uns Menschen – jahrzehntelang von den versorgenden Eltern abhängig bleiben, muss man die Evolution der jeweiligen Art genauer betrachten.

Einige Millionen Jahre müssen wir das Rad der Zeit zurückdrehen, um an die Anfänge der Menschheitsgeschichte zu gelangen. Wir finden einen Frühmenschen vor, der körperlich wohl sehr dem Zwergschimpansen ähnelte. Gerade waren – durch einen radikalen Klimawandel, der Wälder Afrikas zum Verschwinden brachte – seine Vorfahren gezwungen gewesen, das schützende Geäst der Bäume zu verlassen, das ihnen Nahrung und Zuflucht geboten hatte, und waren hinausgestoßen worden in die Savanne mit ihrer gnadenlosen Offenheit, der sengenden Sonne, den lauernden Raubtieren und den ungewohnt weit verstreuten Nahrungsressourcen. Fehlangepasst wie die Fische am Land hätten diese frühen Menschen, ehemals Kletterer und Baumbewohner, die sie waren, wohl kaum eine Chance gehabt, wäre da nicht jenes letzte Ass im Ärmel ihrer Ausstattung gewesen: das Sozialverhalten.

Die Rinderherde grast offenbar unbeteiligt, während eines der Ihren von den Raubkatzen verspeist wird. Die Löwen werden eine Weile beschäftigt sein, kein Grund zur Beunruhigung also. Nicht so beim frühen Menschen. Es ist nicht egal, was dem Nachbarn passiert. Die Empathie ist eine der wichtigsten menschlichen Regungen. Nicht der hohe Intellekt der Jagdgesellschaft hat das Überleben der ersten Menschen garantiert. Nachweislich waren wir damals auch weniger die Jäger als vielmehr die Gejagten.[45)] Aber man stand füreinander ein. Brüllend und Stöcke schwingend konnte man gemeinsam als Horde so manchen Löwen das Fürchten lehren, auch wenn jeder für sich nackt und waffenlos zur Welt gekommen war.

Die besonders ausgeprägte soziale Einstellung war es, die unsere

Art vor allen anderen auszeichnete und die das Überleben in jenen frühen Tagen möglich machte. So war es auch sicher nicht die Hinterfragung der Wurfparabel beim Steineschleudern, noch waren es tiefgründige Überlegungen zur Wanderung der Gestirne, die unser Gehirn in erster Linie wachsen ließen, sondern die Notwendigkeit sozialer Interaktion.

Ein rangniedrigerer Affe hat etwas Futter ergattert, das ein anderer, der im Rang über ihm steht, auch gerne hätte. Unter normalen Umständen müsste der rangniedrigere Affe das Futter abgeben, doch er tut etwas ganz Raffiniertes: Er setzt sich mit seiner Beute zwischen den Alpha-Affen und dessen Rivalen. Dieser kann ihn nun nicht bedrohen, ohne dass der Alpha-Affe im Hintergrund sich angesprochen fühlen würde. In dieser Pattsituation kann der rangniedrigere Affe in aller Seelenruhe sein Futter verspeisen, der Ranghöhere hat das Nachsehen. Sozialen Werkzeuggebrauch nennt die Wissenschaft dieses Verhalten.[46)] Es ist, wie auch der tatsächliche Werkzeuggebrauch, den man bei Schimpansen beobachten kann, ein erster Hinweis auf komplexer werdendes Sozialverhalten bei Tieren, die in Familienverbänden leben.

Im Dienste der sozialen Interaktion musste das Gehirn des Menschen eine immer komplexer werdende Fülle von Informationen verarbeiten. Selbst die Sprache ist im Dienste der sozialen Interaktion entstanden. In seinem Buch »Klatsch und Tratsch« zeigt Robin Dunbar eindrucksvoll, wie die Sprache als Mittel der Versicherung gegenseitiger Wertschätzung und als Aggressionshemmer entstanden ist. Wie das Fellkraulen bei Primaten eine Möglichkeit darstellt, Freundschaften zu knüpfen und zu festigen – die Wissenschaft spricht von »Grooming Relationship«, vom »Kraul-Verhältnis« –, so dient die Sprache auch heute noch häufig als befriedende Geste. Würde man immer nur dann sprechen, wenn man etwas Wichtiges zu sagen hätte, wäre das große Schweigen angesagt. Unser tägliches Geplapper, der Austausch von Nichtigkeiten entspricht verbalem Fellkraulen, wir befreunden, befrieden und besänftigen einander oder halten einander auf Distanz. In jedem Fall ist die Information in der Hauptsache eine soziale.[47]

Auch Affen haben ansatzweise die Fähigkeit, Sprache zu benutzen. Washoe, die Schimpansin, und Kanzi, der Zwergschimpanse, sind berühmt geworden für ihre Fähigkeit, mit Symbolsprache umzugehen.[48] Alleine die Position und Anatomie des Kehlkopfes scheint bei diesen Tieren zu verhindern, dass sie sprechen lernen. Beim Menschen gibt es vor allem drei Organe, deren Evolution noch nicht abgeschlossen sein dürfte: den Kehlkopf, die Hand und das Gehirn.

Das Wachstum des Gehirnes selbst hat nun seinerseits wieder eine Verbesserung der sozialen Eigenschaften nötig gemacht. Hätten wir durch den Bauchnabel gebären können, unsere Entwicklung wäre vielleicht ganz anders verlaufen. Doch ausgerechnet durch jenen schmalen Knochenring des Beckens, der durch die Notwendigkeit des aufrechten Ganges genau genommen noch schmäler hätte werden sollen, musste das sich ständig vergrößernde Gehirn gepresst werden. Die Natur hat hier ein Meisterwerk an möglicher Adaptierung geleistet und sämtliche Register gezogen: Die Schädelknochen des Fetus sind bei der Geburt weich und gegeneinander verschiebbar, die Beckenknochen der Mutter verlieren kurzfristig ihre fixe Bindung und werden ebenfalls im Rahmen ihrer Möglichkeiten verschieb- und klappbar. Außerdem kam es zur sogenannten physiologischen Frühgeburt. Das bedeutet, dass Menschenkinder relativ zur Reifung ihres Gehirns zu früh geboren werden. Der Moro-Reflex belegt das eindrucksvoll. Neigt man einen Säugling rasch hintenüber, wird er seine Ärmchen auseinanderreißen. Ein Reflex, der eigentlich nur innerhalb des Mutterleibes Sinn macht, um sich bei plötzlichen Richtungsänderungen der Mutter nicht in der Nabelschnur zu verheddern. Dennoch bleibt der Moro-Reflex mehrere Monate über die Geburt hinaus bestehen.[49]

Gemessen am Gewicht des Gehirns, dessen Reifungsdauer proportional zu seinem Volumen ansteigt, dürfte ein Menschenkind erst mit 1,5 Jahren zur Welt kommen. Die physiologische Frühgeburt bringt keinen Vorteil bis auf jenen, dass die Köpfchen noch klein genug sind, um den Beckenboden zu passieren. Hier haben wir es mit einem echten »constraint«, einem Engpass in der Entwicklung aufgrund der Geschichte unserer Art zu tun. Zwei widerstreitende Trends, jener zum aufrechten Gang, der eine Anpassung an das Steppenleben darstellt, und jener zum größeren Gehirn, der eine Anpassung an das komplexer werdende soziale Leben darstellt, müssen auf einen gemeinsamen Nenner gebracht werden. Der gravierende Nachteil der physiologischen Frühgeburt liegt auf der Hand: Die Kinder sind aufgrund der Unreife des Zentralnervensystems besonders abhängig von der Betreuung durch die Mutter.

Neugeborene Affenkinder können sich aktiv festhalten am Fell der Mutter, ganz selbstständig, selbst bei wildester Flucht durchs Geäst behindern sie diese nicht. Beim neugeborenen Menschenkind gibt es zwar diesen Klammerreflex auch, doch es kommen nun einige Faktoren erschwerend dazu. Zwar können auch menschliche Neugeborene noch so stark klammern, dass man sie an den Händchen einige Minuten lang aufhängen kann. Allerdings fehlt nun etwas Essenzielles: ein Fell, woran sie sich anhalten könnten.

Aufgrund der rapiden Vergrößerung des Gehirns musste ein weiterer Kompromiss geschlossen werden, der unsere Vorfahren bald um ihr Fell bringen sollte. Im antiken Griechenland, als man die wahre Funktion des Gehirns noch nicht kannte, dachte man, das Gehirn wäre zur Blutkühlung da. Die Idee ist gar nicht so abwegig, weil das Organ in der Tat besonders gut durchblutet ist – jedoch ist das Gegenteil der Fall. Das Gehirn produziert durch seine hohe Leistung (ganz ähnlich wie unsere elektronischen Rechner) enorme Hitze. Tiere mit Fell kühlen ihr Gehirn über die Nase (bei starker Hitze sieht man sie mit offenem Maul rasch atmen, um ihre Körpertemperatur und damit auch die des Gehirns konstant zu halten). Beim Menschen ist aber zugleich mit der Vergrößerung des Gehirns auch die Schnauze verschwunden – eine Tatsache, deren Ursache uns später noch beschäftigen wird. Daher musste ein anderes Kühlsystem erfunden werden. In unserem Fall waren dies der Haarverlust und die Verteilung zahlreicher Schweißdrüsen über die nun freie Fläche. Lediglich am Kopf blieb als Schattenspender ein Käppchen zurück, welches bei aufrechtem Gang völlig ausreicht, und da und dort ziert uns an strategisch günstigen Positionen ein Haarfleckchen, um den Duftdrüsen, die in der Pubertät ihre Arbeit aufnehmen, ein Betätigungsfeld zu überlassen.

Was bedeutete nun dieser Haarverlust für unsere Jungen? Ihr Greifreflex ging ins Leere und außerdem waren ihre Füße von Greiforganen zu Steh- und Schreitorganen mutiert. Ohne Mutterfell und ohne vier verlässliche Greifhände musste das Neugeborene aber getragen werden. Das wieder stellte neue Anforderungen an die Aufmerksamkeit und Empathie der Mutter gegenüber ihrem Neugeborenen. Schon bei unseren pelzigen Verwandten gibt es, wie wir sehen konnten, deutliche Unterschiede im Reproduktionserfolg von Müttern. Weniger geübte oder aufmerksame Affenmütter verlieren Kinder häufig dadurch, dass sie nicht so gut aufpassen und diese aus großer Höhe aus dem Geäst abstürzen lassen. Hier gibt es ihn schon, jenen Selektionsdruck auf den Mutterinstinkt. Es muss auf unseren frühen Vorfahrinnen ein sehr starker Druck gelegen haben, das Neugeborene mitzutragen, es nirgends wegzulegen und auf das kleinste Geräusch des Wesens mit Wachsamkeit zu reagieren.

Mütter sind wachsamer als Nichtmütter. Jede junge Mutter wird diese Wesensänderung an sich selbst bemerken. Ich selbst habe in dieser Zeit enormen Respekt bekommen vor den Kräften meiner Ausstattung. Die Sinne werden schärfer, die empathischen Fähigkeiten nehmen zu und potenzielle Gefahren werden vorausgesehen, lange bevor man in sie hineingerät.

Das Neugeborene seinerseits leistet seinen Beitrag und setzt alles daran, eine betreuende Bezugsperson zu finden und diese zu verpflichten. Ein vergessenes Baby ist ein totes Baby und gehört daher nicht zu unseren Vorfahren. Auf diese Weise wurden die Programme in Müttern und Kindern spiegelbildlich festgeschrieben, denn nur erfolgreiche Paarungen trugen zur nächsten Generation bei. Es kam zu einer Entwicklung wechselseitiger Auslöser, die einander verstärken und wieder neue in Gang setzen.

Das menschliche Baby hat alleine optisch bereits eine Reihe von auslösenden Merkmalen an sich, die seine Mutter zur Betreuung animieren sollen. Eines davon ist das bekannte Kindchenschema. Die Proportionen des Babygesichtes und der unbeholfene, relativ kleine Körper wirken sehr anziehend auf uns. Walt Disney hat dieses Schema für seine berühmten Figuren genutzt und diesen damit zu Weltruhm verholfen. Aber darüber hinaus hat das Menschenbaby eine Reihe von anderen »Auslösern« an sich, die zum Liebhaben animieren sollen. Zum Beispiel setzen unsere Feten kurz vor der Geburt enorme Fettreserven an. Wir empfinden das als gesund und »herzig« und fühlen uns angesprochen von den dicken Gesichtchen und den Fettringen an Ärmchen und Beinchen. Wird ein Kind vor der Zeit geboren und hatte noch keine Zeit, diesen Auslöser-Speck anzusetzen, hat es noch nichts »Babyhaftes« an sich, im Gegenteil, Frühchen wirken erschreckend »alt« auf uns. Selbst in unserer Gesellschaft, in der die Menschen eher an Übergewicht denn an Unterernährung leiden, wetteifern die frisch gebackenen Mütter mit dem Geburtsgewicht ihrer Sprösslinge, als ob es um olympische Rekorde ginge. Dahinter steht aber ein langer Leidensweg der Spezies Homo Sapiens, die alles andere, nur nicht die Krone der Schöpfung war. Ihr Überleben hing nicht nur einmal am seidenen Faden, die Auslöschung war oft zum Greifen nahe. Frühe Menschenmütter konnten es sich gar nicht leisten, jedes Neugeborene aufzuziehen. Die Fettreserven der Neugeborenen unserer Art dienen gewissermaßen als Ausweis der Fitness. »Sieh her, wie fett ich bin, ich habe genug Reserven, du kannst mich ohne viel Aufwand aufziehen!«, scheinen die dicken Bäckchen und die pummeligen Körperchen zu versprechen – und nach wie vor versetzt uns daher alleine ihr Anblick schon in Verzückung.

Außerdem hat das Neugeborene in der ersten Lebensstunde die Augen offen, um seine Bezugsperson zu prägen. Es selbst sieht gar nichts, und wenn, dann völlig verschwommen und verkehrt herum (weil das Nervensystem das Bild auf der Netzhaut noch nicht interpretieren kann). Der auffordernde Blick gilt also alleine den Erwachsenen, die es künftig betreuen sollen.

Die Mutter ist durch eine gewaltige Hormonumstellung während der Schwangerschaft schon ganz auf ihre zukünftige Aufgabe gepolt worden. Frauen, die vor der Schwangerschaft noch weniger altruistisch dachten, fühlen sich oft regelrecht gehirngewaschen. Durch den Vorgang der Geburt werden nun weitere Hormone ausgeschüttet, die den Pflegeinstinkt mobilisieren und helfen, die Bindung an das Kind zu festigen. Schließlich besiegeln die Stillhormone, die das Drüsengewebe zur Milchproduktion anregen, durch die Verknüpfung zwischen seelisch-emotionalem und körperlichem Empfinden die enge Verbundenheit zwischen Mutter und Kind und versäumen auch nicht, mit jedem Milchschub diese Bindung zu bestätigen. Ohne Fertigmilch, Fläschchen und Babygläser wurde in frühen Kulturen ein Kind jahrelang gestillt, die dabei ausgeschütteten Hormone verhinderten vorläufig einen weiteren Eisprung. So wurde sichergestellt, dass ein Kleinkind bereits laufend mit der Mutter mithalten konnte und nicht mehr getragen und gehalten werden musste, wenn das nächste Baby unterwegs war.

Um eine Mutter für ihr Kind empfänglicher zu machen, musste die Natur gar nichts Neues erfinden, es genügte, Bewährtes auszubauen und zu verstärken. Mutterinstinkt war ja schon längst da, und das nicht nur im Reich der Säugetiere. Doch nackt und schutzlos, wie wir waren, behängt mit besonders lange unselbstständigen und abhängigen Jungen, waren die schützenden Arme der Mutter wohl nicht ausreichend, um die Nachkommen erfolgreich aufzuziehen. Daher musste ein weiterer Betreuer für das Kind verpflichtet werden: der Vater. Paarbindung entsteht überall dort im Tierreich, wo unter extrem schwierigen Bedingungen Junge aufgezogen werden müssen.

Die Frau für eine Partnerschaft mit einem Mann fit zu machen war für die Natur eine relativ einfache Sache. Die Schiene »Fürsorge«

wurde ohnehin gerade ausgebaut. Wer für einen fordernden, kreischenden Säugling Gefühle entwickeln kann, die stärker werden können als der eigene Lebenserhaltungstrieb, der kann auch relativ leicht begeistert werden für ein etwas größeres, raubeinigeres Kind. Frauen sind daher auch heute noch emotional stärker in die Partnerschaft eingebunden, fühlen sich für Gedeih und Verderb derselben eher verantwortlich und die emotionale Bindung an den Partner ist ihnen besonders wichtig.[50)]

Typisch für paarbildende Tierarten ist eine verlängerte und oft sehr komplizierte Werbephase, die der tatsächlichen Paarbindung vorausgeht. Wie im Reich der Vögel, wo die Fürsorge beider Eltern für die Nachkommen schon besonders lange Tradition hat, sind in unserem Balzverhalten Elemente der Säuglingsbetreuung eingewoben. Der Zungenkuss z.B. ist aus dem Fütterkuss abzuleiten, einer Technik, mit der Mütter bei Naturvölkern ihren zahnlosen Jüngsten vorgekaute Nahrung in den Mund spucken. Beobachtet man ein turtelndes Liebespaar, drängt sich der Vergleich mit dem Vogelreich regelrecht auf. Immer wieder zeigen sich kindliches Verhalten beim einen und liebende, fürsorgliche Gesten beim anderen. Es ist wie ein Tanz wechselseitiger Beteuerung von Pflegebereitschaft und -fähigkeit.

Der Mustervater im Tierreich ist wohl der Kaiserpinguin. Er übernimmt das Ei von seinem Weibchen und harrt in einer großen Gruppe von anderen Männchen einen ganzen antarktischen Winter lang bei klirrender Kälte, tobenden Stürmen und finsterer Nacht aus, um das Ei warm zu halten. Ist das Weibchen noch nicht zurück, wenn das Küken schlüpft, hat er sogar die Fähigkeit, Kropfmilch zu produzieren, um die Zeit zu überbrücken, bis die Mutter gesättigt zurückkehrt und die Fütterung übernimmt. Erst dann geht der Mustervater daran, für sich selbst Nahrung zu finden.

Die Rolle des männlichen Säugetieres hingegen beschränkt sich meist auf Kampf gegen und Ausschaltung von Rivalen. Sein Beitrag zur Aufzucht der Jungen ist entweder bescheiden oder gar nicht existent. Die Mütter sehen zu, dass sie den Männchen nicht begegnen, solange sie abhängige Junge haben. Selbst bei sozial lebenden Tieren wie unseren nächsten Verwandten, den Menschenaffen, ist das Neugeborene fast ausschließlich Sache der Mutter. Größere Jungen klettern vielleicht auch mal auf dem Vater herum und dieser lässt es sich im besten Falle auch gefallen. Doch darin erschöpft sich auch schon der Beitrag des Männchens. Wenn man großzügig ist, kann man noch eine gewisse Schutzfunktion des Patriarchen für seinen Harem erkennen, der sich bei näherem Hinsehen aber eher als eine Wahrung eigener Interessen entpuppt, weil das Hauptanliegen auch dann vorwiegend die Monopolisierung brünstiger Weibchen und die Vertreibung vorwitziger Nebenbuhler bleibt.

Auf einen Vaterinstinkt wie etwa bei den Vögeln konnte die Natur im Reich der Primaten also nicht zurückgreifen. Daher musste eine gänzlich andere Schiene befahren werden, die bereits vorhanden war: der Sex – eine nicht unproblematische Weichenstellung, wenn man die starke Koppelung des Sexualtriebes an Dominanzverhalten und Aggression im Reich der Primaten in Betracht zieht.

Eine gewisse Aggressionshemmung jenen Weibchen gegenüber, mit welchen sich das Männchen gepaart hat, ist bei Affen zu beobachten. Auch die Nachkommen jener Weibchen, die sich mit dem Patriarchen gepaart haben, sind relativ sicher vor Übergriffen. Diese wackelige emotionale Brücke galt es beim Menschen zu festigen. Auch heute noch ist Männern Sex als Kitt in der Partnerschaft besonders wichtig. Läuft es in einer Beziehung nicht mehr so gut, beklagt er sich meist über zu wenig Sex, sie hingegen über die geringe emotionale Nähe.

Mann und Frau mussten beide an die Paarbildung adaptiert werden, jeder auf seiner eigenen Schiene. Eine ganze Reihe von Veränderungen war dazu nötig. Die Natur erlöste die Frau von deutlichen, weithin sichtbaren Beweisen des Monatszyklus, die Fruchtbarkeit anzeigen. Ein Mann wäre sonst über die Zeit des Eisprungs hinaus nicht leicht in einer Partnerschaft zu halten gewesen. Auch heute noch, ohne schwellende rote Schamlippen und starken Vaginalgeruch, ist so mancher fix gebundene Mann alleine durch den Anblick von Stöckelschuhen und Minirock aus der ehelichen Bahn zu werfen. Bei Frauen ist Ehebruch meist eine weitaus vielschichtigere Angelegenheit und in geringerem Ausmaß von rein optischen Auslösern gesteuert.

Durch den starken Selektionsdruck, der auf unserer Art lastete, den widrigen Umständen durch dauerhafte Beziehungen zu trotzen, waren jene Eltern im Vorteil, die es schafften, eine stabile Partnerschaft zu unterhalten. Auch heute noch ist der Trieb, einen Partner zu finden, durchaus vergleichbar mit anderen starken lebenserhaltenden Trieben, wenn auch das Postulat ewiger Liebe oder eher Verliebtseins mehr ein Produkt des Konsumdenkens sein dürfte.

Durch die Notwendigkeit, Männer und Frauen zusammenzubringen, ist quasi ein Sozialisierungsruck durch die Menschheit gegangen. Den Frauen, als den stabileren Partnern dieser Zweckgemeinschaft, kam dabei eine tragende Rolle zu, die ihnen bis heute geblieben ist. Die Partnerwahl war und ist immer noch hauptsächlich Frauensache. Frauen entwickelten viel Gefühl dafür, wer als Familienvater taugt und wer nicht.

Paarbindung – Allianz im Dienste der Nachkommen

Der Geschlechtsakt hinter den Büschen nähert sich langsam dem Höhepunkt. Die junge Schimpansin Oor, die ihren Namen den lustig abstehenden Ohren verdankt, hat sich in aller Heimlichkeit mit einem jungen Männchen, ihrem Favoriten, in die Büsche geschlagen, außer Sicht der Gruppe und vor allem außer Reichweite des »regierenden« Alpha-Männchens im Gehege des Arnhem-Zoos. Der Verhaltensforscher Frans DeWaal ist gespannt, was gleich passieren wird. Oor ist dafür bekannt, den Geschlechtsakt besonders lautstark zu genießen. Auf dem Höhepunkt stößt sie üblicherweise einen markanten Schrei aus, der weithin hörbar allen in der Gruppe unmissverständlich verkündet: Oor hat Sex. Und nun wird er gleich kommen, der Höhepunkt, man sieht es an Oors Gesicht. Was wird der Alpha tun, wenn er sie hört? Wahrscheinlich wird dann das heimliche Liebespaar ordentlich Prügel beziehen. Doch offenbar weiß auch Oor genau, was passieren wird, wenn sie schreit. Ihr Gesicht verrät bereits allerhöchste Anspannung, gleich müsste er kommen, ihr charakteristischer Schrei und – sie verbeißt ihn sich. Es kostet sie all ihre Selbstbeherrschung, das ist ihrer Mimik anzusehen, aber sie schafft es. Unentdeckt trennen sich die beiden jungen Liebenden und gesellen sich unauffällig wieder zur Gruppe.[51)]

Schimpansenweibchen haben eine große Macht, was ihre Fortpflanzung anbelangt. Lange Zeit dachte man, dass der Alpha-Affe in der Gruppe automatisch Vater der nächsten Generation ist. Hat er nicht nur zu diesem Zweck all die mühseligen Rangordnungs- und Revierkämpfe durchgemacht? Hat er damit nicht bewiesen, dass er der Tauglichste ist, der würdigste Kandidat, seine Gene an die nächste Generation weiterzugeben? Weibchen, so dachte man, wären passiv, hätten kein Interesse an der Hierarchie und überließen es den Männchen, in Rangordnungskämpfen auszufechten, wer nun der Vater ihrer Kinder würde. Meist sind sie auch desinteressiert an der Rangordnung der Männchen, wenngleich Fälle bekannt sind, in denen Äffinnen auf Seiten eines besonders beliebten Patriarchen auch in Kämpfe eingegriffen haben. Aber der Hauptgrund dafür, warum sie die wilden Auseinandersetzungen der Männchen im Kampf um die Oberherrschaft wenig tangiert, ist, dass sie sich ihren Favoriten unabhängig davon selbst aussuchen.

Schimpansinnen haben Mittel und Wege, sich der männlichen Paarungsordnung zu entziehen. Viele paaren sich mit mehreren Männchen. Vor allem beliebte Weibchen, wie Jane Goodalls Flo, kopulierten so häufig und mit so vielen Männchen, dass ihre Vagina, bei Abklingen ihrer Rötung, blutig und eingerissen war. Andere Weibchen zeigen eindeutige Vorlieben für bestimmte Männchen. Wenn deren Favorit zufällig auf einer der unteren Stufen der männlichen Hierarchie steht, verlassen sie mit diesem die Gruppe. Die Schimpansin fühlt, wenn die fruchtbare Phase bevorsteht, noch bevor es der Alpha-Affe mitbekommt und beginnt, sie zu bewachen, damit sie ihm nicht entkommen kann. Die Verhaltensforschung nennt dieses Verhalten Paarungsausflüge. Meist verschwindet das Affenpaar für mehrere Wochen. Kommen die beiden zurück zur Gruppe, ist das Weibchen meistens trächtig.

Die Wahrscheinlichkeit für ein Männchen, durch so einen Paarungsausflug Vater zu werden, ist viel höher als jene für den Alpha in der Gruppe, der alleine das »Recht« hätte, sich mit jenen Weibchen, die Zeichen der Fruchtbarkeit tragen, zu paaren. Selbst bei Tieren, die in Haremssituationen leben, sind es daher die Vorlieben der Weibchen, die Männchen zu Vätern machen.

Wird aus einer Haremssituation, wie sie für den Frühmenschen angenommen wird – der Grund dafür soll uns später noch ausführlicher beschäftigen –, durch den Druck immer widriger werdender Milieubedingungen eine Paarbeziehung, läuft dies sehr wahrscheinlich in erster Linie über die Partnerwahlpräferenzen der Weibchen. Entscheidet schon die Schimpansin, mit wem sie sich auf einen Paarungsausflug einlässt, dann die Menschenfrau erst recht. Schon seit der Urzeit wählen Frauen jene Männer als Partner, die sie für geeignete Väter halten. Vor allem galt es, Männer mit einem allzu hohen Aggressionspotenzial zu meiden und Männern mit emotionalen Fähigkeiten, sprich Einfühlsamkeit und Teamfähigkeit, den Vorzug zu geben. Sollte eine Partnerschaft – und sei es nur auf Zeit – eingegangen werden, um die Überlebenschancen der Nachkommen zu verbessern, war emotionale Intelligenz und Stabilität gefragt.

Die »Sexy-Söhne-Hypothese«, die besagt, dass Frauen sich sexuell aggressive Männer aussuchen, um dann mit Hilfe ebensolcher Söhne genetisch die nächste Generation aufzumischen, kann nur greifen, wenn Frauen ihre Kinder alleine großziehen können. Bei einem sexuell aggressiven Mann ist mit einer lang dauernden und hingebungsvollen Beteiligung an der Kinderstube nicht zu rechnen, das wird ja von den »sexy Söhnen« auch nicht erwartet.

Die Einengung des Blicks darauf, dass die Weitergabe der eigenen Gene Priorität habe, ist vor allem bei sozial lebenden Arten ohnehin als Sackgasse anzusehen, die wesentlich mehr Rätsel aufwirft, als sie lösen kann. Merkmals- und Verhaltensbandbreite in sozialen Gruppen (ob genetisch fixierbar oder nicht) sind nämlich gerade die Voraussetzung, der Vorteil und der Gewinn von Sozietäten, da sie es diesem »höheren Organismus« als Ganzem erlaubt, differenzierter zu reagieren. Und weil andererseits eine Sozietät auch wesentlich mehr genetische Bandbreite bei ihren Individuen tolerieren und nutzen kann, als es sich eine nicht sozial lebende Art leisten könnte.

Das männliche Geschlechtshormon Testosteron scheint bei der Entwicklung der Paarbindung eine wesentliche Rolle zu spielen. Männchen, die für fixe Partnerschaften taugen sollen, haben niedrigere Testosteronspiegel als Männchen, die nicht in dauerhaften Partnerschaften leben.[52)] Die meisten paarbildenden Arten hat das Vogelreich aufzuweisen und hier ist der Zusammenhang mit dem Geschlechtshormon auch entdeckt worden. Das Balzen und Gegurre, das Flattern, Zwitschern und Sich-Produzieren, das für die Brautwerbung nötig ist, geht einher mit relativ hohen Testosteronwerten. Ist das Vogelmännchen dann fix verpaart, verringern sich sofort die Werte des männlichen Geschlechtshormons, denn nun sind Nestbau und Brutpflege angesagt. Hohe Testosteronwerte sind offenbar mit fixer Partnerschaft im Tierreich unvereinbar. In einem Experiment wurde bereits fix verpaarten Hausspatzen-Männchen zusätzliches Testosteron gespritzt. Diese hätten nun eigentlich mit dem Nestbau beginnen sollen, stattdessen aber wurde das Balzverhalten wieder aufgenommen und das nächstbeste Weibchen wild umworben.[53)]

Auch beim Menschen findet sich ein solcher Zusammenhang. Ehemänner haben im Vergleich zu Singles relativ geringe Testosteronwerte. Ganz im Dienste des menschlichen »Nestbaus« sinken auch die Testosteronwerte werdender Väter.

Der Zusammenhang zwischen niederen Testosteronwerten und sozialer Verträglichkeit des individuellen Mannes zeichnet verantwortlich für ein hochinteressantes und bisher unerklärbar gewesenes Phänomen: die Verkindlichung des Menschen. Mit einem Fachausdruck spricht man dabei von Neothenie. Der Hirnschädel ist im Verhältnis zum Gesichtsschädel größer geworden. Das ist nicht eine Folge der Vergrößerung des Gehirns. Wie Schädelfunde zeigen, hatte der Neandertaler um 30 % mehr Hirnvolumen als der moderne Mensch und dennoch ist seine Stirn flach und fliehend, der Schädel platt und brotlaibförmig, der Gesichtsschädel vergleichsweise grobknochig, lang und schwer. Die Stirn des anatomisch modernen Menschen wirkt dagegen gewölbt, das Schädeldach ist hoch, das Untergesicht erscheint stark geschrumpft, die Nasen-Mund-Partie gar eingezogen, so stark, dass für die Zähne, die in der Entwicklung hinterherhinken, in vielen Kiefern kaum mehr Platz ist. Dazu sind die Lippen fleischig geworden und springen vor. Fettpölsterchen zieren die Wangen. Im Verhältnis zu unseren Vorfahren sehen wir aus wie erwachsene Babys, Kindchenschemata mit Saugmund, runden Bäckchen und kindlichen Gesichtsproportionen.[54)]

In der Pubertät kann man den Zusammenhang von Testosteron und männlichen Gesichtsproportionen sehr gut beobachten. Während Mädchen wenig Veränderung erfahren, was ihre Gesichtsproportionen und ihre kindlichen Merkmale wie Haarlosigkeit, bombierte Stirn und helle Stimme betrifft, verändert Testosteron die Jungengesichter auf viel dramatischere Weise. Die Braue wird finsterer, die Kieferlade schwerer, das Untergesicht wächst in Relation zur Stirnpartie stärker aus, das Gesichtsrelief vergröbert sich, die Stimme wird tiefer, Haar wächst im Untergesicht. Der erwachsene Mann unterscheidet sich unter dem Einfluss des Testosterons nach der Pubertät viel stärker von der Frau als der Junge vom Mädchen im Kindesalter.

Nun war aber unsere Spezies auf dem Wege zur Paarbildung. Partner auf Dauer sollten geringere Testosteronwerte haben, wenn die Gemeinschaft nicht vorzeitig gefährdet sein sollte. Die frühe Menschenfrau scheint daher eine Vorliebe für kindliche Männer entwickelt zu haben. Besser als abzuwarten, dass die Natur den Testosteronhahn nach der Paarung auf Sparflamme drehte, schien die Strategie, von Haus aus testosteronärmere Männer als Familienväter zu bevorzugen.

Hier beginnt sich das Geheimnis um unsere verschwundene Schnauze zu lüften. Obwohl das rasch wachsende Gehirn zur Kühlung eigentlich einer nicht minder rasch wachsenden Nasen-Mund-Partie bedurft hätte, verkleinerte sich diese stattdessen und erzwang damit die weitgehende Haarlosigkeit des Körpers sowie die Notwendigkeit, die Babys aktiv zu tragen, was wieder eine Weiterentwicklung der sozialen Fähigkeiten nach sich zog. Das Verschwinden der Schnauze, die äußerliche Verkindlichung des Menschen, hatte jedoch keinen offensichtlichen Überlebensvorteil wie z.B. die Anpassung an den aufrechten Gang in der Steppe – außer jenen, dass die Männer, die von Haus aus weniger Testosteron hatten und sich daher eher für die Vaterrolle eigneten, besser erkennbar waren. Das Babyface eines Mannes dürfte für Frauen auf der Suche nach einem Langzeitpartner schon recht früh ein Ausweis für emotionale Begabung gewesen sein.

Weniger Testosteron verändert das Gesicht in der Pubertät nicht so stark und lässt das Individuum friedfertiger und teamfähiger erscheinen. Dieser Trend, der über Jahrmillionen angehalten und bei uns Menschen als Art zur äußerlichen wie auch innerlichen Verkindlichung geführt hat, ist auch heute noch aktiv und wirksam. Hollywood kann mit einer ganzen Palette schnuckeliger Kind-Männer aufwarten, die Frauen aller Altersstufen begeistern (Jonny Depp, Tom Cruise, Brad Pitt, Robert Redford, George Clooney und viele mehr).

Die herzigen Babyfaces heutiger Männer werden auch im Experiment von Frauen viel eher mit positiven Charaktereigenschaften besetzt als virilere Gesichter. Die Träger kindlicher Männergesichter gelten als umgänglich, einfühlsam, gutmütig und tolerant; auch heute noch fühlen sich Frauen, wenn sie auf der Suche nach einer dauerhaften Beziehung sind, mehr zu kindhaften Proportionen in Männergesichtern hingezogen. Das Modell »grimmiger Raubaffe« wirkt auf Frauen hingegen wenig vertrauenserweckend und wird nicht mit sozialen Eigenschaften assoziiert.[55)]

Indem Frauen bei ihrer individuellen Partnerwahl über Jahrmillionen hinweg häufig kindlicheren Männern den Vorzug gaben, die sich ihrerseits als verträglicher und teamfähiger erwiesen, ging ein Sozialisierungsruck durch die ganze Art. Auf der Suche nach einem Partner, der bereit war, bei der Aufzucht der Kinder mitzuhelfen, taten Frauen nicht nur ihrer Kernfamilie einen Gefallen. Die gesamte Spezies Mensch begann davon zu profitieren. Die bei Langzeitpartnern geschätzten Eigenschaften kamen nämlich nicht nur der individuellen Partnerschaft zugute, sie vererbten sich auch noch auf die Nachkommen. Auf diese Weise war der Grundstein gelegt für die Erfolgsgeschichte des Menschen.[56)] Die gesteigerte Empfänglichkeit für die Bedürfnisse schwächerer und lange Zeit abhängiger Wesen machte den Menschen schließlich zu etwas, das der Krone der Schöpfung schon eher entspricht als das Mängelwesen, das wir einmal waren.

Die Kleingruppe profitierte von der gesteigerten emotionalen Intelligenz ihrer Mitglieder und dieses optimierte Miteinander der Großsippe wurde schließlich zur Basis einer Großgesellschaft wie jener, in der wir heute leben. Ohne jene Sozialisierungswelle, die aus unserer Vergangenheit bis heute nachwirkt, wäre eine Massengesellschaft undenkbar. Die Senkung des Aggressionspotenzials ist Grundvoraussetzung dafür, persönliche und anonyme Beziehungen nebeneinander und ineinander verzahnt führen zu können – quasi bei Bedarf sich jederzeit auch wie ein Fisch im Schwarm verhalten zu können. Die Fähigkeit zur Interaktion mit den Kleinsten unserer Gesellschaft hat den Menschen zu dem gemacht, was er ist. So ist die Mutterliebe tatsächlich die Wurzel aller sozialen Gefühle.

Heute, in einer modernen Gesellschaft wie der unseren, sieht es so aus, als wäre die segensreiche Entwicklung etwas ins Stocken geraten.

Solange Mann und Frau einander brauchten, um Kinder großzuziehen, war der Selektionsdruck noch groß, die beiden so unterschiedlichen Wesen aufeinander einzuschwören. Die Zeiten waren nämlich während siebeneinhalb Millionen Jahren der Menschheitsentwicklung keine guten.[57] Nahrung musste unter großen Gefahren gesammelt und gejagt und die Kleinen weithin mitgetragen werden, die Sippe war immer auf Wanderschaft. Ohne medizinische Versorgung war die Kindersterblichkeit hoch. Bis ins Mittelalter und die frühe Neuzeit lag sie bei nahezu 50 %. Ein Kind durchzubringen forderte die Mobilisierung letzter Energiereserven von den Eltern. Die Partnerschaft zwischen Mann und Frau ist notgeboren und funktioniert am besten unter Druck. Ohne den täglichen Kampf ums Überleben fehlt hingegen bald der Anreiz, gemeinsam an einem Strang zu ziehen.

Je besser die Lebensbedingungen werden, umso weniger scheinen die Partnerschaften zu funktionieren. In den Städten der westlichen Industrienationen gibt es daher die höchsten Scheidungsraten und die meisten Alleinerzieher. Das unter anderem auch deshalb, weil es eben dort durch die soziale Unterstützung leichter möglich ist, Kinder alleine großzuziehen. Der Anthropologe Lionel Tiger spricht sogar von »Bürogamie«. Frauen, vor allem solche aus den unteren sozialen Schichten, sind mit dem Staat »verheiratet«, der sie bei der Erziehung ihrer Kinder unterstützt. Viele junge Männer werden auf diese Weise zwar biologisch zu Vätern, leben aber nicht mit ihren Familien.[58]

Sobald der Druck zur Paarbildung nachlässt, geht man wieder seiner Wege. Im Reich der Vögel gibt es typischerweise dort die dauerhaftesten Beziehungen, wo die Aufzucht der Nachkommen sich besonders aufwendig und schwierig gestaltet. So wie es die radikale Klimaveränderung vor Millionen Jahren war, welche den Menschen zur Paarbildung gezwungen hat, so löst seine Selbstdomestizierung diese Verbindung sukzessive wieder auf.

Wie vieles in unserer Stammesgeschichte ist auch die Paarbindung ein Kompromiss geblieben zwischen weiblichen und männlichen Fortpflanzungsstrategien. Die Anatomie moderner Männer und Frauen zeugt von dieser unfertigen Anpassung. Männliche und weibliche Tiere der paarbildenden Arten unterscheiden sich körperlich nahezu gar nicht. Die Schädel weiblicher und männlicher Gibbons, einer paarbildenden Affenart, sind vom Laien nicht zu unterscheiden, ihre Körper sind gleich groß. Je größer der Harem ist, umso weniger ähneln einander üblicherweise die Geschlechter. Der Körper des Seeelefantenbullen ist um ein Vielfaches größer und schwerer als jener der Weibchen, von denen er Hunderte für sich beansprucht, wenn er es schafft, einen Strandabschnitt für sich zu behaupten. Doch auch bei Primaten findet man große körperliche Unterschiede zwischen Männchen und Weibchen, wenn der Harem die bevorzugte Fortpflanzungsstrategie ist. Der männliche Gorilla ist körperlich viel mächtiger als der weibliche, sein Schädel hat gewaltige Knochenkämme für die massige Kaumuskulatur, die Eckzähne sind deutlich größer. Im Vergleich dazu sind die Skelette von Mann und Frau einander sehr ähnlich. Aber noch nicht ganz gleich. Immerhin 10 cm Körperhöhe trennen den Mann im Schnitt heute noch von der Frau und ein männlicher Schädel ist von einem weiblichen, wenn schon nicht für den Laien, so doch für den Anthropologen deutlich zu unterschieden – ein Hinweis darauf, dass die Paarbeziehung eben doch noch nicht zu 100 Prozent gefestigt ist.

Eine weitere Indikation für die noch nicht ganz abgeschlossene Festigung der Paarbeziehung beim Menschen ist das relative Hodengewicht. Im Primatenreich hat jenes Männchen die im Verhältnis zum Körpergewicht schwersten Hoden, das am wenigsten damit rechnen kann, eine fixe Partnerin für sich zu begeistern. Schimpansen haben das relativ höchste Hodengewicht unter den Primaten. Es ist nie sicher, ob ein Schimpanse lange genug Führer der Gruppe bleibt um sich fortzupflanzen. Ständig lauern Nebenbuhler und Rivalen auf ihre Chance. Herr Berggorilla hingegen kann sich auf die Unterstützung seiner Frauen verlassen. Sein Harem ist ihm treu, Nebenbuhler sind rar. Sein Hoden ist so klein im Verhältnis zu seiner Körpermasse, dass Gorillajäger Anfang des 20. Jahrhunderts den ersten Präparaten, die nach Europa geschickt werden sollten, die Hoden entfernten, um die hohen Erwartungen ihrer Landsleute nicht zu enttäuschen. Der Menschenmann liegt, was das relative Gewicht seiner Hoden betrifft, zwischen Gorilla und Schimpanse. Daraus lässt sich die Paarungsstrategie des modernen Mannes ableiten: Seine Partnerschaft ist relativ sicher im Verhältnis zum Schimpansen, aber relativ unsicher verglichen mit dem Gorilla.[59)]

Auch wenn sie noch nicht perfekt ist, die Paarbeziehung ist auch dem modernen Menschen ein wichtiges Anliegen. Obwohl Paarbindungen heute zunehmend problematisch erscheinen – Vertreter älterer Generationen verschiedener Kontinente haben mir glaubhaft versichert, dass es das Wort »Beziehung« in ihrer Jugend noch gar nicht gab –, scheint es kaum etwas Wichtigeres im Leben eines Erwachsenen zu geben, als seine »bessere Hälfte« oder seine »Ergänzung« zu finden. Die Suche nach einem Partner hat Eigendynamik bekommen. Losgelöst vom Wunsch sich fortzupflanzen, suchen viele moderne Menschen mit einer Akribie nach einem Partner, als gehe es ums Überleben. Die Ansprüche freilich sind mit dem Lebensstandard gestiegen und entsprechend wenig kompatibel erscheinen die vielen Partnersuchenden. Partnervermittlung ist zu einer Industrie geworden, einsame Suchende flimmern über den Bildschirm diverser Unterhaltungssendungen genauso, wie sie die Kontaktanzeigen in Tageszeitungen füllen.

Je weniger Erfolg der Suche beschieden ist, umso empfänglicher ist man für Anleitung. Man ist auf der Suche nach Unterweisung, Ratgeber wachsen wie die Pilze aus dem Boden. Natur- und Pseudowissenschaften sind aufgerufen herauszufinden, wie Partnerschaften am besten harmonieren. Man vertraut dem Rat der Ärzte und Psychologen genauso wie jenem der Sterndeuter und Ersteller von Horoskopen. Denn paradoxerweise scheint gerade in einer Zeit, in der natürliches Verhalten besonders gefragt ist, niemand mehr zu wissen, wie dieses überhaupt aussehen soll.

Hatte es die Natur auf eine egalitäre Partnerschaft abgesehen? Sollten Mann und Frau miteinander Kinder aufziehen, ähnlich wie Vogeleltern? Sollten sie gleichwertige Partner sein oder war die Herrschaft des einen über den anderen vorgesehen? Sollte es ein Oberhaupt der Familie geben, sollte es jemanden geben, der über Leib und Leben der anderen Mitglieder entscheiden durfte, sollte zu einem der beiden aufgesehen werden, der andere sich unterordnen müssen? Können Beziehungen überhaupt funktionieren, wenn beide das Sagen haben?

Bedenkt man die Herkunft unserer Paarbeziehung, die aus der Notsituation entstand, besonders unreife, lange abhängige und in ihrer Entwicklung langsame Nachkommen in einer immer feindlicher werdenden Umgebung aufzuziehen, so erscheint es unsinnig, eine Hierarchie in einem Paar von gleich notwendigen Elternteilen zu installieren. Wenn alle Hände gebraucht werden, ist die Frage der Vormachtstellung uninteressant. Paarbeziehungen im Tierreich sind charakteristischerweise egalitär. Am Vogelnest wird der Wurm aus dem Schnabel der Mutter mit derselben Begeisterung geschnappt wie die Raupe aus jenem des Vaters. Beide Elternteile bauen Nest, bebrüten das Gelege und kümmern sich zu gleichen Teilen um den Nachwuchs, sobald dieser geschlüpft ist. Die durchzuführenden Aufgaben werden erledigt, gleich wem sie sich gerade stellen. Was nicht heißen soll, dass es keinen Betrug unter Vogeleltern gibt. Selbst bei den extrem monogamen Pinguinen wurden 10 Prozent der Jungen »außerehelich« gezeugt, und viele Männchen haben nahezu menschlich anmutende Tricks auf Lager, »Zweitfrauen« zwar zu umwerben, in Nester zu locken und zu befruchten, sie dann aber mit ihrer Brut allein zu lassen. Dennoch lassen sich eine Dominanz eines der beiden Geschlechter gegenüber dem anderen oder Unterschiede in der Rolle des »Ernährers« nicht feststellen.

Die Kinder als alleinige Verpflichtung der Mutter anzusehen würde bei paarbildenden Vögeln keinen Sinn ergeben. Weibchen einer bestimmten Vogelart, die auf einen »Betrüger« hereingefallen sind und mit der Aufzucht der Jungen allein gelassen werden, bringen weniger Jungen durch als jene, denen das Männchen bei der Versorgung des Nachwuchses hilft. Bei Säugetieren sieht die Sache etwas anders aus, da nur die Mutter in der Lage ist, die Neugeborenen mit Milch zu versorgen. Die einzigen Primaten, die außer uns als Paare leben, sind die Gibbons. Das Neugeborene ist bei diesen Affen vor allem in den ersten Wochen Sache der Mutter, doch später – sobald es möglich ist – beteiligt sich auch der Vater an der Betreuung des Jungtieres. Viele Aufgaben, wie die Verteidigung des Reviers, werden von beiden Eltern gemeinsam verrichtet. Gibbons leben in monogamer Abgeschiedenheit in einer chronisch milden Feindschaft gegenüber ihren Nachbarn.[60)] Was nicht nur die Aufrechterhaltung der Paarbeziehung erleichtert, sondern diese Affen wohl auch daran gehindert hat, komplexere Gesellschaften zu entwickeln.

Auch der Frühmensch wird eine gewisse Arbeitsteilung zwischen den Geschlechtern gekannt haben. Aufgrund weiter fortgeschrittener emotionaler Fähigkeiten und der Tatsache, dass die Mutterbrust die erste und noch lange Zeit die einzige Nahrungsquelle für den Säugling darstellt, muss es die Frau gewesen sein, die zunächst für den Nachwuchs verantwortlich war.

Tatsächlich sieht man bei heute noch lebenden Naturvölkern die kleineren Kinder bei ihren Müttern, Tanten und Großmüttern, die gemeinsam mit dem Nachwuchs ihrer täglichen Sammeltätigkeit nachgehen, während die Jäger bei ihren Streifzügen unter sich bleiben. Zurück im Lager freilich sieht man auch die Väter liebevoll mit ihrem Nachwuchs spielen. Die Kleinen werden geherzt und gekost und dürfen auch auf ihrem Vater ein kleines Schläfchen halten.

Wie die Paarbildung selbst ist auch die frühe Arbeitsteilung notgeboren. Ohne Fertignahrung aus dem Supermarkt war die Ernährung des Nachwuchses hauptsächlich Frauensache – Sache des matrilinearen Clans, um genau zu sein. Denn neuere Studien haben nachgewiesen, dass die Kinder von Jägern und Sammlern vor allem dann besonders gut gedeihen, wenn es eine Großmutter mütterlicherseits gibt, die zur Ernährung beiträgt.[61] Die Oma ist es, einst wie jetzt, die dafür sorgt, dass die Kleinen nicht zu kurz kommen. Das besagt jedenfalls die »Großmutterhypothese« und sie zeigt, wie wichtig neben der Paarbeziehung weitere Sozialkontakte in der Gruppe waren. Vor allem die immer schon zweifelsfrei nachvollziehbare mütterliche Linie, im Gegensatz zur väterlichen, die erst durch die modernen Testverfahren eindeutig belegbar wurde, bildete die Basis der frühen Menschenfamilie.

Die Urform der menschlichen Gesellschaft war sehr wahrscheinlich ein Matriarchat, ein Familienclan basierend auf weiblicher Verwandtschaft. Hierarchien gab es kaum, obwohl einzelne Individuen aufgrund ihrer Leistung für die Gruppe sicherlich in hohem Ansehen standen. Eine ältere Frau, die Clanmutter, stand im Zentrum der Familie, bei ihr liefen die Fäden zusammen, sie sprach Recht aus ihrer Erfahrung und aus ihrer Kenntnis der Familienkonstellation heraus, sie verteilte die Ressourcen, die allen gemeinsam gehörten.[62] Der Kommunismus ist keine Erfindung von Marx und Lenin, er entspricht dem Wesen der Großfamilie – und funktioniert daher auch nur dort.

Die Degradierung eines Partners zugunsten des anderen war in der frühmenschlichen Gesellschaft gewiss nicht vorteilhaft, weil sich daraus keine Selektionsvorteile gegenüber anderen Paaren oder Familien ergeben hätten. Die Arbeitsteilung alleine rechtfertigt noch keine Höherstellung eines der Partner, im Gegenteil, sie hätte die Unabkömmlichkeit beider Seiten, die Notwendigkeit des Zusammenarbeitens, ähnlich wie bei den Kaiserpinguinen, noch deutlicher machen müssen. Das Patriarchat sucht seinesgleichen bei paarbildenden Arten im Tierreich. Was ist uns Menschen da passiert?

Das Ende des Patriarchats – Flucht aus dem goldenen Käfig

Es hüpft und krabbelt hinter der Scheibe des Terrariums, leise klackern die Beinchen zahlreicher Insekten, rascheln die aneinanderreibenden Chitinpanzer – nicht wirklich spektakulär, aber umso erbitterter ist der Kampf, der sich dem interessiert vorgeneigten Forscher bietet. Heuschrecken kämpfen um einen Partner. Sie versuchen sich gegenseitig auszuhebeln, wegzurempeln, vom Ast zu schubsen. Die Männchen dieser Art fiedeln normalerweise um die Gunst der Geschlechtspartnerin. Diese soll den besten Virtuosen schon von weitem erkennen und selbst ihre Wahl treffen. Die Männchen halten ihre Gegner eigentlich durch ihr Zirpen auf Distanz, ein Kampf ist bei dieser Art ganz ungewöhnlich. Doch halt – die Kontrahenten, die so erbittert streiten und die unseren Wissenschaftler so faszinieren, sind gar keine Männchen. Es sind Weibchen!

Dem kanadischen Zoologen Darryl Gwynne ist gerade eine faszinierende Entdeckung gelungen.[63] Weibliche australische Laubheuschrecken (Zaprochilinae, Kawanaphila) ernähren sich in ihrer natürlichen Umgebung von Pollen, meist ist ausreichend davon zur Verfügung. So ist es auch nicht nötig, dass weibliche Tiere sich streiten, nicht um das Futter und schon gar nicht um Männchen, denn einerseits gibt es ausreichend viele von ihnen und andererseits kann ein einziges Männchen auch mehrere Weibchen befruchten, schließlich handelt es sich bei diesen Heuschrecken nicht um eine paarbildende Art. Selbst wenn sich viele Weibchen für ein und denselben Tonkünstler entscheiden, stellt das in den meisten Fällen gar kein Problem dar. Wie kam es dann zu dieser Umkehr der Geschlechterrollen? Was muss geschehen, damit Weibchen um ein Männchen kämpfen?

Die Männchen dieser Laubheuschreckenart übergeben den Weibchen bei der Paarung ein Eiweißpaket, die Spermatophore, die vom Weibchen gefressen wird. Diese enthält neben den Spermien auch eine nahrhafte Eiweißzugabe unterschiedlicher Größe, den Spermatophylax, welcher der Eireifung des Weibchens zugute kommt – unter natürlichen Bedingungen eine kleine willkommene Zugabe, ein Sahnehäubchen auf dem Dessert, aber nicht wirklich notwendig für das Überleben eines weiblichen Tieres oder für seine Fähigkeit, Eier zu produzieren. Die Weibchen wählen große Männchen, die sie an ihrem Gesang, dem Zirpen, bereits von weitem gut erkennen. Zirpen ist eine Mutprobe für die Männchen, denn Fressfeinde haben längst gelernt, dass besonders laute Zirper oft die fettesten Happen sind. Die Größe des Samenpaketes hängt aber nicht von der Körpergröße des Männchens ab. Im Gegenteil, begehrte Männchen reduzieren oft die Größe ihres Samenpaketes, da sie nur so ausreichend viele davon produzieren können, um häufiger zur Paarung zu kommen.[64)]

Einige Arten der Laubheuschrecke sind dafür bekannt, dass es manchmal auch unter natürlichen Bedingungen zu einem Wechsel der Geschlechterrollen bei der Partnerwahl kommt. Warum manchmal Weibchen um Männchen zu kämpfen beginnen, war aber nicht ganz klar, und das sollte ein raffiniertes Experiment klären. Darryl Gwynne schnitt die weiblichen Heuschrecken künstlich von ihrer Nahrungsgrundlage ab. Die Terrarien, welche die Weibchen bewohnten, enthielten nicht ausreichend Futter. Die ausgehungerten Tiere waren nun plötzlich doch auf die Eiweißgaben, welche die Männchen bei der Übergabe der Spermatophore spendieren, angewiesen. Es war nun nicht mehr unwichtig, wie groß die Eiweißgabe auf dem Samenpaket war. Daher begannen die Weibchen um Männchen zu kämpfen: nicht um den mutigsten Geiger, sondern um jedes Männchen, das ein Samenpaket mit Eiweißspende bereitstellen wollte.

Dem Wissenschaftler war auf ganz simple Weise ein ungewöhnlicher Coup gelungen. Er hatte weibliche Tiere, die sich meist völlig autark versorgen können, von männlichen Ressourcen abhängig gemacht. Ohne die Möglichkeit, sich selbst ausreichend zu ernähren, waren die Weibchen gezwungen, nicht nur um die Männchen zu kämpfen, sondern sogar ihre bisherige Strategie der Partnerwahl zu ändern.

Im Lichte der Heuschrecken-Parabel betrachtet, scheint auch der Wandel, den die Partnerwahlkriterien der Frau in den vergangenen Jahrtausenden erfahren haben, zumindest bedenkenswert. Der Evolutionspsychologe Andreas Hejj beschreibt das merkwürdige Phänomen, dass Frauen im Test zwar angeben, »hoher sozialer Status« und »gute finanzielle Lage« eines potenziellen Partners seien für sie »wenig interessant«, jedoch beweist die Statistik, dass in der Realität Männer von hohem Rang und guter Situierung einen deutlichen Vorteil bei der Partnerwahl genießen. »Partnerwahlparadoxon« nennt man diesen Widerspruch.[65] Wenn man davon ausgeht, dass Frauen im Fragebogen nicht lügen, muss es andere Gründe für diese Diskrepanz geben. Müssen Frauen sich etwa in der Realität nach anderen Kriterien orientieren, als sie es tun würden, wenn sie – wie bei einer fiktiven Partnerwahl in einem Fragebogen – unabhängig und frei wären, zu entscheiden?

Ist die Sammlerin über viele Millionen von Jahren freier gewesen bei der Wahl ihres Partners, weil Besitz für sie nicht wichtig war? Sind jene ursprünglichen Auswahlkriterien noch stark genug in den Frauen verhaftet, dass sie bei der Beantwortung von Fragebögen dominieren, in Wirklichkeit aber überlagert werden von rationalen Überlegungen, die mit dem Überleben der Familie zu tun haben? Und war es am Ende gar ein listenreicher Schachzug der Männer über die Jahrtausende, alle Ressourcen für sich zu monopolisieren, den Frauen eigene Bildung und berufliche Aussichten zu verwehren, ja ihnen nicht einmal persönlichen Besitz zu ermöglichen, nur um sie abhängig und gefügig zu machen? Und welche Rolle mag den Frauen selbst dabei zugekommen sein, den grauen Eminenzen der Partnerschaft, die zwar weniger vordergründig, dafür umso effizienter agieren können?

Die Neolithische Revolution gilt heute als die Geburtsstunde des Patriarchats. Als Jäger und Sammler, unbelastet von unnötigem Tand und frei von der Obsorge um Grund und Boden sowie sonstigem Besitz, konnte ein Paar, das nicht mehr harmonierte, auseinandergehen, ohne viel mehr zu verlieren als die gemeinsame Beziehung. Eine

Partnerschaft auf Zeit, Lebensabschnittspartner, wie man heute dazu sagen würde, scheint jene Form der Beziehung gewesen zu sein, die über die längste Zeit unserer Entwicklung dem »Beziehungsalltag« der Urmenschen am besten entsprach.

Die Kriterien der Partnerwahl konnten damals schlicht auf emotionaler Zuneigung basieren, charakterliche Eigenschaften wie Mut und Fleiß sowie auch körperliche Tüchtigkeit und Gesundheit mögen im Vordergrund gestanden haben; aber kein materieller Zwang besiegelte eine Beziehung bis zum natürlichen Ableben von Mann und Frau. Partnerschaften, die über viele Jahre hielten, hatten wohl den Vorteil, dass ein bereits eingespieltes Paar möglicherweise den Anforderungen des harten Lebens als Jäger und Sammler leichter trotzen konnte. Im Vogelreich, in dem besonders viele paarbildende Arten zu beobachten sind, gibt es sowohl saisonabhängige Beziehungen, die für eine Brutperiode halten, wie lebenslange Beziehungen, bei denen sich dieselben Partner Jahr für Jahr zusammenfinden, um wiederholt gemeinsam zu brüten. Die frühen Jäger und Sammler mögen beide Varianten gelebt haben. Bei heute noch nomadisch lebenden Völkern ist die Trennung eines Paares keine aufwendige Sache. Die Kinder verbleiben im matrilinearen Clan.[66)] Oft ist es sogar der Bruder der Mutter, der an des Vaters Statt die Erziehung der Kinder übernimmt. So vermeidet man am leichtesten, dass Kinder unter der Trennung von Eltern zu leiden haben.

Nach der Sesshaftwerdung vor 5.000–10.000 Jahren – ein kurzer Augenblick, mit evolutionären Maßstäben gemessen – veränderten sich die Lebensbedingungen des Menschen allmählich. Nun gab es gemeinsamen Besitz, ein Haus, Gerätschaften, Tierbestand und Felder, die zu bearbeiten waren. Dem Mann war es gelungen, seine größere Muskelkraft wirkungsvoll zur Geltung zu bringen, einerseits bei der Bestellung der Felder, andererseits bei der Verteidigung des Besitzes. Zunächst mag wohl die Kooperation des Paares im Vordergrund gestanden haben. Immer noch ging es um Teamfähigkeit, aber die Fähigkeit des Mannes, zu dominieren, mag bereits eine Rolle gespielt haben. Die Frau selbst wollte nicht beherrscht werden, aber sich einen Mann zu verpflichten, dem es gelang, andere auf Distanz und den Besitz beisammenzuhalten, wird für die Frau doch auch von Vorteil gewesen sein.

Eine Partnerschaft freilich war nun nicht mehr so einfach aufzulösen. Der gemeinsam aufgebaute Besitz war nicht mehr leicht zu teilen. Wer behielt das Haus, den Hof, die Tiere, die Felder, die gemeinsam eingebrachte Ernte, wenn das Paar sich nicht mehr verstand? Dazu kam, dass Kindern in der frühen Ackerbaugesellschaft eine andere Bedeutung zukam. Wären zahlreiche Kinder in zu knapper Geburtsreihenfolge bei Jägern und Sammlern Ballast gewesen, der unmöglich mitgetragen werden konnte, so wurde es den frühen Ackerbauern möglich, aufgrund ihrer Sesshaftigkeit und des Schutzes, den die eigenen vier Wände boten, viel mehr Kinder in kürzeren Altersabständen großzuziehen. Die Frau, die bislang nur alle vier Jahre schwanger geworden war, weil eine dichtere Geburtenfolge in einer Nomadengesellschaft unmöglich zu bewältigen gewesen wäre, konnte nun jedes Jahr ein Kind zur Welt bringen. Die Haustierhaltung ermöglichte ein rascheres Abstillen – Ziegen- und Kuhmilch konnten die Muttermilch ersetzen – und im Hause mussten Kleinkinder, die noch nicht gehen konnten, nicht immerzu mitgetragen werden.

Die Konsequenzen blieben nicht aus. Zunächst war damit der Grundstein für die Arbeitsteilung gelegt – eine ganz andere allerdings, als wir sie aus der Jäger- und Sammlergesellschaft kennen. Säuglinge und Kleinkinder in dichtem Altersabstand prädestinierten die Frau für häusliche Tätigkeiten, schließlich kann nur ein Baby bei der Feldarbeit getragen werden, ein- und zweijährige Kinder aber konnten noch nicht alleine mithalten. Darüber hinaus belastete die rasche Geburtenfolge den Körper der Frau. Ihre Sterblichkeit stieg durch den rascheren Wechsel von Geburten und Stillphasen auf ein Vielfaches. Mangelnde Hygiene, nicht nur im Kindbett, sondern auch bedingt durch das Leben auf engstem Raum mit diversen Haustieren und deren Parasiten, raffte viele Frauen lange vor ihrem verdienten Ruhestand dahin. Sterbetafeln historischer Skelettpopulationen belegen eindrucksvoll die hohe Sterblichkeit junger weiblicher Individuen. Die Sterbewahrscheinlichkeit der Frau weist zwei Höhepunkte auf – den ersten in den frühen Zwanzigern. Hatte sie einmal die Menopause erreicht, sank ihre Sterbewahrscheinlichkeit deutlich ab, um erst im Senium wieder anzusteigen. Männer hingegen starben zwar ebenfalls früher als heute, aber nicht als junge Erwachsene, sondern als reife, ältere Erwachsene Ende 40, Anfang 50. Ihre Sterbetafel weist nur diesen einen Höhepunkt der Sterbehäufigkeit auf.[67] Dieser typische Geschlechtsunterschied prähistorischer und historischer Populationen, der bis hinein in die frühe Neuzeit noch nachzuweisen ist, mag beim frühen Ackerbauern den Eindruck der »Hinfälligkeit des Weibes« hervorgerufen haben.

Dennoch wurde die Strategie der größtmöglichen Kinderschar weiter verfolgt. Nicht nur wurde jede Hand am Hof gebraucht, die Eltern konnten im Alter auch auf ein Ausgedinge hoffen. So wurde die wachsende Kinderanzahl zunächst zur Lebensversicherung für die Eltern, später sogar zum Statussymbol der erfolgreichen Bauernfamilie. Die Frau, ursprünglich eine gleichberechtigte Partnerin, geriet allmählich in ein Verhältnis der Abhängigkeit, nicht nur von ihrem Mann, sondern auch von ihrer eigenen erfolgreichen neuen Fortpflanzungsstrategie – hier mag auch so manche Frau, die einen dominanten Ehemann auswählte, den Bock zum Gärtner gemacht haben. Der Mann war gerade dabei, sich »die Erde untertan zu machen«, und das nicht nur auf dem Felde. Religionen und Jenseitsvorstellungen wurden adaptiert an den jeweiligen Status quo. Ein Teufelskreis beginnt sich abzuzeichnen.

Die egalitäre Beziehung basierte bei Jägern und Sammlern früher schlicht auf einer stillschweigenden Übereinkunft der Geschlechter, welche sich auf ihre spezifischen Strategien bei der Fortpflanzung bezog. Männer »versprachen«, die Frau nicht zu verlassen und bei der Versorgung der Nachkommen zu helfen, bis diese selbstständig genug waren, und die Frau »versprach« exklusive sexuelle Rechte auf ihren Körper, da der Mann sonst nie Gewissheit haben konnte, ob er auch tatsächlich in die eigenen Nachkommen investierte. Die Biologin Helen Fisher von der Rutgers Universität, New York, hat diese stille Übereinkunft »Sex Contract« genannt.[68] Einem frühen Ehevertrag gleich sicherte diese die doch recht unterschiedlichen Bedürfnisse von Mann und Frau bei der Familiengründung. Reste dieser Übereinkunft finden sich in fast allen Kulturen der Erde. Bis zum heutigen Tage gilt es fast überall als besonders verwerflich, wenn ein Mann seine von ihm abhängige Familie im Stich lässt. Und aus demselben Grund wiegt Ehebruch der Frau fast immer viel schwerer als jener des Mannes.

Die frühe stillschweigende Vereinbarung, der »Sex Contract«, wich nach der Sesshaftwerdung allmählich einem Ehevertrag mit immer mehr Rechten auf Seiten des Mannes und zunehmenden Pflichten auf Seiten der Frau. Die Frau wurde von der Schutzbefohlenen immer mehr zum Besitz – dem Manne untertan. Ihr Körper und ihre Fähigkeit zu gebären, das, worauf der Mann bisher nie wirklich Einfluss gehabt hatte, sollte nun unter seine Verfügungsgewalt gestellt werden. Die weibliche Hälfte der Vereinbarung, die früher freiwillig erfolgte, wurde zu einem unverbrüchlichen Recht des Mannes erklärt, freilich ohne in gleicher Weise die männliche Hälfte des Vertrages zu fixieren. So wurden untreue Ehefrauen in vielen Gesellschaften mit dem Tode bestraft, Männer, die ihre Familien verließen, mussten hingegen nicht mit Konsequenzen rechnen. Hier mögen auch die Partnerwahlkriterien sich bereits zu verändern begonnen haben.

Die Vermännlichung der Gesellschaft nahm ihren Lauf. Dabei spielte das männliche Bedürfnis nach Rangordnung eine entscheidende Rolle. Durch das Zusammenleben in ersten agrarischen Gemeinschaften kam es zu einer in der Vergangenheit noch nie da gewesenen steilen Hierarchienbildung der ortsansässigen Männer. Viele blicken auch mit Stolz auf diese Entwicklung zurück, schließlich hätten Gesellschaften mit im Rang egalitären Männern es womöglich nie zu Hochkulturen gebracht. Solche können sich wahrscheinlich nur entwickeln, wenn Rangordnungshierarchien ausgebildet und über Generationen hinweg stabilisiert werden.

Waren die Gruppen und Clans der Jäger und Sammler selten über 40 Personen hinausgekommen, war es nun in den rasch zusammenwachsenden Gemeinschaften nicht mehr möglich, dass alle sich untereinander kannten. Hierarchien in Kleingruppen basierten ursprünglich auf Achtung, welche einzelnen Individuen entgegengebracht wurde, die für ihre Gesellschaft besonders viel geleistet hatten. In größeren Sozietäten, in der nicht mehr alle Individuen untereinander persönlich bekannt sind, kann ein hochrangiger Mann oft nicht mehr auf jedermanns Billigung Rücksicht nehmen. Hierarchien sollten zwar helfen, das Zusammenleben einer großen Anzahl untereinander nicht bekannter Individuen zu regeln, aber sie verloren bisweilen, in Ermangelung persönlicher Bekanntschaft, an Natürlichkeit und mussten »gepflegt« und in Stand gehalten werden. Schließlich kam es sogar so weit, dass ein Heer von Untergebenen den Rang des Herrschers zu erhalten hatte. Heute beobachten wir das merkwürdige Phänomen, dass ein hoher Rang das persönliche Risiko, nämlich Leib und Leben für die einem Anvertrauten zu riskieren, sogar minimiert – undenkbar in einer Jäger- und Sammlergesellschaft.

Rangordnung unter Unbekannten erforderte daher für alle weithin sichtbare Insignien der Macht und Statussymbole, um die entsprechende Position auch für jedermann im Alltag deutlich darzustellen. Die Anzahl der Abhängigen und die Größe des Besitzes kennzeichneten den hochrangigen Mann, die Größe des Gefolges und der Ländereien machten den Mann zum König über andere. Die öffentlichen und privaten Angelegenheiten wurden männlich, das beweist alleine die Sprache: Die herrlichen Herrscher beherrschten nicht nur ihre Geschlechtsgenossen, sondern auch die Frauen. Und diesen verblieb vielfach nur mehr, über Mittel und Wege zu verfügen, sich quasi über die Diretissima der Sexualität in den entsprechenden Status einzuklinken. Frauen wollen immer dann Männer mit Geld und Macht, wenn es für sie kaum mehr möglich ist, anders an Geld und Macht zu gelangen. In einem System der zunehmenden Abhängigkeit mussten Frauen beginnen, die Ressourcen, über die ein Mann verfügte, bei der Wahl des Partners mit einzukalkulieren. Der Traum, von einem hochrangigen »Prinzen« aus einem Dasein als Aschenputtel errettet zu werden, lebt in vielen Frauen bis in unsere Tage fort und konnte selbst durch die Frauenbewegung im vergangenen Jahrhundert nicht gänzlich verdrängt werden.

In strengen Patriarchaten blieb Frauen, die es zu etwas bringen wollten – ob es ihnen nun gefiel oder nicht – gar nichts anderes übrig, als das Spiel mitzuspielen, und so wurden sie dabei selbst allmählich zum Statussymbol mächtiger Männer. Die Oberherrschaft über das weibliche Geschlecht wies den Mann bald ebenso als Herrscher aus wie Szepter und Krone.

Auch das hat sich bis heute gehalten. So geriet der Vorstand des VW-Konzerns November 2006 unter Beschuss, weil er den Herren von der Gewerkschaft Bordellbesuche und Erotikurlaube finanziert hatte, um sie auf die Seite der Unternehmer zu bringen. Männlichen Status durch die Verfügungsgewalt über weibliche Körper darzustellen hat also noch längst nichts von seiner Zugkraft verloren, auch nicht in Gesellschaften, die sich selbst für human und fortschrittlich halten.

Es ist paradox, dass gerade männliche Hierarchien zur Falle für die Frau wurden, waren sie doch ursprünglich als Orientierungshilfe für die Partnerwahl gedacht. Frauen unter männliche Oberherrschaft zu zwingen und sie jeglicher Eigenverantwortung zu berauben hat der Menschheit selbst gar keinen guten Dienst erwiesen. Je weiter die Unterdrückung der Frau voranschritt oder, wenn man es umgekehrt sehen möchte, je tiefer sich Frauen in ihren eigenen Strategien verstrickten, umso üblere Konsequenzen ergaben sich für die Lebensqualität. So sind die Zustände heute überall dort besonders elend, wo ausschließlich Männer das Sagen haben. Überbevölkerung, nach Konrad Lorenz die größte der acht Todsünden der zivilisierten Menschheit, ist nur einer der charakteristischen Kulturfolger des Patriarchats. Keine selbstbestimmte Frau würde mehr Kinder bekommen, als sie aufziehen kann. Hungersnöte sind häufig die Folge der Übervölkerung in patriarchalisch strukturierten Gesellschaften. Nur in Patriarchaten vermehren sich die Menschen so, dass der Boden, auf dem sie leben, sie nicht mehr ernähren kann.

Im Tierreich findet man artspezifische Strategien gegen »Overexploiter«, die ihrer Umgebung mehr Ressourcen entziehen, als diese regenerieren kann. Einer Art, die es nicht schafft, im Einklang mit ihrer Umwelt zu leben, droht die Auslöschung. Der natürliche Instinkt der Mutter, der noch relativ verlässlich die Anzahl der Nachkommen regelte, wurde durch die Dominanz der Männer ausgesetzt.

Als Besitz des Mannes, dem es um Selbstdarstellung vor anderen Männern zu tun ist, wird die Frau zur Gebärmaschine degradiert und wird so lange Kinder bekommen, bis sie der Tod oder eine frühe Menopause gnädig erlösen. Ständig und immerzu Kinder auf die Welt bringen zu müssen wird von Frauen in strengen patriarchalischen Systemen oft als große Belastung erlebt. Viele Mütter im ländlichen Taiwan, wo Frauen bis heute noch häufig als Eigentum des Mannes und dessen patrilinearer Familie gelten, stillten Töchter früher ab als Söhne. Die Frauen waren in dem Glauben, ihren Töchtern dadurch eine frühe Menopause zu bescheren und sie damit vorzeitig aus dem ewigen Kreislauf zu erlösen, Jahr für Jahr für ihre späteren Herren und Gebieter gebären zu müssen.[69]

Die Tatsache, dass Töchter an die Familie des Ehemannes übergeben werden mussten, schmälerte bald den Wert der Mädchen für die eigene Familie. Es schien eine verlorene Investition, Töchtern etwas beizubringen, schließlich diente das nur der fremden Familie. Söhne hingegen, die bei den Eltern verblieben, genossen immer höheres Ansehen, da sie die einzige Lebensversicherung für ihre Eltern darstellten. Wenn sie heirateten, brachten sie außerdem noch eine willkommene Dienstbotin in die Familie ein, die im Haushalt und bei der Betreuung der jüngeren Geschwister des Ehemannes helfen konnte. In zahlreichen asiatischen Kulturen hat diese Schräglage der

Wertschätzung zu einem groben Missverhältnis der Geschlechter innerhalb der Gesellschaft geführt. China wird im Jahre 2020 voraussichtlich 100 Millionen junge Männer zu viel haben, für die es keine Frauen mehr geben wird. Aufgrund der höheren Mobilität der Mädchen finden vor allem in ländlichen Gemeinden bereits heute schon viele junge Männer keine Partnerin mehr.

Unmenschliche Zustände, wie die Verstümmelung vom weiblichen Genitale als Konzession an hochrangige Männer, große Scheren zwischen Arm und Reich, Kriege, in denen all jene unzufriedenen und unerwünschten, rangniederen jungen Männer aufgerieben werden, die es niemals zu einer Position bringen, mit der sie eine eigene Familie gründen könnten, sind beredte Zeugen dafür, wer aller das Nachsehen hat im Patriarchat. Ja sogar wirtschaftliche Not (und das selbst in nachweislich reichen Ländern) ist ein Charakteristikum der patriarchalischen Hochburgen auf diesem Planeten.

Europa erwacht bereits langsam aus der finstersten Zeit des strengen Regimes der Patriarchen. Die Frauen waren es, die ihre missliche Lage als Erste erkannten und begannen, sich aus dem allzu strengen Korsett ihrer Rolle zu befreien. Die Frauenbewegung hat in 100 Jahren einiges an Schwerarbeit geleistet. Erstmals seit Jahrtausenden wurden die dienende Rolle der Frau in der Familie sowie ihre Abhängigkeit vom Mann zur Diskussion gestellt. Zunächst galt es, allmählich gleiches Recht für Frauen auf Ausbildung und Beruf zu erkämpfen, unvorstellbar mühsam, in kleinen Schritten, ein Prozess, der auch heute noch bei weitem nicht abgeschlossen ist und leider in der Finsternis so mancher Gehirnkapsel noch immer keinen Widerhall gefunden hat. Es galt, den »Herren der Schöpfung«, aber auch allen verzagten Damen schmackhaft zu machen, dass Frauen nicht weniger intelligent sind als Männer, nur weil sie es sind, die Kinder bekommen. Das war zunächst nur dadurch zu beweisen, indem die ersten Frauenrechtlerinnen in männliche Domänen der Bildung und Berufstätigkeit vordrangen. Keinesfalls hätte es ausgereicht, nur selbstbestimmt Kinder zu bekommen, das hätte die Vorurteile nicht ausgeräumt, sondern eher noch bestätigt. Weiterhin typisch weibliche Tätigkeiten zu versehen schien daher kontraproduktiv.

Erst durch die Öffnung der Bildungsinstitutionen für Frauen konnten auch weibliche Fragestellungen aufgegriffen werden. Plötzlich zeigte sich, dass Frauen nicht nur nicht weniger intelligent sind als Männer, sondern dass sie sogar in vielen Disziplinen die Nase vorne haben. Vor allem in solchen Disziplinen, die für das Zusammenleben in Massengesellschaften, für das Arbeiten im Team im Beruf und für das Funktionieren der Partnerschaft und der Familie unerlässlich, ja elementar sind.

Aber Familie und Heim waren immer noch negativ besetzt, verglichen mit der Berufswelt. Mit der Emanzipation der Frau, dem Vordringen in ehemals ausschließlich männliche Domänen, verwaisten allmählich ehemals weibliche Bereiche. Die Geschichte der Geschlechterrollen und die Abwertung alles Weiblichen lässt bis heute eine Rückkehr der Frau zu Heim und Herd nicht zu. Nun hätte eigentlich auch eine Emanzipation des Mannes stattfinden können, der spiegelbildlich die Welt der ehemals weiblichen Aufgabenbereiche für sich entdeckte. Doch da die hochrangigen Männer es stattdessen vorzogen, sich letzte Refugien zu schaffen und sich hinter »gläsernen Decken« zu verschanzen, Positionen, die sie von ihren männlichen Untergebenen mit Zähnen und Klauen verteidigen ließen, kam es statt des nötigen Ausgleichs in den ehemals geschlechtertypischen Betätigungsfeldern zu einer noch stärkeren Überbewertung männlicher Bereiche. Ehemals weibliche Werte werden daher heute sogar immer mehr von beiden Geschlechtern entsprechend noch geringer geschätzt. Dadurch fehlen heute Empathie, Gesprächskultur, Kontrolle der Emotionen, Hintanstellen eigener Bedürfnisse zugunsten größerer, gemeinsamer Ideale, Umgang mit Abhängigen und vieles mehr schmerzlich im Umgang vieler Menschen. Und weil mit dem Verlust ihrer Bedeutung auch das Wissen um die Weitergabe dieser Tugenden weitgehend verloren gegangen ist, müssen sie vielfach mühsam neu entdeckt werden.

Eine Gegenbewegung hat erst ganz zaghaft begonnen. So schulen große Firmen heute ihre männlichen Manager in emotionalen Fähigkeiten. Denn eigentlich wäre es gar nicht notwendig, zu beweisen, dass Frauen die besseren Männer sein können, weil in vielen Disziplinen Männer sogar in ihren ureigensten Domänen noch etwas von Frauen lernen könnten.

Die Geschlechterforschung erlebt deshalb derzeit einen ungeahnten Boom. Erfreulicherweise verzichtet man heute weitgehend auf wechselseitige Schuldzuweisungen und gegenseitiges Aufrechnen von Fehlleistungen. Man beginnt endlich zu verstehen, dass Geschlechtsunterschiede keine naturgegebene Auf- oder Abwertung bedeuten müssen. So kann die längst überfällige Achtung vor dem anderen endlich wieder Einzug halten – in den eigenen vier Wänden genauso wie in der öffentlichen Meinung.

Viele Frauen wollen dennoch lieber nicht über angeborene Unterschiede sprechen. Viel zu groß ist die Angst davor, dass wieder Missbrauch betrieben wird mit dem neuen Wissen und es abermals die Frauen sind, die den Kürzeren ziehen. Aus Angst vor erneuter Diskriminierung der Frauenrolle bevorzugen viele Frauen es heute, die Besonderheit ihrer Ausstattung als Ganzes zu leugnen. In einer phobischen Reaktion fliehen viele moderne Frauen daher vor allem, was sie mit ihrer ehemaligen Knechtschaft assoziieren könnte.

Die berühmten »3 K« sind einer jener Reizbegriffe, die den Blutdruck einer modern denkenden Frau rasch auf 180 treiben können. Die meisten Frauen sind stolz darauf, heute nicht mehr auf Kinder, Küche und Kirche reduziert zu sein. Und nicht nur das, darüber hinaus gilt es als zeitgemäß, möglichst viel Abstand zwischen sich und diese verfemten »3 K« zu bringen. So wird die Kindererziehung so bald als möglich delegiert, der heimische Herd nur allzu gerne mit einem modernen Büro getauscht und die Kirche wird zunehmend abgelehnt als veraltet, konservativ und frauenfeindlich.

Aber haben Frauen früherer Generationen wirklich nichts geleistet? Sind die »3 K« wirklich derart entbehrlich, dass der Exodus der modernen Frauen aus diesen Bereichen ohne jede Folge bliebe? Dass es ganz und gar nicht so ist, werden wir gleich zu zeigen haben. Kindererziehung, Heim und Familie sowie der Glaube sind mindestens ebenso zentrale Elemente unserer Kultur wie die Errungenschaften der Berufswelt. Aber noch verstellen uns überkommene patriarchalische Bewertungssysteme die Sicht. Daher haben die meisten Männer auf diesen »brain drain« aus jenen zentralen Bereichen des Sozial- und Familienlebens noch nicht mit einer adäquaten Gegenbewegung reagiert. Daher führt die Vernachlässigung der viel zitierten »3 K« zu einer Schlagseite in der Entwicklung der modernen Gesellschaft und zu einer Reihe von schwerwiegenden Konsequenzen im privaten wie im öffentlichen Leben.

Der Windelhorizont – Kind oder Arbeit?

»Hallo, ich bin 34 und habe einen Sohn, bald 2½. Ich habe erst mit 24 mein Abitur gemacht (3 Jahre) und mit 27 angefangen zu studieren. Zwischendurch habe ich meinen Sohn bekommen. Vor der Schwangerschaft war mir klar, dass ich mein Kind bald in eine Tagesstätte geben werde, um mein Studium schnell zu beenden. Als mein Sohn 10 Monate alt war, war es so weit, und es war ein einziges Fiasko. Mir ging es schlecht, als mein Sohn zur Eingewöhnung in der Kita war, und als ich ihn geholt habe, habe ich nur sein verheultes Gesicht gesehen und seine leeren Augen, da ging es mir noch schlechter! Ich glaube, ich habe die einzig richtige Entscheidung getroffen und meinen Sohn wieder abgemeldet. Dank seiner Oma und einem neuen Kindergarten, den ich ½ Jahr später fand, konnte ich mein Studium trotzdem beenden, auch wenn es etwas länger gedauert hat. Er geht jetzt von 8 Uhr bis 11.30 in den Kindergarten und fühlt sich dort auch wohl. Ich würde nie wieder ein Kind unter einem Jahr in eine Kita geben, denn die Betreuer haben nur begrenzt Zeit und dann liegt das Baby fast den ganzen Tag im Laufgitter. Ich glaube, dass dieser Mangel an körperlicher Nähe und Liebe nicht wieder gutzumachen ist. Der Bericht von Daniela hat mich persönlich tief berührt und mir sind während des Lesens die Tränen übers Gesicht gelaufen. Denn ich kann mich nur anschließen: Das Wichtigste für ein Kind ist nicht Geld, sondern Liebe, Liebe und nochmals Liebe!«

So schreibt Conny auf »www.babyzimmer.de« zum Thema »Motivation der Entscheidung, Beruf Ja oder Nein«. Die angesprochene Daniela hat sich gegen ihren Beruf, für ihre beiden Kinder entschieden. Sie ist in diesem Forum die einzige »Nur-Mutter« unter einer Vielzahl von Frauen, die über ihr Leben zwischen Kindern und Beruf schreiben. Daniela hält ein Plädoyer für die Bedürfnisse von kleinen Kindern und das Glück, das es einer Mutter bedeutet, ihnen nahe und ausschließlich für sie da zu sein. Die anderen Mütter haben alle Erfahrungen mit Arbeit und Kindererziehung. Aber nicht ein Beitrag gleicht dem anderen, nicht ein Bericht, in dem die Motive, nach der Babypause (wieder) arbeiten zu gehen, vergleichbar sind. Manche Frauen haben gut bezahlte Jobs, die sie nicht verlieren wollen, andere müssen arbeiten gehen, weil sie alleinerziehend sind, wieder andere brauchen das zusätzliche Geld, weil der Partner zu wenig verdient. Manche wollen nicht auf die Anerkennung durch ihren Beruf verzichten, andere wollen auch sie selbst bleiben, fühlen sich vereinnahmt durch das Kind, einigen fällt daheim die »Decke auf den Kopf«, sie müssen einfach mal »wieder raus«. Allen aber ist etwas gemeinsam: Mütter machen es sich nicht leicht, wenn sie Kinder abgeben, um ihren Beruf zu leben. Keiner Mutter ist egal, wie das Kind betreut wird, während sie sich selbst nicht darum kümmern kann.

Die Betreuungsplätze für die ganz Kleinen sind ebenso individuell wie die Berichte der arbeitenden Mütter. Hier findet sich die perfekte Tagesmutter, die in ihrer Einstellung zur Erziehung mit der leiblichen Mutter harmoniert, da gibt es eine Nachbarin, die das Kind morgens übernehmen kann, und immer wieder finden sich Großeltern, die eigenen Eltern oder Schwiegereltern, ohne die es »niemals zu schaffen« wäre. Die Mütter sind dankbar für diese Alternativen, sie beschreiben, wie gut es den Kindern tut, auch mal was anderes zu sehen als nur die eigenen vier Wände und eine einzige Betreuerin, sie sprechen von den Erfahrungen, die ihre Kinder machen, die anderen verwehrt bleiben. Jede hat die für ihre Situation passende Lösung gefunden.

Ein wenig Bitterkeit scheint aber doch zwischen den Zeilen fühlbar zu werden. Gerade Mütter, die nach eigenen Angaben davon überzeugt sind, dass ihren Kindern nichts abgeht, betonen das so sehr, dass man sich des Eindrucks nicht erwehren kann, dass hier der Leser von etwas überzeugt werden soll. Warum aber fühlen sich Frauen dazu gedrängt, sich vor anderen zu rechtfertigen? Warum brauchen sie Bestätigung für den Weg, für den sie sich entschieden haben? Der Brustton der Überzeugung scheint jenen Frauen zu gelten, die ihren Beruf aufgegeben haben, die ganz im Muttersein aufgehen. Als wären diese Frauen der Dorn im Fleisch jener Mütter, die ihre Prioritäten zwischen Kind und Beruf gespalten haben. Dürfen auch sie sich als 100-Prozent-Mütter bezeichnen oder sind sie entsprechend ihres Anteils an der Betreuung ihrer Kinder nur mehr Halb-, Viertel- oder Achtelmütter?

Viele arbeitende Mütter schreiben auch von Eifersucht. Manche beneiden glühend jene Menschen, die in ihrer Abwesenheit auf ihre Kinder aufpassen dürfen. Und plötzlich fällt es dem Leser wie Schuppen von den Augen: Natürlich, nicht nur den Kindern geht hier etwas ab. Auch die Mütter sind es, denen etwas fehlt. Die vielen Erlebnisse, die einem das enge Zusammensein mit einem Kind beschert, die Entwicklungsschritte zu erleben, die kleinen Erfolge zu sehen, teilzuhaben an der Kinderwelt – das ist es, worum Mütter sich gebracht fühlen, die in ihrer Arbeitszeit auf ihr Kind verzichten müssen. Nur wenigen geht scheinbar gar nichts ab und ihren Berichten ist eine fast trotzige Haltung zu entnehmen: Ich gehöre nur mir selbst! Bei aller Freude an der Arbeit, über die wiedergewonnene Selbstbestimmung und Freiheit fühlen aber viele arbeitende Mütter, vor allem solche von sehr kleinen Kindern, dass sie selbst etwas versäumen.

Rosmarie, eine Freundin, schrieb dazu: »Ich möchte hier einen

Gedanken anmerken, der mich sehr beschäftigt hat, als meine Kinder jeweils noch sehr klein waren. Die Vorstellung, dass dieses Kind sich später ja gerade an diese ersten 3 bis 4 Jahre, an alles, was in dieser emotional so extrem intensiven und wichtigen Zeit mit ihm passiert und woran es ja zweifelsohne schon mit vollkommen wachem Bewusstsein teilhat, weil es zum Teil auch schon sprechen kann, gar nicht bewusst erinnern wird können, hat mir manchmal fast Schauer des Entsetzens über den Rücken gejagt. Was ich theoretisch diesem Kind antun könnte, wie ich ihm »in die Suppe spucken« könnte, wenn ich das aus irgendeinem bösen Impuls heraus wollte! Es hätte keine Chance, sich daran zu erinnern! Da ist mir ein besonderer Anteil der großen Verantwortung aufgegangen, die man als Mutter hat – quasi auch ein zuverlässiger Speicher der Erinnerungen zu sein, durchgehende Augenzeugenschaft zu leisten für diese ersten Jahre, die sukzessive ins Dunkel der frühkindlichen Erinnerungen des älter werdenden Kindes versinken werden, ein quasi ausgelagertes Archiv der Erinnerungen zu sein, das dem Kind später zur Verfügung steht. Dass diese Geschichte der frühen Kindheit, die emotionalen Dramen, die Unfälle, alles, was man als Mutter sehen und mitbekommen kann, wie es damals das Kind bewegt hat, in einer zusammenhängenden Chronik gespeichert gehört, die zwar auch auf nahe Familienangehörige ausgeweitet werden kann und soll, aber nicht auf Personen, zu denen das Kind später keinen Zugang mehr hat. Du erinnerst dich sicher auch selbst an das eigenartig gruslige und gleichzeitig aufregende Gefühl, wenn einem die Mama von etwas Wichtigem erzählt, das man als kleines Kind getan oder gesagt hat, woran man sich selbst aber überhaupt nicht erinnern kann. Auch aus diesem Grund war mir die Vorstellung, mein noch kleines Kind bewusst für längere Zeiten »aus den Augen« zu lassen, immer unheimlich. Und dieses Gefühl hat sich umso mehr beruhigt und verflüchtigt, je älter das Kind wurde und je sicherer es seine eigene »Chronik« der Ereignisse führen konnte.«

Die moderne Arbeitswelt stellt Mütter vor eine neue Art von Entscheidung. Über viele Millionen Jahre der Menschwerdung waren Beruf und Kindererziehung eins. Eine Frau war vor der Entbindung ihres Kindes Sammlerin und sie war es danach. Es gab keine Entscheidung, die getroffen werden musste. Nicht nur der Arbeitsplatz blieb selbstverständlich der gleiche, auch die Kolleginnen und der Freundeskreis waren dieselben. In der Truppe sammelnder Frauen waren Nachbarinnen, Tagesmütter, Kindergärtnerinnen und Großmütter immer mit von der Partie. Wurde die Last zu schwer, waren genug helfende Hände bereit, der jungen Mutter unter die Arme zu greifen.

Die beiden extremen Formen der heutigen Kleinkinderbetreuung hatten in unserer Stammesgeschichte keine Entsprechung. Eine Mutter, die mit ihrem Säugling 24 Stunden am Tag alleine in ihren vier Wänden verbringt, fern von der Großfamilie, fern von Freundinnen und Kolleginnen, ausgesperrt von dem Getriebe der Gesellschaft und buchstäblich mutterseelenallein auf sich gestellt, gab es genauso wenig wie jene Mutter, die schon den Säugling stundenlang in Fremdbetreuung gibt, um weitab von diesem und seiner Betreuung einer vollberuflichen Tätigkeit nachzugehen. Eine Aufrechnung, welche dieser beiden Frauen nun den natürlicheren Weg gewählt hätte, macht so gesehen überhaupt keinen Sinn. Die arbeitende Mutter und jene, die sich exklusiv um das Kind kümmert, waren früher ein und dieselbe Person.

Auf einer weiten Palette von möglichen Muttertypen gab es sicher immer schon individuell sehr verschiedene Mütter, die eine mag auch in der Urzeit ihren Säugling nur ungern aus den Armen gegeben haben, die andere mag dankbar jede Unterstützung aus der Sippe genutzt haben, um anderen Tätigkeiten nachzugehen – eines war aber allen gemeinsam: Die Mütter verblieben in Reichweite ihrer Kinder, vermochten also nach Tagesverfassung und Laune zu entscheiden, wie viel Nähe sie zu ihrem Kind wollten, und sie waren alle sozusagen vollzeitbeschäftigt. Es gab keine Entscheidung zwischen Kind und Beruf. Keine Mutter musste auf irgendeine ihrer bisherigen Tätigkeiten verzichten und keine war alleine. Arbeitende und gleichzeitig kinderbetreuende Mütter waren eine Selbstverständlichkeit, und da sie keine Entscheidung für das eine oder andere zu treffen hatten, mussten sie sich auch nicht voreinander rechtfertigen. Egal ob ihnen das eine oder das andere persönlich lieber war, sie mussten nicht darauf verzichten, ihre Kleinen heranwachsen zu sehen, denn sie waren in jedem Fall hautnah dabei.

Aus den Berichten moderner Mütter zwischen Arbeitswelt und Familie geht deutlich hervor, dass die glücklichste Lösung darin liegt, Arbeit und Mutterschaft auf ganz individuelle Weise zu verbinden. Vor allem kleine Kinder unter drei Jahren brauchen ihre Hauptbezugsperson. In dieser Zeit wollen die meisten Mütter sich in irgendeiner Form auch selbst um das Kind kümmern, helfende Hände sind immer willkommen, aber die Hauptbezugsperson für ihr Kind, das wären doch viele gerne selbst. Mütter wissen, dass es wehtun kann, wenn das eigene Kind an einer fremden Bezugsperson hängt.

Dennoch entscheiden sich immer mehr Mütter dafür, schon ganz kleine Kinder abzugeben, aus Angst, den Anschluss an die Arbeitswelt zu verpassen, weil sie ihre Ausbildung noch nicht beendet haben oder weil sie die Einsamkeit mit dem Baby alleine daheim nicht ertragen. Immer öfter und immer früher fällt die Entscheidung »Kind oder Arbeit« zugunsten Letzterer aus. Die Betreuung von Kleinkindern erscheint immer weniger Müttern attraktiv. Eine der Ursachen dafür liegt wohl in der unseligen Verunglimpfung der Mutterrolle in unserer unmittelbaren Vergangenheit.

Das Patriarchat hat auf höchst schicksalhafte Weise die Betreuung der Kinder durch die Mutter gleichgesetzt mit anderen, scheinbar »niederen Diensten«, die man der Welt der Frau zuordnete. Frauen hielt man nicht etwa deshalb für fähiger, Kinder zu betreuen, weil sie im Allgemeinen empathischer sind, eine höhere emotionale Intelligenz besitzen oder durch den Akt des Stillens bereits eine Beziehung zu dem Kleinen aufgebaut haben, sondern weil Kindererziehung als etwas angesehen wurde, das sich von selbst erledigt und dem Erziehenden keinerlei besondere Fähigkeiten abverlangt.

Am Höhepunkt der Polemik, ob Frauen auch in Deutschland zum Medizinstudium zugelassen werden sollten oder nicht, entsteht im Jahre 1900 Paul Möbius' bekanntes Werk »Über den physiologischen Schwachsinn des Weibes«.[70)] Möbius, Doktor der Philosophie und der Medizin, Privatdozent der Neurologie in Leipzig, vertritt eine wesentliche Aussage: Der einzige Beruf der Frau seien Mutterschaft und Kindererziehung. Deshalb sei die Frau kindähnlich, deshalb auch sei ihre geistige Minderbegabung eine Notwendigkeit. In einem Atemzug wird dann der Frau auch die Befähigung für intellektuelle Berufe abgesprochen. Übermäßige Gehirntätigkeit stünde der Fortpflanzung feindlich gegenüber. Zwar könne die Frau alles lernen – im Sinne einer guten Schülerin freilich nur –, aber einen Beruf würden nur jene ergreifen, die für den weiblichen Beruf der Mutterschaft untauglich wären. Leider, so gesteht der Autor, müsse »alles« befreit werden, so schließlich auch die Frau. Aber niemals könne sie alle Aufgaben erfüllen, welche die Natur an zwei Geschlechter verteilt hätte.

Paul Möbius mag wohl ein letztes Bollwerk patriarchalischen Denkens gewesen sein, aber die Kernaussage seines Buches ist charakteristisch für die Einstellung gegenüber der Rolle der Mutter: Intellektuelle Leistung und Kinder seien unvereinbar. Mütter, die sich besonders gut dafür eignen, Kinder aufzuziehen, haben geringere geistige Fähigkeiten. Im Umkehrschluss müsste man also annehmen, jene Frauen, die es doch ins Berufsleben geschafft haben, würden sich damit automatisch für die Kinderstube disqualifizieren.

Möbius war sicher nur die Spitze eines Eisberges, der das Klima zwischen den Geschlechtern dauerhaft unterkühlt hat. Diese patriarchalische Eiszeit hat ihre Spuren hinterlassen. Die berühmten »3 K«, die für Frauen reserviert bleiben sollten, gerieten auf Betreiben der Patriarchen derart in Misskredit, dass Frauen heute immer häufiger sogar die Betreuung von Babys und Kleinkindern, welche über Millionen von Jahren ureigene Muttersache waren, zunehmend als ungeliebte Aufgabe wahrnehmen.

Die frühe Emanzipationsbewegung hatte diese Ungerechtigkeiten erkannt und in einem Prozess der Bewusstseinsbildung an die Frauen herangetragen. Wir haben es hier also auch mit einem Kollateralschaden der beginnenden Emanzipationsbewegung der Frauen zu tun, die sich eben – um den damaligen Herrschern den Kampf anzusagen – selbst nicht mehr auf die Mutterrolle reduzieren lassen wollten. Die Fronten haben sich mittlerweile verschoben. Der Graben verläuft heute zunehmend nicht mehr zwischen Männern und Frauen, sondern zwischen Frauen und Frauen. Die Kontrahentinnen der emanzipierten, modernen Frauen sind heute jene Frauen, die nach wie vor die althergebrachte Rolle übernehmen und damit bewusst oder unbewusst die Frauenbewegung bremsen.

Möbius hätte sicher Freude daran gehabt, seine Theorie »bestätigt« zu sehen, denn es sind auch heute vor allem die gut ausgebildeten Frauen, die ganz auf Nachwuchs verzichten. So bleiben 44 Prozent aller deutschen Akademikerinnen kinderlos. Laut einer Spiegel-Umfrage verzichten alleine im Bankwesen sogar unglaubliche 77 Prozent aller Frauen in den höchsten Chefetagen ganz auf Kinder.[71)] Das aber nicht deshalb, weil die Frauen Möbius insgeheim Recht geben würden, sondern weil die Arbeitswelt nach wie vor hauptsächlich von Männern und für Männer gemacht ist. Es ist gar nicht vorgesehen, dass Kinder an der Seite ihrer Eltern in dieser Welt Einzug halten sollen. Ganz im Gegenteil, die strikte Trennung der ehemals weiblichen und männlichen Tätigkeiten hat dafür gesorgt, dass die gesamte Arbeitswelt systematisch an die Bedürfnisse von Männern angepasst wurde, deren Ehefrauen daheim die Kinder hüteten. Auf das Fehlen der Väter in den Familien werden wir noch ausführlich eingehen. Spiegelbildlich dazu war aber ein Fehlen von Frauen und Kindern in der Welt des Berufes vorgesehen. Männer werden nach wie vor nicht vor die Entscheidung gestellt, ob sie Karriere machen oder Vater werden wollen. Schwangerschaft, Geburt und Wochenbett sind Muttersache, und ebenso tief verwurzelt findet sich auch in der modernen Frau noch jenes Bedürfnis, die Mutterrolle übernehmen zu wollen, wenn es Nachwuchs gibt. Die Kinderfeindlichkeit der Arbeitsplätze ist es, die nach wie vor die Gleichberechtigung der Geschlechter bremst.

Die Frauenbewegung hat zwar zu einer längst fälligen Befreiung der Frau aus einer dienenden Rolle geführt, aber sie hat die Bewertung der ehemals männlichen und weiblichen Aufgabenbereiche unwidersprochen übernommen. Stillschweigend wurde akzeptiert, dass der männliche Part, die Berufswelt, höher zu bewerten sei als der weibliche Part, die Familie. So enthält die Arbeitswelt für die moderne Frau genauso wie für den Mann zunehmend mehr Verlockungen als die Betreuung eigener Kinder. Viele moderne Frauen ersparen sich das Dilemma und die Gewissenbisse, sie setzen sich der Doppelbelastung Kind und Beruf gar nicht erst aus. Möbius und seine Brüder im Geiste haben mit ihrer Erniedrigung weiblicher Fähigkeiten und Anlagen erreicht, dass viele Frauen heute lieber bessere Männer sein wollen. Das zentrale Anliegen der männlichen Welt, die ultimative Verwirklichung der eigenen Persönlichkeit, erscheint heute Männern wie Frauen gleichermaßen attraktiv.

Im Zuge dieser Entwicklung geraten Frauen, die für ihre Familie auf die Entfaltung der eigenen Kapazitäten verzichten, in den Verdacht, nicht emanzipiert genug zu sein. Denn die vielen arbeitenden Mütter werden nicht müde zu betonen, dass ihren Kindern nichts abgeht und sie im Gegenteil mehr Anregung erfahren, wenn sie nicht ständig von einer einzigen Person betreut werden. Dadurch gerät die »Nur-Mutter« in Argumentationsnotstand. Was tut sie denn überhaupt zu Hause, wenn den Kindern ohne sie doch gar nichts abgeht? So fühlen sich auch »Nur-Mütter« dazu gedrängt, ihren Status täglich aufs Neue rechtfertigen zu müssen, sich und andere davon zu überzeugen, dass sie den richtigen Weg gewählt haben. »Nur-Mütter« sind allerdings bereits deutlich in der Minderheit. Außerdem haben sie weniger Zugang zur Öffentlichkeit. Ihr Einsatz daheim wird daher zunehmend in Frage gestellt von der stetig anwachsenden Mehrheit jener, die ihre Kinder in Fremdbetreuung geben. Und so sehen wir uns heute in der merkwürdigen Situation, dass es gesellschaftlich bereits angesehener ist, für Geld auf die Kinder fremder Menschen aufzupassen, als unentgeltlich die eigenen Kinder daheim zu betreuen.

Hatte Möbius am Ende doch Recht? Sind jene Frauen, die in die Berufswelt hinausstreben, jene, die weniger gute Mütter abgäben? Und sind jene, die sich für ihr Kind daheim entscheiden, tatsächlich weniger qualifiziert für die Arbeitswelt? Weder noch: Keine Frau muss ihren akademischen Titel zurücklegen, vergisst zwangsläufig ihren erlernten Beruf oder lässt es auch nur im Entferntesten an Arbeitseifer mangeln, nur weil sie Mutter wird. Im Gegenteil, es sind beide Lebensbereiche wichtig und befruchten einander.

Viele Mütter, denen ich in den Jahren, in denen ich mit der Kindererziehung beschäftigt war, begegnet bin, haben genau das erlebt. Durch die Auseinandersetzung mit dem Säugling und Kleinkind wurden sie zur Meisterin bei der Bewältigung von chaotischen Zuständen und scheinbar unlösbaren Problemen. Sie lernten loszulassen, wo es nichts brachte, sich zu verbeißen, sie lernten durchzuhalten, wo sich kein augenblicklicher Erfolg einstellen wollte, und sie ließen das Chaos zu, denn auch aus diesem kann neue Ordnung erwachsen. Und umgekehrt haben diesen Frauen ihre Erfahrungen im Beruf geholfen, ihren Kindern gute Mütter zu sein.

Bei aller Rücksichtnahme auf die Bedürfnisse von kleinen Kindern sollte eines ganz gewiss nicht übersehen werden: Auch die Betreuerin hat ein Recht auf die Erfüllung ihrer Wünsche. Ihr Wohlbefinden wirkt sich positiv auf die Entwicklung des Kindes aus. Deshalb sollten Mütter auf keinen Fall ganz darauf verzichten, auf ihre innere Stimme zu hören. Besser als jeder Ratgeber von außen weist diese vielfach den Weg zum Glück, vor allem dann, wenn die emotionale Bindung an das Kind bereits stabil ist. Je älter das Kind wird, umso mehr Freiraum für die Verwirklichung eigener Wünsche und Ziele bleibt dann wieder der Betreuerin. Viele Frauen, die sich für die ausschließliche Betreuung ihrer Kinder entschieden haben, erleben es allerdings auch als besonders schmerzlich, später, nach der innigen Verbindung der ersten Jahre, nicht mehr so »gebraucht« zu werden –

vor allem dann, wenn es neben den Kindern keine Tätigkeit gibt, die ähnliche Befriedigung zu geben in der Lage ist.

In den ersten Lebensjahren des Kindes ist die »Nur-Mutter« oftmals im Vorteil. Sie muss sich keine Sorgen machen, denn sie sieht selbst, ob es ihm gut geht oder nicht, gerade wenn es noch nicht sprechen kann und noch wenig Erinnerungsvermögen besitzt. Doch häufig wendet sich das Blatt mit dem Älterwerden des Kindes. Die erste innige Verbundenheit, die Müttern zwar sehr viel an seelischer Kraft und emotionalem Investment abverlangt, aber auch tiefe Befriedigung mit sich bringt, wird umso mehr zum Lebensinhalt, je weniger andere Aufgaben als gleichwertig erlebt werden. Vom Kind gebraucht zu werden kann ein derart starker Lebenszweck werden, dass es schwer fällt, diesen mit den Jahren wieder aufzugeben. Viele »Nur-Mütter« übertragen dann ihre unbedingte Liebe zwar von einem Kind auf das nächste, wenn das ältere signalisiert, dass es nicht mehr so viel Zuwendung möchte, aber irgendwann kommt der Zeitpunkt, an dem alle Kinder »aus dem Haus« sind. Eine solche Erfahrung ist für eine »Nur-Mutter« gleichzusetzen mit einer Entlassung im Berufsleben. Alle Fähigkeiten, aller Arbeitseifer und alle Einsatzbereitschaft werden nicht mehr benötigt, ja erscheinen plötzlich störend bei der weiteren Entfaltung der Kinder. Auf sich selbst zurückgeworfen sind es nun die »Nur-Mütter«, die neidvoll auf die arbeitenden Mütter schielen und sich wünschen, sie selbst hätten beizeiten etwas mehr an sich und die eigenen Interessen gedacht.

Statt ein neues holistisches Konzept der Mutterrolle zu entwickeln, in der alle Platz finden, wird von den Frauen selbst polarisiert und gegenseitig aufgerechnet. Bedenklich wird es vor allem dann, wenn das natürliche Gefühl einer Mutter dafür, welche Entscheidung die richtige ist, durch Druck von außen beeinflusst wird.

Petra, eine Freundin, die früher bei ihren Kindern, inzwischen 5 und 8 Jahre alt, daheim war, obwohl ihr Mann als LKW-Fahrer kaum das zum Leben nötigste Geld nach Hause brachte, erzählte, wie oft sie sich dafür rechtfertigen musste, nicht arbeiten zu gehen.

Nicht ihr Mann war es, der Druck auf sie ausübte, nein, es waren andere Mütter, Erzieherinnen ihrer Kinder in Schule und Kindergarten und schließlich sogar Sozialarbeiter, die deutlich durchblicken ließen, dass sie als Sozialhilfeempfängerin vom deutschen Steuerzahler schmarotze. Heute arbeitet Petra nachts in einem Lager und ist tagsüber so müde, dass sie die häuslichen Verrichtungen kaum mehr schafft. Geld ist allerdings nicht mehr da als vorher, denn die sozialen Zuschüsse wurden sofort gestrichen und die Kinder müssen sehen, wie sie alleine mit ihren Aufgaben für die Schule zurechtkommen. Obwohl die Situation für Petra heute viel schlechter ist als vorher, ist die Umgebung nun mit ihr zufrieden. Nachts zu arbeiten, das gilt als Leistung, den eigenen Kindern bei den Hausaufgaben zu helfen nicht so sehr.

Bei der Frage, ob »Nur-Mütter« oder arbeitende Mütter als besser zu bewerten seien, sollte ein wesentliches Ungleichgewicht zwischen Müttern und Kindern nicht aus den Augen verloren werden. Die Nachteile einer exklusiven Betreuung durch die Mutter hat in erster Linie die Mutter selbst zu tragen. Sie ist es, die darunter leidet, von dem älteren Kind nicht mehr ausreichend gebraucht zu werden. Sollte das Kind darunter leiden müssen, dass seine Mutter nicht loslassen kann, ist es dann immerhin schon älter und findet meist Mittel und Wege, sich seine Freiräume selbst zu schaffen. Die Nachteile der Fremdbetreuung treffen jedoch in den meisten Fällen die Kinder, und das in einem Alter, wo diese noch sehr formbar und abhängig sind. Mit großer Vorsicht sollte daher bedacht werden, ob der Trend, kleine Kinder immer früher abzugeben, auch noch gefördert und unterstützt werden sollte.

Ist es nicht auch vielsagend, dass in der öffentlichen Diskussion von »Betreuungsplätzen« gesprochen wird und davon, dass Kleinkinder außerhäuslich »betreut« werden? Das suggeriert offenbar – wieder einmal ganz im Sinne von Möbius –, dass während dieser Zeit praktisch keine Erziehung passiert oder passieren soll, sondern »bloß« Betreuung, während die Erziehung weiterhin in den Händen der »working mom« bleibt und irgendwie schon in der knappen »Quality-Time« daheim erledigt werden kann.

Mütter sind ganz sicher für beides konzipiert – sowohl dafür, ihre Kinder zu betreuen, als auch zu arbeiten. Die nach wie vor zunehmende negative Bewertung der ehemals weiblichen Rolle hat dazu geführt, dass Mütter sich immer häufiger zugunsten der Arbeitswelt und gegen ihre Kinder entscheiden – oft auch gegen ihre innere Stimme. Eine Tatsache, die keine Konsequenzen haben sollte, wenn diese ehemals weibliche Hauptaufgabe sich tatsächlich wie von selbst erledigen ließe. Genau das ist aber der fatale Irrtum. Die Konsequenzen tragen zunächst die Kinder, später die Eltern und schließlich die Gesellschaft. Es wird sehr schwer werden, aus diesem Dilemma herauszukommen, denn die Zeit für eine Gegenbewegung ist noch längst nicht reif. Wie es aussieht, ist nämlich auch die Popularität der anderen beiden »K«, jenes der »Küche« genauso wie jenes der »Kirche«, noch immer deutlich im Sinkflug begriffen.

Das Feuer der Vesta – der tiefe Fall einer Göttin

Fünf Tage waren die Männer draußen gewesen, auf einem Jagdzug nach Nordost, das warme Tal des Norge-Flusses hinunter, bis an den Twoba-, das heißt Mammutsee, und sie kamen mit fast leeren Händen heim: kein fettes junges Twoba, kein Kalb vom Urstier, nur ein Korb voll großer Hechte, ein Schwan, eine Wildgans und einige Fischotter. Dies war die ganze Ausbeute. Traurig blickten sie drein, denn sie wussten, dass die frischen Fleischvorräte zu Hause aufgezehrt waren.

Die Freude der Kinder über die Rückkehr der Väter wurde dadurch nicht getrübt. In langem Zug wanderte man gemeinsam hinüber zur Höhle, wo die Alte kurz über den schlechten Erfolg verständigt wurde. Brummend erwiderte sie einige Worte und brach dann in ein höhnisches Gelächter aus. Sie hatte den schlechten Ausgang vorhergesagt und freute sich nun, dass sie Recht behalten hatte. Schnell wurde von den Weibern das glimmende Feuer am Eingang der Höhle zu Flammen angefacht, die Fische gebraten und ohne Sorge um die kommenden Tage verzehrt. Der Schwan und die Fischotter wurden sorgfältig abgezogen, die Eingeweide herausgenommen und dann die ganzen Tiere auf einem hohen Rost über dem Feuer dürr gemacht, ebenso die Bälge, die später mit Fett eingerieben als Kleider dienten.

Frauen und Kinder zogen sich zurück in die Höhle. Die Männer aber blieben noch lange draußen bei der alten Parre (der vorher erwähnten Alten) sitzen, denn wichtige Dinge hatten sie ihr mitzuteilen.[72)]

So schildert der Pfarrerssohn und Hobbypaläontologe Christoph David Friedrich Weinland das Leben der Eiszeitmenschen in seinem berühmten Roman »Rulaman«. So oder ähnlich könnten sich solche Szenen auch tatsächlich zugetragen haben. Seit der ersten nachgewiesenen Kultivierung des Feuers vor rund 800.000 Jahren in Israel ist dieses aus dem Zentrum der frühmenschlichen Gesellschaft nicht mehr wegzudenken. Über viele hundert Jahrtausende, in denen Menschen noch nicht sesshaft waren, war das Feuer gleichbedeutend mit Heim und Herd. Dort, wo es brannte, kam man »nach Hause«, ließ man sich gerne nieder. Das heimische Herdfeuer war auch die Drehscheibe des frühen gesellschaftlichen Lebens. Um die Feuerstelle scharten sich die Clanmitglieder, es wärmte, schützte vor Raubtieren, gab Licht und man konnte bislang ungenießbare Knollen, Wurzeln und auch Fleischteile aufbereiten. Gekochtes war leichter verdaulich, eine echte Bereicherung des Speisezettels und eine Steigerung der Lebensqualität. Die Feuerstelle mag daher bald auch begrifflich mit den Annehmlichkeiten, die sie zu bieten hatte, verschmolzen sein.

Zieht man die Schwierigkeiten in Betracht, bei kaltem, feuchtem Wetter ohne Zünder oder andere moderne Hilfsmittel ein Feuer zu entfachen, kann man die Bedeutung ermessen, welche der Aufrechterhaltung desselben zugekommen sein muss. Die Hüter des heimischen Herdfeuers hatten eine verantwortungsvolle Aufgabe.

Wie diese mit der Frau in Zusammenhang gebracht wurde, kann nur vermutet werden. Vielleicht lag es an der Arbeitsteilung bei der Nahrungsbeschaffung. Sammelgut war die Hauptnahrungsquelle und wurde von den Frauen täglich verarbeitet. Es machte bis zu 70 Prozent des Speiseplans der Nomadengesellschaften in den äquatorialen Regionen der Welt aus, die viele Millionen Jahre lang die ausschließlichen Siedlungsräume des Frühmenschen waren, bevor Gruppen des ersten anatomisch modernen Menschen sich in Richtung nördliche Breiten aufmachten, wo aufgrund der kalten Witterung und des höheren Energiebedarfs mehr Fleisch verzehrt wurde. Eine größere Menge an Fleisch heranzuschaffen wird Aufgabe der männlichen Jagdgesellschaften gewesen sein, deren Streifzüge umso mehr Zeit in Anspruch nahmen, je mehr Fleisch von der Sippe benötigt wurde. So mancher Jagdzug mag die Männer, wie in Weinlands Geschichte, weit vom Lager weggeführt haben, vielleicht über Tage hinweg. Feuer zu machen, in Gang zu halten und darauf zu kochen könnte auf diese Weise zu einer vorwiegend weiblichen Tätigkeit geworden sein. Entsprechend ihrer Bedeutung für die Ernährung des Clans wird diese Aufgabe wohl auch sehr hoch bewertet worden sein.

Über die Geschlechterrollen in der Urzeit kann nur spekuliert werden, denn erst in historischer Zeit belegen Schriften relativ verlässlich die Gepflogenheiten verschiedenster Kulturen. Ob es bereits in der Urzeit zu einer Verknüpfung der weiblichen Rolle mit dem Herdfeuer kam oder erst nach der Sesshaftwerdung, ist unklar. Ein interessanter Nachhall dieser Verbindung findet sich jedenfalls ausgerechnet in einer der Hochburgen des Patriarchats, dem antiken Rom. Das »heimische Herdfeuer« war dort Symbol einer Göttin, der Göttin des privaten Lebens. Das »Feuer der Vesta« wurde in einem eigenen Tempel gehütet, der am Fuße des Palatinus in unmittelbarer Nähe des Amtshauses des Pontifex Maximus und des Hauses der Priesterinnen, der Vestalinnen, lag. Der Rundbau, dessen Errichtung dem

Rom-Gründer Romulus zugeschrieben wird, enthielt lediglich den Staatsherd, in dem das Feuer brannte. Sechs jungfräuliche Priesterinnen, die bereits im Kindesalter auf 30 Jahre ihres Lebens verpflichtet wurden, waren dafür verantwortlich, das »Feuer der Vesta« zu nähren und in Gang zu halten.

Die antiken Römer räumten Frauen kaum Rechte ein, ja dem Vater alleine gestanden sie die Oberherrschaft über die Familie zu – so durfte dieser nicht nur Recht sprechen, sondern Mitglieder der Familie sogar töten, wenn sie in seinen Augen gefehlt hatten. Nach dem »Manus-Ehe«-Gesetz gehörte eine Frau nach der Hochzeit nicht länger ihrem Vater, sondern ihrem Ehemann, genauso wie ihre Kinder und die Sklaven des Haushaltes. Ganz ungewöhnlich für damalige Verhältnisse, hatten die Priesterinnen des heimischen Herdfeuers Rechte wie männliche Zeitgenossen. So unterstanden sie ihrem Vater nicht mehr, durften Privatbesitz haben, in der Öffentlichkeit auftreten und wirken wie Männer und nach Ablauf ihres Dienstes sogar heiraten und sich ins private Leben zurückziehen – was jedoch praktisch nicht vorkam, denn den Genuss dieser Privilegien wollte keine mehr missen.

Allerdings gab es doch auch gewisse Einschränkungen. Zwar galten Priesterinnen, auch solche von hohen Göttinnen, sehr häufig als »Jungfrauen«. Die Jungfräulichkeit der Vestalinnen allerdings hatte im Patriarchat eine wesentliche Sinnveränderung erfahren. Hohe Göttinnen aus frühen Religionen waren deshalb »jungfräulich«, weil sie am Anfang allen Werdens standen. Die »Jungfräulichkeit« dieser Ur-Göttinnen bedeutete, dass sie ohne Zutun eines Mannes Leben hervorbringen konnten, sie waren kraft ihres fruchtbaren Leibes alleine sogar sehr potente Lebensspenderinnen. Vielen Müttern von Göttern wurde aus diesem Grund Jungfräulichkeit zugestanden – sie standen am Anfang allen Werdens. So galten zum Beispiel die Priesterinnen der Ishtar, der großen Fruchtbarkeitsgöttin von Babylon, als »jungfräulich«, auch wenn sie Kinder hatten.

Die Patriarchen freilich hatten eine andere Auffassung von Jungfräulichkeit. Jungfrauen waren nicht länger Urmütter, die Leben ohne Mann hervorbringen können, sondern »reine« Frauen, die durch den Verkehr mit einem Mann ihre eigene und die Ehre anderer beschmutzen konnten. Daher verlangten hochrangige Männer auch von den Priesterinnen der Vesta absolute Enthaltsamkeit, obwohl deren »Jungfräulichkeit« ursprünglich diese Bedeutung nicht hatte.

Die Hauptaufgabe der Priesterinnen der Vesta bestand darin, das Feuer auf keinen Fall ausgehen lassen. Geschah es doch, galt dies als besonders böses Omen. Mancher Kaiser glaubte sogar, dass der Ausgang eines Krieges dadurch beeinflusst werden konnte. Dementsprechend grausame Strafen wurden bei Verletzung der Pflichten verhängt. Die für schuldig befundene Vestalin wurde öffentlich ausgepeitscht oder, wie im Fall der Cornelia 91 nach Christus, sogar lebendig begraben.

Obwohl das Patriarchat bereits zur Hochform aufgelaufen war, blieb offensichtlich selbst den gottähnlichsten Kaisern eine Ahnung davon, was die Hüterinnen des privaten Lebens einmal vermocht hatten. Es ist bemerkenswert, dass gerade in der Hochblüte der Männerherrschaft, als der Frau öffentlich wie auch privat die Hände gebunden waren, ausgerechnet der Vesta-Kult besonders gepflegt wurde. Als ahnten die Patriarchen, dass sie hier der Natur zuwiderhandelten, indem sie Frauen in ihren Rechten derart beschnitten. Wie ein Symbol der Rechtfertigung und Entschuldigung mutet es an, dass hier ein öffentliches Zeichen der Verehrung der Göttin des Privaten gesetzt wird. Obwohl ihre Jungfräulichkeit eine andere Bedeutung erhalten hatte, bekamen die Priesterinnen der Vesta dennoch einen höheren Rang zuerkannt als alle anderen römischen Frauen. Sollte die Göttin des heimischen Herdfeuers dadurch besänftigt werden?

Dass die Bedeutung der Frau in der Liebe, Wärme und dem Zusammenhalt der Familie liegt, scheint auf den ersten Blick auch von späteren Patriarchen ähnlich gewürdigt zu werden, indem das zweite »K«, die »Küche«, den Frauen zugewiesen wird. Es scheint fast, als hätten die Männer erkannt, dass die Erniedrigung der Frau und die

Beschneidung ihrer Rechte keine Verbesserung der häuslichen Belange mit sich brachten. Oder war die Reduktion der Frau auf die Küche in den späten Tagen des Patriarchats doch nur Ausdruck der Geringschätzung der heimischen Tätigkeiten, deren Unwichtigkeit im Gegensatz zu den Tätigkeiten außer Haus durch ihre Zuweisung an die Frau erst richtig deutlich gemacht werden sollte?

Die Vestalinnen wurden mit der Christianisierung Ende des vierten nachchristlichen Jahrhunderts durch Kaiser Gratian abgeschafft. Damit erlosch auch das letzte Zeichen öffentlicher Hochachtung für die heimischen Bereiche. Die Abwertung weiblicher Tätigkeiten nahm ihren Lauf. Noch wärmte der heimische Herd, obwohl er bereits seit langer Zeit materiell abhängig war von der Gunst und Gnade des Familienoberhauptes, das geruhte, die ihm Anvertrauten zu erhalten.

Frauen in Patriarchaten erfüllten viele Generationen lang ihre Aufgaben in der Küche. Sie gingen förmlich auf in den wenigen Bereichen, die man ihnen gelassen hatte – die meisten gingen auf, manche mögen auch untergegangen sein. Wenig beachtet von der öffentlichen Meinung, die selbstredend vor allem von jenen geprägt wurde, die außer Haus tätig waren, wurde dabei aber – wie schon in der Urzeit – über das heimische Herdfeuer weit mehr vermittelt als nur die Sättigung der Familienmitglieder, die sich darum versammelt hatten. Die Tatsache, dass es eine Hüterin des heimischen Feuers gab, jemanden, der sich zuständig und verantwortlich fühlte, schuf ein Zuhause, einen Ort, an den man heimkommen konnte. Ähnlich wie aus den Lagerfeuern früher Nomadenstämme machte die Frau aus der Küche ihres Hauses einen Wegweiser für Heimkommende. Egal, was man »draußen« erlebt hatte, egal, was passiert war, hier war man willkommen, wurde man erwartet.

Frauen haben lange mitgespielt, haben sich klein gemacht, um ihre Männer besser dastehen zu lassen, haben ihr Licht unter den Scheffel gestellt und wurden dafür nur umso geringer geschätzt. So selbstverständlich, wie sie über viele Millionen Jahre die Ernährungsfunktion für die Familie mitgetragen hatten, haben Frauen das heimische Herdfeuer auch in den letzten Jahrtausenden in Gang gehalten, in denen die Bedeutung der weiblichen Qualitäten zunehmend verkannt und gering geschätzt wurde. Selbst als ihnen verwehrt wurde, materiell zum Gedeih der Familie beizutragen, versuchten sie das Beste aus ihrer Situation zu machen – so lange, bis der Bogen überspannt war.

Eine öffentliche Meinung, ausschließlich von den Interessen des herrschenden Geschlechts geprägt, hat zu einer Überbewertung männlicher Bereiche geführt. Viele Generationen lang wurden alleine männliche Tätigkeiten als das für die Menschheit Wichtigste und das allein Seligmachende hingestellt.

Der Imageverlust häuslicher Aufgabenbereiche gegenüber öffentlichen Angelegenheiten ließ in der modernen Frau den Wunsch erstarken, auch wieder etwas für die Bestätigung des eigenen Selbst zu tun. Im Zuge ihrer Befreiung durch die Frauenbewegung wollte sie endlich zeigen, wie viel Kraft und Energie tatsächlich in ihr schlummerte. Ganz nach dem Vorbild der Männer, die es eher verstanden haben, die Bedeutung ihrer Position als Ernährer und Erhalter der Familie hervorzukehren, streben heute viele Frauen von den Familien weg in die Berufswelt hinaus.

Frauen wollten auch wieder Unentbehrliches für die Familie leisten – und sie haben es geschafft. Die meisten Familien könnten ihren Lebensstandard ohne zweifaches Einkommen gar nicht mehr halten. Die doppelte Investition der Eltern in den Gelderwerb hat neue Werte geschaffen. Moderne Familien sind gewohnt, viel mehr für ihr Glück zu benötigen als noch Generationen davor. Glücklich ist man nur mehr, wenn man sich die teure Wohngegend, Traumurlaube, chromblitzende fahrbare Untersätze sowie sämtlichen elektronisch-technischen Schnickschnack leisten kann, den der Markt zu bieten hat. Zumindest gilt das für den kultur- sowie meinungstragenden Mittelstand. Für die unteren Einkommensschichten hat die Notwendigkeit des Broterwerbs beider Elternteile schon viel länger Tradition – mit all den dazugehörigen Unannehmlichkeiten.

Die berufliche Gleichberechtigung von Mann und Frau steht kurz bevor. Noch klafft eine Einkommensschere, Frauen bekommen für gleiche Tätigkeiten zwar noch rund 30 Prozent weniger als Männer, es genügt aber, um notfalls selbst mit Kindern alleine durchzukommen. Die Scheidungsraten schnellten proportional zu dieser Entwicklung in die Höhe. Alleinerziehende Mütter sind heute keine bedauernswerte Ausnahme mehr, in vielen Städten der Welt stellen sie bereits die Hälfte aller Familienformen.[73)] Auch alleinerziehende Väter sind im Vormarsch. Die Kinder leiden zwar unter der Entwicklung, vermissen den jeweils fehlenden Elternteil, passen sich aber an. Gefragt werden sie ohnehin nicht. Nur, wo kaum noch jemand zu Hause ist, gibt es auch kein heimisches Herdfeuer mehr, das eine Familie zusammenbringen könnte. So beginnt deren Struktur allmählich zu zerbröseln. Einzelpersonenhaushalte sind im Vormarsch. In den vergangenen 30 Jahren haben sie sich gut verdreifacht. Die Größe eines Privathaushaltes in Österreich ist von durchschnittlich 2,8 Personen im Jahre 1971 auf 2,3 im Jahre 2006 zurückgegangen. Der Anteil der Kinder an der Gesamtbevölkerung ist stark rückläufig. Eine deutsche Frau bekommt heute durchschnittlich 1,34 Kinder, knapp gefolgt von der Österreicherin, die mit 1,32 Kindern im Schnitt noch dahinter liegt – das ist selbst innerhalb von Europa unterdurchschnittlich.[74)] Zwei Kinder pro Frau wären nötig, um die Größe der Bevölkerung konstant zu halten. Aber die Geburtenraten sinken weiter. Zurück bleibt eine vergreisende Bevölkerung, die zunehmend vereinsamt. Die nährende Wärme des heimischen Herdfeuers beginnen viele erst jetzt zu vermissen, wo die Folgen ihres Verlusts bereits überdeutlich spürbar sind.

Dabei steht die heimische Küche heute nicht einmal mehr für die Kunst des Kochens. Diese selbst wird schließlich – vor allem, wenn sie öffentlich ist – hoch geschätzt. Niemand käme auf den Gedanken, die Verdienste moderner Haubenköche schmälern zu wollen. Sie sind Prominente, werden in den Medien hofiert und geehrt. Man schätzt sie als Künstler und genießt ihre Kreationen in angenehmem

Ambiente – entsprechend lässt man sich die Haute Cuisine etwas kosten. Die Insignie der Zunft, die Haube, ist zu einer begehrten Auszeichnung geworden. Ebenso stehen Fernsehsendungen über das Kochen hoch im Kurs. Ja, inzwischen gibt es eigene Kanäle, wie das deutsche »Gusto TV«, auf dem man rund um die Uhr zusehen kann, wie andere Leute kochen.

Das Küchen-»K« der Patriarchen hat mit Gourmettempeln allerdings nichts gemein, es hat eine Begriffserweiterung ganz anderer Art erfahren. Es ist zu einem Synonym für mindere Tätigkeiten verkommen. Das heimische Herdfeuer ist gleichgesetzt worden mit den Niederungen des Hausfrauendaseins schlechthin. Die Reduktion der Frau auf das »K« der Küche hat mit Achtung für diese ihr gnädig überlassenen häuslichen Tätigkeiten nichts mehr zu tun. Es steht vielmehr für die Besiegelung der Verbannung allen weiblichen Einflusses aus öffentlichen Angelegenheiten. Die Zuweisung der Frau zur Küche ist verächtlich gemeint. Ebenso wie das »K« der Kinder dafür steht, dass besonders wenig Qualifikation von der betreuenden Person erwartet wird, steht auch das »K« der Küche dafür, dass eben keine Kunst nötig ist, um diesen Aufgabenbereich auszufüllen. Die Hüterinnen dieses Herdfeuers genießen alles andere als öffentlichen Respekt.

Infolgedessen sind die häuslichen Tätigkeiten heute derart negativ besetzt, dass man sich als »Nur-Hausfrau« beinahe dafür entschuldigen möchte, dass man daheim ist – »nichts« arbeitet, sprich keine messbare Leistung für die Gesellschaft erbringt, von Gehalt und Gnaden des Mannes abhängig ist, sich nicht weiterbildet und somit der häuslichen Umnachtung anheim fällt sowie patriarchalische Lehren unterstützt, indem man auf den eigenen Beitrag zum öffentlichen Leben verzichtet. Wer wollte sich dieser modernen Verbrechen heute noch freiwillig für schuldig erklären?

Verwaist und gering geschätzt bleibt der heimische Herd vieler Familien daher immer öfter kalt. Bestenfalls taut die Mikrowelle fertig gekaufte Speisen auf. Gemeinsame Mahlzeiten, frisch zubereitet, die eine ganze Familie um einen Tisch versammeln, sind heute die Ausnahme. Jeder führt sich Nahrung zu, wenn ihm danach ist. Keine Zeit für das Essen zu haben ist »in«. Das »weekend feeling« stellt sich ein, wenn alle abgehetzt nach Hause kommen und rasch ein vorgefertigtes Produkt konsumieren. Ja, eine eigene Esskultur des »Fastfood« hat sich entsprechend dieser modernen Bedürfnisse entwickelt. Schnell bei der Hand, soll Essen nicht mehr wirklich ernähren, sondern vor allem den Eindruck erwecken, dass man satt ist.

In gewissem Sinne hat die Geringschätzung der heimischen Küche auch bereits ganz konkrete Auswirkungen auf unsere Kinder. Die junge Generation hat heute mit gravierenden Essstörungen zu kämpfen. Bereits 20 Prozent aller Kinder sind zu dick. 8 Prozent sind nicht einfach nur übergewichtig, sie sind fettleibig. Die Ärzte schlagen Alarm. Diese Generation könnte die erste sein, die vor ihren Eltern stirbt. Denn dick sein ist längst nicht nur ein ästhetisches Problem, es ist realer Stress für den Körper. Studien besagen, dass fettleibige Kinder unter demselben Psychostress leiden wie krebskranke. Natürlich ist neben den erkalteten heimischen Herden eine Fülle weiterer Faktoren an dieser Entwicklung beteiligt, wie etwa mangelnde Bewegung. Eine an die neuen Verhältnisse angepasste Ernährung wäre gefragt. Aber daheim wird immer öfter Esskultur nicht mehr vermittelt und in den Schulen und Tagesbetreuungsstätten kann auf individuelle Bedürfnisse einzelner keine Rücksicht mehr genommen werden.

Öffentlich wird beklagt, dass Kindern angeblich zu wenig Wissen über gesunde Ernährung vermittelt wird. Wie aber soll das auch gelingen, wenn Kinder am besten durch Nachahmung lernen? Wie sollen sie dem Beispiel der Eltern folgen, wenn zu Hause nicht mehr gemeinsam gegessen wird? Überlässt man Kindern die Auswahl von Nahrungsmitteln, stopfen die Kleinen in sich hinein, was geschmacksintensiv ist. Aufgrund ihrer »überoptimalen Geschmacksauslöser« bevorzugt der Kindergaumen süße und fettreiche, stark gesalzene Speisen ohne ausreichende Nährstoffe, da diese selbst nämlich meist keine Geschmacksträger sind. Ein Vierjähriger wird auf sich allein gestellt wahrscheinlich Pommes Frites mit Ketchup, Würstel, Burger, Schokolade und Cola zu seinen Hauptnahrungsmitteln wählen. Kaum ein Vorschulkind käme von selbst auf die Idee, dass Gemüse auch auf den Speiseplan gehört und frisches Obst besser wäre als Süßkram.

Die Kindergarten- und Schulküchen spiegeln die Vorlieben der Kleinen perfekt wider. Immerhin soll die große Masse der Kinder zumindest irgendetwas essen, die Eltern bezahlen schließlich für deren Sättigung. Fettreiche Speisen halten länger vor als ausgewogene Kost, die Kinder sind nicht so rasch wieder hungrig. Daher finden sich häufig geschmacksverstärkte Wurst- und Fleischwaren, Gebackenes, stark Gesalzenes, in jedem Falle lang vorher Zubereitetes und wenig Frisches auf dem Speiseplan der Kleinen. Salat, knackiges Gemüse oder frisches Obst sucht man in den Großküchen oft vergeblich. Und das liegt nicht an der Bequemlichkeit der Köche, ja nicht einmal am fehlenden Geld.

Der junge englische Starkoch Jamie Oliver startete sogar das Projekt »Feed me better« für Schulen. Er wollte beweisen, dass es möglich ist, für dasselbe Geld, das den Schulküchen zur Verfügung steht, auch gesunde und nahrhafte Kost für die Kleinen zuzubereiten. Jamie kochte medienwirksam für das Fernsehen, für »Channel 4« auf – ein ganzes Jahr lang – und seine Speisen wurden in der Kantine der Kidbrooke-Schule in Greenwich, Südostlondon, gemeinsam mit den hauseigenen üblichen Speisen angeboten. Das Projekt scheiterte kläglich. Auf Geschmacksverstärker gepolt, verweigerten die Gaumen der Schulkinder die liebevoll zubereiteten Köstlichkeiten mit hohem Nährwert zugunsten von – Pommes Frites und Burger. Die Eltern selbst boykottierten Jamie Olivers heroischen Einsatz und steckten den Kindern durch den Zaun des Pausenhofes zu, was diese zu verspeisen gewohnt waren. Und auch am Wochenende hielten die meisten Eltern an diesem Prinzip fest. Schließlich möchte man den Kindern bei den wenigen gemeinsamen Mahlzeiten auch Freude bereiten. Viele verlassen sich darauf, dass die Kindergarten- und Schulküchen ohnehin unter der Woche für ausgewogene Ernährung sorgen, und gestatten daheim den Kindern zu wählen, was schmeckt. Man geht zur Feier des gemeinsamen Tages auswärts essen und die Kleinen wählen – man ahnt es schon – Pommes Frites, Würstel und Burger.

Über Jahrmillionen hat pflanzliche Kost jeglicher Art einen Großteil unserer Ernährung ausgemacht. Nur der Mensch der Konsumgesellschaft isst täglich viel zu fettes Fleisch sowie zu stark gesüßte und raffinierte Lebensmittel und bezahlt das nachweislich mit seiner Gesundheit. Auf der Suche nach der richtigen Ernährung richten die Ärzte heute den Blick daher in unsere Vergangenheit. Unsere Nahrungsaufnahme sollte sich an jener der urzeitlichen Jäger und Sammler orientieren, schlagen James O'Keefe und Loren Cordain von der renommierten Mayo-Klinik im US-Bundesstaat Minnesota vor. Das Missverhältnis zwischen moderner Diät und Lifestyle und unserem unveränderten altsteinzeitlichen Genom ist laut der beiden Mediziner eine Hauptursache für das epidemische Auftreten von Übergewicht, Bluthochdruck, Diabetes, Arteriosklerose und Herz-Kreislauf-Erkrankungen.[75)] Diese sind eindeutig im Vormarsch, und das nicht nur bei älteren Herrschaften, sondern zunehmend bereits bei Kindern.

Vielleicht handelt es sich ja nur um eine zufällige Koinzidenz, aber gleichzeitig mit dem Verlust der Bedeutung des heimischen Herdes scheint der ehemals weibliche Beitrag zur Ernährung heute besonders abzugehen: jener lebenswichtige Anteil, der früher von den Sammlerinnen beigetragen wurde. Frisches Gemüse, Beeren, Früchte, Nüsse, Kräuter und Wurzeln fehlen auf dem Speiseplan des modernen Menschen besonders.

Unsere essgestörten Kinder sind ein deutlicher Hinweis auf die mangelnde Individualität und Qualität bei der Fremdbetreuung. Vielleicht kann es über Kampagnen in den Schulen, wie jene der »gesunden Jause«, sogar gelingen, Kinder auch ohne Anleitung durch die Eltern zu gesunder Ernährung zu erziehen. Aber die Qualität der heimischen Küche ist über ihre Funktion der Ernährung der Familie hinaus auch ein Indikator für das gemeinsame Leben selbst. Das psychische Wohlbefinden scheint unter der mangelnden Geborgenheit daheim mindestens ebenso zu leiden wie das physische. Es verwundert daher nicht, dass neben der zunehmenden Fettleibigkeit unserer Kinder auch ihr krasses Gegenteil, die Magersucht, im Vormarsch ist.

Essstörungen sind vielfach Ausdruck psychischer Probleme. Magersüchtige Mädchen, zunehmend auch Jungen, versuchen über sich und ihren Körper Kontrolle zu erlangen, indem sie ihm lebenswichtige Nahrung vorenthalten. Die Modeindustrie hat es verstanden, mit magersüchtigen Teenagern ein neues Frauenbild zu kreieren, das beredtes Zeugnis ablegt über unser gestörtes Verhältnis zur natürlichen Ernährung, das bei näherer Betrachtung ein gestörtes Verhältnis zur Weiblichkeit als solcher ist. Auch die »Verweiblichung« des eigenen, bis dahin noch knabenhaften Körpers in der Pubertät ist für viele Mädchen eine extreme Erfahrung des Kontrollverlusts und hier mag die innerliche Ablehnung des Frau-Werdens eine entscheidende Rolle spielen. Magerkeit signalisiert eigentlich Geschlechtslosigkeit, sie ist in Wirklichkeit nicht »sexy«, sondern steril, unverfügbar, asketisch, sie entzieht sich dem Diktat des Weiblichen. Tatsächlich werden daher nicht nur die ehemals weiblichen Aufgabenbereiche als »untergeordnete« Tätigkeiten abgelehnt, das Frausein selbst wird zunehmend in Frage gestellt.

Hier geht es also um weit mehr als nur den Verlust des Bereichs der gemeinsamen Ernährung, der die Eltern früherer Generationen so viel selbstverständlicher mit ihren Kindern verbunden hat. Die reife Frau und Mutter ist dabei, aus dem Zentrum unserer Weltanschauung zu verschwinden.

Vatikan – und was darf Mutti? Die Verbannung der Mütter aus dem Glauben

Oh große Himmelsfrau,
Oh Königin Maria,
Auf Dich ich jetzt vertrau',
Oh Jungfrau Maria,
Oh liabe Frau i bitt,
Verlass den Sandwirt nit!
Oh liabe Frau i bitt,
Verlass den Sandwirt nit!

So betet Andreas Hofer, der große Tiroler Freiheitskämpfer, als er erkennt, dass er vom »Römischen Kaiser Franz« im Stich gelassen wurde und es für ihn keine Hoffnung mehr gibt. Der Überlieferung nach soll Andreas Hofer das Lied »Ach Himmel es ist verspielt!« in den Tagen vor seinem Tode im Gefängnis zu Mantua selbst gedichtet haben. Es weist gewisse Ähnlichkeiten mit einem damals sehr bekannten Soldatenlied auf, das aus der Zeit um 1780 stammt.[76)] Ein großer Kämpfer aus einer der patriarchalischen Hochburgen seiner Zeit ruft in höchster Not zu Maria, der Himmelsfrau und Mutter des Sohnes Gottes. Nicht nach Gott, seinem Herrn?

Religion war weiblich, Gott war weiblich, über Zehntausende Jahre unserer Urgeschichte hinweg. Die Große Urmutter war der Ursprung allen Lebens und Werdens, ihre Allmacht und Weisheit ließ alles wachsen und gedeihen. Aus ihr kam alles, was lebt, und in ihren Schoß kehrte alles Vergängliche wieder in den großen Kreislauf zurück.

Üppige Brüste, ausladende Hüften, der Leib aufgebläht, voll von werdendem Leben, so stellte sich der Mensch der jüngeren Altsteinzeit die große Urmutter vor. Die Venus von Willendorf ist die prominenteste Frauenfigur aus dieser Zeit. Eine Göttin der Fruchtbarkeit aus Sandstein, rot bemalt als Symbol für das Werden und Vergehen, ist sie heute Abbild eines lange vergessenen Glaubens an die große Muttergöttin, die allmächtige Lebensspenderin.

Männerfiguren gibt es keine vergleichbaren, der Mann dürfte in der Mythologie der Urzeit eine untergeordnete Rolle gespielt haben. Die Gründe dafür liegen im Dunkeln, eine mögliche Erklärung drängt sich aus heutiger Sicht jedoch förmlich auf: Der Zusammenhang zwischen Zeugung und Geburt mag noch nicht ganz klar gewesen sein.

In den 1920er-Jahren fand der polnischstämmige amerikanische Anthropologe Bronislaw Malinowsky ein Volk auf den Trobriand-Inseln, das den Beitrag des Vaters zur Entstehung neuen Lebens nicht erkannt hatte. In seiner Mythologie drang ein Ahn in den Kopf der Frau ein und bat sie, wiedergeboren werden zu dürfen. Nahm die Frau ihn an, gebar sie neues Leben, verweigerte sie die Wiedergeburt, blutete sie, als Zeichen, dass der Ahn durch sie hindurchgegangen war.

Malinowsky kannte das Ethos heutiger Kulturanthropologen – die nicht teilnehmende Beobachtung – noch nicht und versuchte, die Unwissenden aufzuklären. Er erntete homerisches Gelächter. Man zeigte ihm eine Frau, die in den Augen der Gemeinschaft als besonders hässlich und abstoßend galt. Keinem Mann, so versicherte man dem Anthropologen, würde es einfallen, dieser Frau beizuwohnen, und dennoch hätte auch sie ein Kind geboren.[77)]

Immerhin 9 Monate liegen zwischen Zeugung und Geburt. Viel kann geschehen in dieser Zeit. Das Einzige, das dem Urmenschen unmissverständlich klar gewesen sein muss, war die Gebärfähigkeit des weiblichen Körpers. Darüber hinaus kann auch kein Säugling die ersten Monate überlebt haben ohne die Nahrung aus der Mutterbrust. Eine Mutter zu haben war die offensichtlichste Bedingung, auf die Welt zu kommen und darin zu überleben, ihr Körper bedeutete Nahrung, Schutz und Trost. Die Mythologie der Urzeit basierte wahrscheinlich aus diesem Grund auf der Vorstellung einer großen Allmutter, die aller Dinge Anfang und Ursprung ist.

Ja bis in historische Zeiten noch verehrten die Menschen die große Urmutter als zentrale Figur in ihrem Glauben. Alle bekannten Urreligionen, aus denen viele der großen Weltreligionen hervorgegangen sind, verehrten eine solche zentrale Mutterfigur, die zumeist als Erstes einen Sohn gebiert. Diesen ihren ersten Sohn bringt sie jungfräulich zur Welt, durch Parthenogenese (Jungfernzeugung), wenn man dafür einen zoologischen Ausdruck bemühen möchte. Es gibt keinen Urvater. Erst mit diesem Sohn gibt es dann eine geschlechtliche Vermehrung, durch welche die große Urmutter anschließend alle anderen Lebewesen, insbesondere aber die Menschheit zeugt.[78)] Das ist in der Tat eine interessante Parallele zur tatsächlichen Entwicklung der Geschlechter von der ursprünglichen Pflanzen- und Tierwelt bis zu den jeweils modernsten Vertretern heutiger Arten auf unserem Planeten.

Auch das Christentum kannte eine solche Urmutter. Sie wird den meisten von uns nur in anderem Zusammenhang in Erinnerung sein. Es ist Eva, die Verführerin aus dem Paradies, die, dem Alten Testament entsprechend, Adam dazu verleitete, von dem Apfel zu essen, und damit die Erbsünde heraufbeschwor, mit der wir alle geboren werden und um deretwillen wir uns erst mit Gott versöhnen müssen, wenn wir uns als des ewigen Lebens würdig erweisen wollen.

Eva war nicht immer die Böse, ganz im Gegenteil, sie war ursprünglich die Urmutter der Juden. Sie gebar Jahwe und zeugte mit ihm Adam und in Folge das Geschlecht der Menschen. Ein Dorn im Auge des aufstrebenden Patriarchats. Eine von Männern dominierte Gesellschaft konnte diese Verherrlichung der Frau als omnipotente Lebensspenderin nicht dulden. Eva fiel in Ungnade und wurde dazu verurteilt, fortan als das Wesen zu gelten, das aus der »Rippe« ihres ehemaligen Sohnes Adam geformte worden war – ein kleiner Übersetzungsfehler, denn das sumerische Wort »ti« bedeutet sowohl Rippe als auch Lebenskraft. »Nin-ti« kann auf zweierlei Art übersetzt werden: »das Weib, das Leben schafft« – oder »das Weib von der Rippe«. Es macht allerdings einen Unterschied, ob man jemandes Rippe ist, ein Derivat also, oder jemandes Lebenskraft, ohne die überhaupt kein Dasein möglich ist.

Doch nicht genug der Erniedrigung, sollte sie darüber hinaus auch noch als sündige Ehefrau ihres ehemaligen Sohnes für alles Leid und Übel der Menschheit verantwortlich gemacht werden. Von nun an sollte die ehemalige Urmutter ihrem Sohne-Mann untertan sein. Gott spricht zu ihr: »Viel Mühsal bereite ich dir, sooft du schwanger wirst. / Unter Schmerzen gebierst du Kinder. / Du hast Verlangen nach deinem Mann; / er aber wird über dich herrschen.«[79)]

Gleichzeitig mit der Frau wurde auch die Schlange, die aufgrund ihrer Fähigkeit sich zu häuten als eine Insignie der Wiedergeburt galt, auf ihren Platz verwiesen. Gott spricht zu ihr: »Weil du das getan hast, bist du verflucht / unter allem Vieh und allen Tieren des Feldes. / Auf dem Bauch sollst du kriechen / und Staub fressen alle Tage deines Lebens.«

Es sollte keine Erinnerung mehr an die Verherrlichung der Wiedergeburt und die Vormachtstellung der Mutter geben. Was im Alten Testament begonnen worden war, wurde im Neuen Testament konsequent fortgesetzt. Die Frauen im Umfeld Jesu wurden daher entweder als Jungfrauen oder als Huren dargestellt. Obwohl glaubhafte historische Untersuchungen nahe legen, dass Maria Magdalena die Ehefrau des Jesus Christus gewesen sein könnte und sehr wahrscheinlich auch Kinder mit ihm hatte,[80)] findet dieser Umstand im christlichen Glauben keinerlei Beachtung.

Maria, immerhin die Mutter unseres Erlösers, war ursprünglich nie als »Göttin« vorgesehen gewesen. Viele Jahrhunderte lang durfte sie darum auch gar nicht angebetet werden. Doch der Volksglaube erwies sich als eigenwillig. Der Glaube an die »Große Urmutter« hat sich bis heute erhalten, was Festlichkeiten beweisen, die ihr zu Ehren abgehalten werden. Weihnachten war nach alter Überlieferung ein Fruchtbarkeitsfest. Ausgelassen wurde die Wiedergeburt des neuen Jahres begangen, es gab Fruchtbarkeitstänze und -rituale, die den Ahnen zu baldiger Wiedergeburt verhelfen sollten. Die Göttin Ostara aus der Germanischen Mythologie erinnert heute nur noch dem Namen nach daran, dass früher der vierte Vollmond im Jahr ihr zu Ehren gefeiert wurde. Ostara war die Göttin des Mondes, eines der prominentesten Symbole für die Wiedergeburt, da der Mond zyklisch an- und abschwillt wie der Leib einer Schwangeren. Der vierte Vollmond nach der Wintersonnenwende symbolisiert die Rückkehr des Frühlings und damit die alljährliche Wiedergeburt der Natur.[81)]

Im Zuge der Christianisierung gelang es zunächst zwar, althergebrachte heidnische Glaubensinhalte und Feste umzudeuten. Aber das genügte nicht. Das machtvolle Bedürfnis der Menschen nach einer Muttergöttin konnte das frühe Christentum nicht befriedigen und so musste diesem Wunsch schließlich doch noch stattgegeben werden.

Zwar räumt der Prophet Jeremia schon im Alten Testament eine Verehrung der »Himmelskönigin« in Babylon ein, aber seine Freude hat er nicht mit ihr. »Die Kinder lesen Holz zusammen und die Väter zünden das Feuer an, die Frauen aber kneten Teig, um der Himmelskönigin Kuchen zu backen; und fremden Göttern spenden sie Trankopfer, um mich zu ärgern« (Jeremia 7,18). Ishtar ist die babylonische Hauptgöttin, sie gilt als Göttin der Fruchtbarkeit und wird meist mit einem Kind auf dem Arm dargestellt. Weil sie sexuell freizügig ist und sich keinem Mann unterordnet, wird sie bald zum Inbegriff des Bösen. Die »große Hure Babylon« ist in der Offenbarung des Johannes 17,1–18 die Feindin des wahren Glaubens, er sieht sie als betrunkenes Weib, das auf einem scharlachroten Untier reitet, welches mit gotteslästerlichen Namen bedeckt ist; die Stadt, die sie verehrte, gilt bis zum heutigen Tag als Inbegriff aller Lasterhaftigkeit – das »Sündenbabel«.

Und dennoch hat sich ein kleines Detail dieser verfemten Himmelsgöttin bis in unsere heutige Zeit hinein gehalten. Nicht nur zeigen alle Statuen der Mutter Gottes diese immer mit einem Kind auf dem Arm, was an die Darstellungen der Ishtar, der Fruchtbarkeitsgöttin aus Babylon, erinnert, es gibt sogar eine nicht unbeträchtliche

Zahl »Schwarzer Madonnen«, die eine dunkelhäutige Maria zeigen. Ein bemerkenswerter Tribut an die Tatsache, dass die Wiege der Menschheit in Afrika stand, unsere Urmutter also tatsächlich dunkelhäutig gewesen sein dürfte.

Die öffentliche Verehrung von Maria als Mutter wird aber erst nach dem Konzil von Ephesos, im 5. Jahrhundert nach Christus, offiziell erlaubt. Nun darf auch der Christ zur Gottesmutter beten. Das »Ave Maria« entstand in dieser Zeit. Man versuchte, versteckte Hinweise auf sie in der Bibel zu finden, um das neue Glaubenselement zu untermauern. Vergeblich zwar, aber in den Herzen der Menschen hatte sie lange davor schon einen prominenten Platz gefunden – allen patriarchalisch geprägten »Säuberungsaktionen« zum Trotz hatte sie niemals ganz verdrängt werden können. In der Gegenreformation versuchte die katholische Kirche zwar wieder, unbiblische Texte zu verbieten, doch das Volk ließ sich nicht mehr beirren und pflegte den Glauben an die große Himmelsmutter weiterhin. In der Romantik erfuhr die Marienverehrung schließlich ihre Hochblüte.

Maria ist zwar die Mutter Gottes, aber sie ist eine jungfräuliche Göttin. »Jungfräulichkeit« mag wohl in der Urzeit, wie wir uns erinnern, eine andere Bedeutung gehabt haben – mehr im Sinne von »ursprünglich«, »am Anfang stehend« –, aber im Christentum wurde der Begriff im Sinne von »rein« und »durch den Mann unberührt« verwendet. »Unreine« Mütter und Ehefrauen hingegen haben keinen Platz im christlichen Glauben, und das, obwohl sie seit Urzeiten nicht nur zentrale Figuren in der Mythologie waren, sondern auch Priesterinnen und Tempelhüterinnen. Die »jungfräulichen« Priesterinnen der Ishtar hatten nachweislich Kinder, was vom Volk als normal angesehen wurde, obwohl sie nicht verheiratet waren, genauso wie viele andere Priesterinnen und Tempelhüterinnen. Nachdem jedoch das Attribut »Jungfräulichkeit« vom Patriarchat sinnverändert wurde und sich auf sexuelle Enthaltsamkeit bezog, wurden diese Priesterinnen als »unrein« angesehen. Die Priesterschaft wurde so allmählich zur Männersache. Lediglich die Bekleidung dieses Standes erinnert noch an ihre Herkunft. Frauen auf das »K« der Kirche zu verweisen war kein Tribut an diese frühere weibliche Präsenz im Glauben und in der Priesterschaft. Frauen sollten anhand der zurechtgedrehten Glaubenslehre »erkennen«, welcher Platz ihnen zustand, und dort möglichst in Demut verharren.

Die Adaptierung der Religion zur Bestätigung der Position der Mächtigen hat bewirkt, dass nicht nur Frauen heute das »K« der Kirche in ihrem Leben ablehnen. Ist es nicht verdächtig, dass eine Lehre wie jene der katholischen Kirche, die sich, wie so viele andere Religionen auch, vor allem der Nächstenliebe verpflichtet, ausgerechnet von jenen politischen Parteien unterstützt und gefördert wird, die auf der ganzen Welt als ebenso konservativ und traditionsbewusst wie wenig sozial gelten? Jesus Christus war nicht der Messias der Etablierten. Wurde er nicht gerade deshalb ans Kreuz geschlagen? Er hofierte nicht die Kaste der Mächtigen, sondern wandte sich ganz bewusst jenen zu, die von der Gesellschaft verstoßen und an den Rand gedrängt worden waren.

Die Einzementierung überkommener Männervereine entspricht eigentlich nicht dem religiösen Bedürfnis der heutigen Menschen, wie es wohl zu keiner Zeit wirklich der Fall war. Indem Mütter über Jahrtausende auf die billigen Plätze verwiesen wurden, hat die katholische Kirche ihnen wenig Spielraum gelassen, sich selbst einzubringen. Ja, die Ausblendung der Mutterrolle aus dem katholischen Glauben verhöhnt die ursprüngliche Bedeutung der Frau und Mutter für das Werden allen Lebens und macht aus der ehemaligen allmächtigen Lebensspenderin eine verderbte Sünderin, aus der Priesterin eine ungehorsame Schülerin, die in der Kirche zu schweigen hat – »mulier taceat in ecclesia« (1. Kor. 14,34)! Es ist daraufhin still geworden in der Kirche – sehr still.

Religion ist ein Abbild unserer Ethik, ein Ebenbild unseres Rechts- und Gerechtigkeitsempfindens, unserer moralischen Werte und unserer sozialen Einstellung. Die christliche Religion ist eine der höchsten Errungenschaften des Patriarchats und somit ein Eckpfeiler unserer Kultur. So wie sich emotionale Beziehungen zwischen Eltern und Kindern oder zwischen Partnern über die vier eigenen Wände hinaus auf die Gesellschaft auswirken, hat auch der Umgang mit Religion einen Einfluss, der über das private Leben weit hinausgeht. Eine gemeinsame moralische Basis ist unerlässlich für jedes Zusammenleben – in großen Gesellschaften ebenso wie in der Kernfamilie.

So bedeutet das Verschwinden des dritten »K«, die Abkehr vom Glauben, eine weitere Orientierungslosigkeit mit weitreichenden Konsequenzen. Ohne gemeinsame Wertvorstellungen bedeutet es für den Einzelnen eine enorme Willensanstrengung, zu einem Moralempfinden zu gelangen, das mit jenem der anderen Mitglieder der Gesellschaft kompatibel ist.

Der Weg zu Gott ist einem steilen Pfad auf einen Berggipfel vergleichbar. Die Religionen dieser Welt, so verschieden im Detail sie auch sein mögen, stellen ausgetretene Pfade dar, denen man sich vertrauensvoll anschließen kann, will man sicher ans Ziel kommen – man denke etwa an die Zehn Gebote (die ja keine christliche Erfindung sind, sondern eine jüdische, nämlich die aufs Wesentliche zusammengefasste Quintessenz der langen Erfahrungen eines Nomadenvolks mit dem physischen und psychischen Überleben des eigenen Volkes). Einen eigenständigen Weg zu Gott zu suchen, fernab von »vorgefertigten« Religionen, ist zwar prinzipiell möglich, erfordert aber vom Suchenden ein Maximum an Energie, Konzentration und Zeit. All das hat der Mensch der Konsumgesellschaft in besonders geringem Maße zur Verfügung. Die Abkehr vom Glauben hat daher besonders gravierende Auswirkungen auf die emotionale Stabilität des modernen Menschen.

Pater Gustav Bergmans, aufgrund seiner jahrelangen Tätigkeit als Touristenpfarrer auch der »Fliegende Holländer« genannt, erzählte, dass er seinem Vater ewig dafür dankbar sein wird, dass der ihn das Beten gelehrt hat. Die Vorbildwirkung der Eltern erleichtert Kindern diesen Zugang. Gerade in Zeiten der Unsicherheit und der Veränderung – und wann gab es die nicht – ist es wichtig, eine gemeinsame übergeordnete Instanz zu akzeptieren, deren Regeln und Gesetzen man sich gemeinsam beugt. Jugendliche, die erkennen müssen, dass auch die Eltern nicht ultimative Vorbilder, sondern alles andere als unfehlbar sind, lernen, dass die Bildung der eigenen Persönlichkeit ein Leben lang andauern kann. Sie verzweifeln nicht daran, dass die Eltern es noch nicht geschafft haben, perfekt zu sein, sie erkennen, dass alle Menschen Suchende sind. In religiösen Familien gibt es ein offensichtliches gemeinsames Ziel, zu dem auch die Eltern noch unterwegs sind. Um diese Einsicht erweitern dann die Jugendlichen ihr Elternbild, ohne sich allzu sehr zu beunruhigen. Wie immer man sich Gott vorstellen mag, als einen gütigen alten Mann auf einer Wolke oder als Weltseele, aus der wir alle herausgewachsen sind wie eine Kolonie Pilze – es gibt enorme Stabilität, zu wissen, dass man nicht »oberste Instanz« ist, dass man Teil eines großen Gesamtwerkes ist, zu dessen Gedeih und Gelingen man beitragen darf, jeder, wie er eben kann.

Der Ethik-Unterricht in den Schulen ist ein zaghafter Versuch, heute zu ersetzen, was Kinder daheim nicht mehr erleben und Religion nicht mehr bieten kann. In einer zunehmend multiethnischen wie abnehmend religiösen Gesellschaft wäre es besonders wichtig, sich auf die gemeinsame Basis aller Religionen zu konzentrieren. So ist Religion mehr als das Glauben an Geschichten und Überlieferungen, deren bildhafter Charakter als Illustration für eine Zeit gedacht war, die lange vergangen ist. Der Glaube ist Ausleben spiritueller Bedürfnisse. Gemeinsam sind fast allen Religionen der Respekt und die Wertschätzung allen Lebens, insbesondere der Mitmenschen, sowie die Anerkennung einer großen übergeordneten Instanz. Die Wurzel allen religiösen Empfindens ist aus jenen zarten ersten Banden entstanden, die Individuen unserer Art seit der Urzeit aneinandergebunden hat. Daher enthält unser Bedürfnis nach religiösem Ausdruck auch den Wunsch nach Geborgenheit im Schoße einer Muttergottheit. Und wenn das nicht vorgesehen ist, wollen wir uns Gott wenigstens als liebenden Vater vorstellen, dem es nicht egal ist, was mit uns passiert.

Mit Religion schaffen wir uns ein Über-Über-Ich, das uns anleitet, wenn die Eltern als Vorbild nicht mehr ausreichen. So hat auch das erwachsene Individuum, das sonst keine Instanz mehr über sich hätte, diesen richtungsweisenden Kompass zur Orientierung. Wie ein Fixstern am Himmel zeigt er die Richtung, auch wenn uns vom Schicksal übel mitgespielt wird und wir keinen Sinn mehr in unserem Dasein erkennen können. Dann haben wir ein »Haus auf festem Grund« gebaut, wie Kardinal König es in seinem gleichnamigen Buch formulierte.[82)]

Zuständig für die Andersgläubigen, war Kardinal Franz König richtungsweisend, was den Weg der katholischen Kirche betraf. Er hat wichtige Schritte gesetzt im Sinne deren Liberalisierung, insbesondere der Einbindung der Frauen und der Akzeptanz anderer Religionen. Nicht zuletzt deshalb war er bei Katholiken und Andersgläubigen gleichermaßen besonders beliebt. Obwohl der Kardinal über 90 Jahre alt wurde, kam sein Tod viel zu früh. So Gott will, wird die katholische Kirche seinen Weg weiter beschreiten und ihre Lehre auf diese Weise bald wieder Einzug halten können in die Herzen von vielen Suchenden.

Das Verschwinden der drei »K« aus dem Zentrum des Lebensinteresses vieler Familien hat ein unbestimmtes emotionales Vakuum in der Gesellschaft hinterlassen. Noch verstehen viele Menschen nicht, was ihnen abgeht. Wie ein Kleinkind, das seine Kuscheldecke verlegt hat und sein Bedürfnis danach noch nicht in Worte fassen kann, fühlen wir jedoch, dass uns etwas fehlt. Frauen an den Ort ihrer Demütigung und Geringschätzung zurückzubeordern, wie viele Anhänger alter Gesellschaftsordnungen es sich wünschen würden, kann nicht das Ziel sein. Erst muss es eine Umbildung des öffentlichen Bewusstseins darüber geben, welche unschätzbaren Werte wir unwiederbringlich zu verlieren dabei sind.

3

DIE SCHATTENMAMA –
was die Leere füllt

Der Verlust des emotionalen Kontinuums – das Kind als Accessoire

»Wenn er die weltweit erreichbare Handynummer des Schattenpapas wählte, nahm bestimmt entweder ein Leibwächter oder die persönliche Maskenbildnerin seines Vaters ab. Oder dessen persönlicher Hairstylist. Oder der Masseur, der ihn auf jeder Reise begleitete. Oder sein spiritueller Ratgeber Ming du Lac oder einer aus dem Dutzend weiterer Lakaien, die um einen der vier meistbewunderten Männer der Welt herumscharwenzelten. (...) Seine Quasimama konnte er nicht anrufen, weil sie sich zweifellos an einem weit entfernten, fabelhaft mondänen Ort wie Monte Carlo aufhielt, um ihr fantastisches Aussehen zur Schau zu stellen. Er hatte keine verlässliche Telefonnummer von ihr ...« So aussichtslos beschreibt Dean Koontz die Chancen des Jungen Aelfric, angesichts einer ernsthaften Bedrohung durch einen mörderischen Psychopathen seine Eltern zu erreichen.[83] Als Sohn des »berühmtesten Schauspielers der Welt« und eines in die Jahre gekommenen Supermodels, »dessen Karriere dennoch gewisse Anforderungen stellte«, bleibt Fric nichts anderes übrig, als sich dem Bodyguard seines prominenten Vaters anzuvertrauen ...

Reine Fiktion? »Luxuskinder«, titelt das Magazin Weekend, »der Sprössling als Statussymbol«.[84] Abgebildet sind gestylte Prominentenkinder, eingekleidet von Modedesignern, behängt mit teuren Accessoires. Mehr wandelnde Litfaßsäulen als wirkliche Kinder, Werbeträger für die Eitelkeit ihrer Eltern – so präsentieren sich die Nachkommen der bewunderten Persönlichkeiten unserer Zeit.

Von der Tochter Boris Beckers, die mit 7 Jahren Dior-Pelzmäntel vorführt, über die Beckham-Jungs in erlesenem Zwillings-Look bis zu den Dresscodes für Madonnas Kindersammlung – es bleibt kein Zweifel, die Kinder der echten Prominenten stehen dem fiktiven Jungen Fric, was materiellen Besitz anlangt, um nichts nach.

Aber nicht nur das. Defizite, die aus dem Umgang mit Zeit und Gefühlen resultieren, sollen hier wettgemacht werden – so kommentiert die Jugendpsychologin Martina Leibovici-Mühlberger dieses Syndrom der materiellen Kompensation. Aber wen kümmert das? Die schönen und reichen Zeitgenossen dienen ihren Epigonen und allen, die es noch werden wollen, als Vorlage. Die Modeindustrie profitiert davon, und es scheint, als wären umso wichtiger, je weniger prominent man sich fühlt, die auffälligen Applikationen der »richtigen« Markennamen auf der Kleidung. Das reicht bis hin zu Absurditäten wie Jacken, die beinahe nur mehr aus einem Schriftzug bestehen, oder riesigen Metalllettern auf Gürteln, die den Käufer zum Werbeträger einer Firma degradieren.

Doch man möchte nicht nur angezogen sein wie die verehrte Prominenz, deren Verdienste um die Menschheit zunehmend gering erscheinen, man möchte auch dem Nachwuchs dieselbe erlesene Behandlung angedeihen lassen. Und so gilt es als modern, die Kinder nicht nur mit Konsumgütern zu überhäufen, sondern auch keine Zeit für sie zu haben. Zunehmend werden die fehlenden Kinderbetreuungseinrichtungen beklagt, die möglichst früh am Morgen öffnen und spät des Abends schließen sollen. Die Bedeutung dessen, was in der Zwischenzeit erledigt wird, steigt ins Unermessliche. Das wird noch unterstrichen, indem man abgehetzt in letzter Sekunde den Kindergarten erreicht, um das bereits wartende Kind zu übernehmen (alle anderen wurden schon abgeholt), und mit diesem im Schlepptau davonhastet – es ist ja schon spät –, während man der Kindergärtnerin noch einige Entschuldigungsfloskeln über die Schulter zurückwirft und gleichzeitig noch letzte Telefonate erledigt, in denen man Menschen in ähnlichen Situationen versichert, wie außerordentlich viel Stress man wieder zu bewältigen habe.

Die Anforderungen der Kindererziehung werden tunlichst delegiert – an bezahlte Menschen, von denen aber mindestens dieselbe emotionale Hingabe und fürsorgliche Aufopferung erwartet wird wie von einer leiblichen Mutter. Oder noch viel mehr, denn schließlich bezahlt man doch dafür. So sind solche Mütter ehrlich empört, wenn man sich nicht ausreichend um ihr Kind kümmert.

Was dabei recht merkwürdig anmutet, ist wohl die Tatsache, wie schlecht bezahlt diese Ersatzmütter sind. Kindermädchen werden aus notorisch armen Ländern zu Bettellöhnen angestellt. Eine Tagesmutter verdient kaum mehr als ein Taschengeld. Ebenfalls nicht zu den Großverdienern zählen Kindergärtnerinnen und Volksschullehrerinnen, von denen aber dennoch verlangt wird, dass sie die fehlende emotionale Betreuung im Elternhaus mehr als wettmachen sollen – während sie ganz nebenbei den Kleinen auch noch, möglichst ohne Leistungsdruck, den Schulstoff vermitteln sollen.

Früher kamen die Sprösslinge nach dem Kindergarten oder der Schule nach Hause, wo die Mutter mit dem Essen wartete, die Geschwister auch bei Tisch saßen und es Gelegenheit gab, sich über die Erlebnisse in der Schule auszutauschen. Die Vormittagsstunden in der Fremdbetreuung sind für ein kleines Kind bis in die Grundschule hinein durchaus genug Anforderung. Es braucht Freiraum in einer ruhigen, geborgenen Atmosphäre, um die Erlebnisse zu verarbeiten und ganz nebenbei in der persönlichen Auseinandersetzung mit der betreuenden Person die eigenen Emotionen verarbeiten zu lernen.

Renate Hofmann, Professorin an der Pädagogischen Akademie in Wien sowie Fachfrau für Teilleistungsschwächen und Lernstörungen bei Kindern, ist der Meinung, dass Kinder bis zum Grundschulalter die Nachmittage für sich brauchen. Kinder sind gerne in der Gruppe, deshalb lieben sie auch den Kindergarten, wo sie Ansprache und Anregung bekommen. Aber in diesem Alter genügt ihnen noch der Vormittag. Dann brauchen die Kinder eine stille Ecke, um all das Erlebte zu verarbeiten. Selbst Einzelkinder, für deren soziale Entwicklung das Spiel in der Kindergruppe besonders wichtig ist, brauchen Auszeiten.[85)]

Natürlich kann man Kinder rund um die Uhr fremdbetreuen lassen. Sie scheinen das in den meisten Fällen – für den oberflächlichen Betrachter – auch ganz gut zu verkraften. Das Problem besteht aber darin, dass nichts mehr verinnerlicht wird. Einzelne Ereignisse können nicht ausreichend verarbeitet werden. Das überforderte

Kindergehirn schaltet auf Durchzug. Große Mengen an Schall- und Lichteindrücken werden schließlich auch als Dauerstimuli benötigt, um den Eindruck von Normalität zu haben. Kinder, die selten Gelegenheit bekommen, in sich zu kehren, über Erlebtes nachzudenken und sich mit ihren individuellen Bezugspersonen auszutauschen, verlernen, sich Gedanken zu machen. Einzelne Ereignisse werden zwar als aufregend, enttäuschend oder beängstigend erlebt, dringen aber nicht mehr tief genug ins Bewusstsein vor, um dort verarbeitet zu werden, sondern bleiben als unbestimmte Begleitstimmung an der Oberfläche.

Kinder, die zu lange dem Lärm einer großen Kindergruppe ausgesetzt sind, können oft am Ende des Tages gar nicht angeben, was sie erlebt haben. Fragt man nach, plappern sie fröhlich und geben Oberflächlichkeiten und Phrasen von sich wie »schön«, »lustig« oder »gut«, wobei sie offenbar gar nicht tiefer gehen können, bevor in ihnen das Bedürfnis nach weiterer Unterhaltung wieder überhand nimmt. Sie sehen einen nicht an, zappeln herum, man hat das Gefühl, abgewimmelt zu werden – ein Spiegelbild der Art vieler Erwachsener, lästigen Kinderfragen zu begegnen.

Derart überforderte Kinder können auch mit sich selbst kaum mehr etwas anfangen. Das Kinderzimmer quillt zwar über von Spielsachen, aber das Kind fordert dennoch hartnäckig Unterhaltung.

Das Gehirn eines Kindes braucht nach einer Phase der Aufnahme, des Inputs, eine Phase des Leerlaufes oder der Langeweile, um auf Produktion, Output, umzuschalten. Statt dem Kind diesen Freiraum des Leerlaufes zu gönnen, das Abschalten zu unterstützen und die damit verbundene Unzufriedenheit und die Turbulenzen gelassen auszusitzen, reagieren viele Eltern genervt und versuchen rasch, eine neue Beschäftigung für das Kind zu finden. Eine, die möglichst lange unterhält und weit weg von den Ohren der Eltern selbst stattfindet.

Die Fremdbetreuung des Kindes hat nämlich nicht nur Folgen für das Kind, sondern auch für den Zugang, den die Eltern zu ihm haben. Was für den Beruf sonnenklar erscheint, nämlich, dass man sich mit diesem 40 Stunden in der Woche beschäftigen sollte und nicht nur halbstundenweise morgens und abends, scheint in der Kindererziehung nicht so klar zu sein. Jedem berufstätigen Menschen leuchtet ein, dass der Job leichter von der Hand geht, je besser man eingearbeitet ist. Nur bei Kindern meint man, die Feinabstimmung käme von alleine, schließlich wäre man ja die Mutter/der Vater.

Behübschende Ausdrücke wie »Quality-Time«, die Eltern vorgaukeln, in kurzer Zeit aufholen zu können, was in vielen Stunden und Tagen versäumt wurde, halten Kinder keinesfalls davon ab, sich an den Eltern zu reiben, sobald diese greifbar sind. Die kindlichen Bedürfnisse nach Auseinandersetzung mit den betreuenden Erwachsenen werden nämlich unter der Woche in der Kindergruppe keineswegs gestillt, sondern stauen sich auf. Eltern, die unter der Woche keine Zeit haben, bekommen am Wochenende ein Vielfaches der Ladung ab, die ein betreuender Erwachsener, der sich auch unter der Woche Zeit nimmt, zu bewältigen hat.

Das ist aber gar nicht nach dem Geschmack der Eltern, die ihre Kinder häufig von anderen betreuen lassen. Die wenige Zeit, die sie mit ihren Kindern verbringen, soll doch nicht von hässlichen Auseinandersetzungen getrübt werden – auch wenn diese noch so nötig wären. Dabei ist deutlich zu erkennen, dass es einen Unterschied macht, ob Eltern Kinder fremdbetreuen lassen, weil es nicht anders geht, oder ob es aus Bequemlichkeit geschieht. Eltern, die ihre Kinder abgeben müssen, tendieren dazu, die Zeit, die sie mit den Kindern verbringen können, wirklich intensiv zu nutzen. Sie versuchen aufzuholen, was versäumt wurde, weil ihnen die Zeit, die sie nicht mit dem Kind verbringen konnten, tatsächlich als Versäumnis vorkam. Eltern hingegen, die es vorziehen, im Trend zu liegen, und ihren Nachwuchs abschieben, weil sie modern und »prominent« erscheinen wollen, können oft tatsächlich kaum mehr etwas mit den Kindern anfangen, wenn sie diese einmal selbst betreuen sollen.

Also sieht man zunehmend, wie Eltern, die großteils freiwillig darauf verzichten, ihre Sprösslinge selbst zu betreuen, sich bemühen, diese möglichst auch in der Freizeit beschäftigt zu halten. Dabei ist jedes Mittel recht. Die Direktorin der Grundschule, die mein Sohn besucht, schickte mit den Nachmittagsangeboten ein Schreiben, in dem sie ersuchte, die Kinder nicht mit mehr als zwei zusätzlichen Übungen zu belasten. Die Tatsache, dass dieser Brief überhaupt nötig war, sprach Bände über die Einstellung vieler Eltern ihren Kindern gegenüber.

Dabei scheint es ganz gleichgültig, wofür das Kind sich eignet, was seine Vorlieben und Hobbys wirklich sein mögen – glücklich jene, welche die Muße zugestanden bekommen, eine bestimmte Vorliebe überhaupt zu entwickeln. So sieht man unförmige Tapsbären im Ballettrock, schüchterne Muttersöhnchen beim Fußballtraining, wasserscheue Kinder beim Schwimmunterricht oder viel zu kleine Kinder, die noch mit Trennungsängsten zu kämpfen haben, in Schikursen. Ältere Kinder werden in die Nachhilfe geschickt. Renate Hofmann, die auch ein Lerninstitut in Wien Hietzing betreibt, erzählte, dass viele Eltern nicht einmal nach dem Preis fragen und gleich ganze Nachmittage belegen. Das Kind kommt oft lange vor dem eigentlichen Beginn der Stunde.

Die Kinder gehen häufig direkt nach Schluss der jeweiligen Betreuungseinrichtung der nächsten Unternehmung entgegen. Zu Hause bleibt vor dem Zubettgehen kaum noch Zeit für Gespräche oder Verarbeitung des Erlebten.

Am Wochenende werden Eltern derart überbeschäftigter Kinder meist panisch. Was tun mit dem Kind? Große Shopping-Center haben diesen Trend längst erkannt und offerieren kauffreudigen Eltern – wer hätte das gedacht – Kinderbetreuungsstätten. In fensterlosen Käfigen, gefüllt mit buntem Spielzeug, können bereits kleinste Kinder bezahltem Personal übergeben werden, welches das Kreischen und Zetern der abgelegten Kleinen stoisch erträgt bis zur Rückkunft der erwachsenen Kunden, die das wohlverdiente Geld inzwischen in beglückende Konsumgüter aller Art investieren. Ist die Kauflust auch bei den Kleinen geweckt, tritt oftmals Entspannung ein. Man hat zwar die Fähigkeit verloren, aufeinander einzugehen, aber zumindest hat man nun ein gemeinsames Interesse und die Eltern können ihr Gewissen proportional zur Brieftasche erleichtern. Viele wundern sich dann, dass dieser Zugang auch später der einzige bleibt, den sie zu ihren Kindern haben.

Auch im Urlaub gibt es ja gottlob schon Kinderbetreuungseinrichtungen. Jeder Ferienclub, der etwas auf sich hält, stellt professionelle Kinderanimateure zur Verfügung (Kinder, die das ablehnen, sollten unbedingt von ihren Eltern unterstützt werden in ihrer Entscheidung). Aber auch bessere Hotels bieten Kinderbetreuung für ihre Urlaubsgäste an, die Räumlichkeiten meist im Souterrain, luft- und lichtlos, aber sie sind ja auch nicht für die zahlenden Gäste gedacht.

Yasmine arbeitete in einer Kinderbetreuungseinrichtung in dem Nobelskiort Saas Fee in der Schweiz. Kleinste Kinder, die alles andere, nur nicht die Landessprache sprachen, wurden von den Eltern frühmorgens schon deponiert, damit die Eltern das Pistenerlebnis so richtig genießen konnten. Die Kinder weinten oft stundenlang und wurden selbst nach mehrmaligen Anrufen der Kinderbetreuerin nur sehr unwillig wieder geholt. Und dann auch nur, um am nächsten Tag wieder abgegeben zu werden. So ein Spiel konnte sich mehrere Tage hintereinander wiederholen. Eines der Kinder schlug gar in seinem Schmerz mit dem Kopf gegen den Boden.

Einmal kam ein norwegisches Ehepaar, das sogar ein noch schlafendes Kleinkind abgeben wollte. Yasmine wollte das Mädchen aufwecken. Doch der Vater legte sich quer. »Wenn das Kind aufwacht, will es nur bei uns bleiben«, meinte er, »das wird dann mühsam.« Yasmine bestand jedoch darauf. Nicht auszudenken, welchen Schreck das Kind bekommen hätte, unter lauter Wildfremden aufzuwachen, die nicht einmal seine Sprache sprachen.

Es wiederholt sich offenbar in der Freizeit, woran man sich im Alltag gewöhnt hat. Das Argument, Brötchen verdienen zu müssen, das so gerne angeführt wird, wenn beide Eltern berufstätig sind und keine Zeit für die Kinder haben, scheint aber im Urlaub irgendwie seine

Zugkraft zu verlieren. Denn der Aufenthalt auf der Piste ist nicht wirklich lebensnotwendig. Aber man ist entwöhnt. Nicht nur von der Kinderbetreuung selbst, die einem zunehmend problematisch und immer weniger lohnend erscheint, je ungeübter man darin ist. Das Bedürfnis, sich einzufühlen, schwindet mit der abnehmenden Notwendigkeit. Lästiges wird delegiert. So macht man es im Beruf und so macht man es in der Freizeit. Schließlich will man das sauer verdiente Geld auch genießen, wozu das Warten neben einem schlafenden Kind für viele eben nicht wirklich gehört.

Auch Kinderfeste sind beredte Zeugen der Ohnmacht vieler Eltern, sich mit den Kindern sinnvoll zu beschäftigen. Hat noch die Generation unserer Mütter wie selbstverständlich Spiele wie Topfklopfen und Blinde Kuh organisiert, kleine Preise wie etwa Süßigkeiten verteilt, selbst gebackene Kuchen aufgetragen, Kasperletheater gespielt, so ist heute ein Kinderfest eine mittlere Staatsaffäre. Berufliche Kinderunterhalter kommen – Dompteuren gleich – ins Haus, bewaffnet mit Spielzeug, das eher an eine Raubtiernummer im Zirkus erinnert als an eine Kinderjause: riesige Plastikwürste, Bälle und Reifen. Etablierte Kinderdompteure sind heiß begehrt und verdienen gutes Geld. Manch einem begegnet man jede Woche wieder – immer auf einem anderen Fest. Um die Unterhaltung am Laufen zu halten, gibt es noch Clowns und Zauberer, Hüpfburgen für Gartenfeste, Ponyreiten und vieles mehr. Die Eltern werden im stillen Kämmerlein bewirtet. Die Gastgeberin, erschöpft von der Organisation, gesellt sich zum Smalltalk dazu. Vor dem Fenster oder vor der Türe tobt die Schlacht, geräuschvoll und unbändig. Verirrt sich ein kleineres Kind verschreckt zu den Eltern, wird es sofort wieder hinauskomplimentiert – »Geh doch spielen, schau doch zu!« Erleichtert wird die Türe wieder geschlossen, endlich versteht man das eigene Wort wieder. Wie Verschwörer sitzen die Eltern da und warten, dass die Naturkatastrophe ihren Lauf nimmt.

Und ganz ähnlich sieht es nach solchen Kinderfesten auch aus. Schwer atmend und schweißüberströmt kommt schließlich der Kinderanimateur wie der Gladiator nach dem Kampf aus der Arena, um seinen verdienten Obolus abzuholen. Kurz bricht Panik unter den Eltern aus – der Zauberer ist noch nicht da!

Eines der absurdesten Feste dieser Art fand in einem ehemaligen Heurigenlokal in einem Wiener Nobelbezirk statt. Ein Freund meines Sohnes, damals noch im Kindergarten, hatte Geburtstag. Die Eltern gehörten in die Kategorie »Beautiful People«, sie waren wunderbar anzusehen, gut frisiert, erlesen gekleidet und offenbar finanziell unabhängig. Die Kinder waren in hellen Scharen gekommen, alle zwischen 1 und 6 Jahre alt. Tische waren gerichtet, an denen aber niemand saß. Die Kinder, die den Raum bald gefüllt hatten, waren schon alleine aufgrund ihrer Menge nicht in der Lage, ein sinnvolles Spiel zu beginnen. Einige ältere setzten sich wohl in einen kleinen Nebenraum ab, aber die Masse, vor allem die kleineren Kinder, blieb zwischen den Eltern. Diese tauschten sich aus über das Design von Bekleidungsstücken und den dazu passenden Accessoires, was so gar nicht im Sinne der Sprösslinge war. So wurde das Diorkleid unvorteilhaft in die Länge gezogen, der Balanceakt auf den Stilettos, trotz deren erlesener Passform, zunehmend erschwert.

Das Verwunderlichste aber war, dass unter all den Erwachsenen nicht einer war, dem diese Situation merkwürdig vorgekommen wäre. Nicht einer, der ein kindgerechtes Spiel initiiert hätte, die Kinder angesprochen hätte. Stattdessen wurde posiert. Ein Vater mit offenem Hemd und gebräunter Brust, das Haar überlegt gescheitelt, warf sich sogar auf den Boden, um ein besonders gutes Foto von den Kindern zu machen. Man versuchte gut auszusehen in all dem Krawall, der zunehmend unerträglich wurde.

Endlich kam jemand auf die Idee, Musik könnte nicht schaden. Aber Kinderlieder hatte man nicht bei der Hand. Es fand sich ein Radio, das zwar angedreht wurde, doch leider gab es offenbar gerade Nachrichten. Die Sprecherstimme untermalte nun den Höllenlärm der zunehmend verzweifelnden Kinder, deren Unglück einfach nicht wahrgenommen wurde.

Zur allgemeinen Erleichterung nahte dann der bestellte Zauberer. Doch leider entpuppte sich sein Programm als wenig kindgerecht. Die kleinen subtilen Witzchen hätten zwar die Teilnehmer eines Bingoabends trefflich unterhalten, die Kinder aber fanden keinen Geschmack daran und begannen die Zauber-Utensilien zu derangieren und hinter der Kulisse auf Entdeckungsreise zu gehen. Die Eltern, die, dankbar über die Ablenkung, dem Sekt in den Plastikbechern und den Lachsbrötchen zusprachen, ließen den Zauberer in seinem Unglück alleine. Dieser quittierte die Übergriffe der Kinder auf sein Inventar mit zunehmendem hysterischen Schimpfen, was der Darbietung ziemlich abträglich war. Schließlich entschuldigte er sich, er wäre älteres Publikum gewöhnt, und suchte sein Heil in der Flucht.

Dies war dann auch das Ende der Party, zumindest für mich und Tommy, denn die Spiele der Kinder wurden zunehmend destruktiv und es gab bereits erste Verletzte zu beklagen. Allerdings ging ich bereichert an Erfahrung, wie man ein Kinderfest auf keinen Fall machen darf. Wie war es nur möglich, dass ein ganzer Raum voll Erwachsener, durchwegs Eltern von Kindern in gleichem Alter, derart unfähig war, auf deren Bedürfnisse einzugehen? Ist es nur eines der »Privilegien« der Oberschicht, keine Ahnung von den eigenen Kindern zu haben? Und was passiert, wenn das zu einem Modetrend wird, den die anderen kopieren zu müssen glauben, um mit den Schönen und Reichen dieser Welt mithalten zu können? Das Beunruhigende dabei ist, dass dieser Trend sich bereits abzuzeichnen beginnt.

Unsere Mütter waren auch keine Zauberinnen, sie hatten keinerlei pädagogische Ausbildung und trotzdem wussten sie einiges um so viel besser. Zum Beispiel, dass man nur so viele Kinder einladen soll, wie das Geburtstagskind in Jahren alt ist. Sonst sind die Kinder überfordert. Eine Cocktailparty mit Hunderten Gästen mag für manche Erwachsene erstrebenswert und unterhaltend sein. Für Kinder der pure Stress. Kein qualitätsvolles Spiel kommt zustande, weil die Fähigkeit, die Bedürfnisse der eigenen Person hinter die Bedürfnisse anderer zurückzustellen, noch viel zu wenig entwickelt ist.

Große, teure Spielsachen sind weniger geeignet als Kleinigkeiten, die alle haben. Eine Brille aus Papier oder ein lustiger Strohhalm ist für Kinder viel interessanter als ein riesenhaftes, fernsteuerbares Automobil, das zwar viel gekostet hat, das aber immer nur jeweils ein einziges Kind beschäftigt, während die anderen bestenfalls stören können. Die kindliche Fantasie braucht keine Planung durch Erwachsene. Es wäre traurig um die Welt der Imagination bestellt, wäre sie auf die Erwachsenen angewiesen. Erwachsene können sie aber in die Bahnen lenken. Sie können ein Spiel initiieren, und wenn sie merken, es bekommt Eigendynamik, sollten sie sich zurückziehen.

Das aber erfordert Einfühlungsvermögen und »Know-how« von den Eltern. Werden Kinder, wie es immer häufiger der Fall ist, von einer Betreuungseinrichtung zur nächsten, von einer Unterhaltung zur anderen weitergereicht, bleibt nicht ausreichend Zeit, herauszufinden, welche Bedürfnisse das Kind tatsächlich hat. Je unrunder die Beziehung zwischen Eltern und Kindern läuft, umso unbefriedigender wird gemeinsam verbrachte Zeit erlebt, die »Quality-Time« wird zur Qual für alle Beteiligten.

Eltern verlieren durch mangelnde direkte Auseinandersetzung mit dem Kind auch das Gefühl dafür, wie viel Einsatz von ihrer Seite überhaupt wünschenswert ist. Dabei lassen Kinder einen meist in aller Deutlichkeit wissen, wie viel Zuwendung sie brauchen. Elterlicher Einsatz ist umso mehr gefragt, je jünger das Kind ist. Kaum hat das Kind ausreichend Vertrauen darauf, dass die Liebe seiner Bezugsperson von Dauer sein wird, macht es sich auch schon daran, das enge Band zu lösen. Je besser Eltern ihren Job zu Anfang machen, umso weniger werden sie später gebraucht.

»Zwei Dinge sollten Kinder von ihren Eltern bekommen«, sagte der Geheimrat Johann Wolfgang von Goethe, »Wurzeln und Flügel.« Mindestens so wichtig wie die fundamentale, auf gegenseitigem Erkennen und Vertrauen basierende Beziehung zu den Eltern ist die Gewissheit, von diesen jederzeit auf eigenen Wunsch auch wieder losgelassen zu werden.

Eislaufmütter und Fußballväter – Jahrmarkt der Eitelkeiten

Der junge Mann scheint eins zu sein mit seinem Dressurpferd. Tadellos sitzt der Frack, der Zylinder unterstreicht die Noblesse des schönen Gesichts. Die Stiefel glänzen. Der Sitz ist locker, gelöst, ebenso wirkt das Pferd, es steht an den Hilfen, tritt im Takt, das Ohrenspiel eifrig und aufmerksam. Ein Raunen geht durch die Zuschauer. So, ja so soll es aussehen. Es ist ein Tanz, ein Elfenreigen. Wer, wenn nicht dieses Paar, wird diesen Bewerb gewinnen?

Auf der Tribüne rechtzeitig in Stellung gegangen: der Vater – ernste Miene, auf die Videokamera konzentriert; einige Zuseher wurden gebeten, andere Sitzplätze einzunehmen, um einen optimalen Winkel für die Aufnahme zu ermöglichen. Dahinter die Mutter, ebenso ernst, ja nervös, die Hände tief in die Jackentaschen gebohrt.

Auf dem Viereck nähert sich die Darbietung ihrem Höhepunkt. Das Pferd tritt an zum starken Trab durch die Diagonale. Fast scheint es, als würden die Zuseher mitgetragen von diesem Schwung und dieser Eleganz. Doch dann – welch schrecklicher Misston – das Pferd bricht plötzlich weg, wehrt sich unschön gegen die Einwirkung des Reiters, kommt viel zu früh auf den Hufschlag zurück.

Die Menge hält den Atem an. Oh nein! Nicht bei diesem Paar! Wie schade, nun ist sicher kein Sieg mehr drinnen! Der Reiter bleibt stoisch. Beendet in gewohnter Perfektion die Aufgabe. Die Zuseher applaudieren. Das Gesicht des jungen Mannes, eben noch entspannt, ja ephebisch schön, ist nun in sich gekehrt und abwesend. Hört er nicht die Zuseher? Ihre Herzen hat er auf jeden Fall erobert, ganz gleich, was die Richter ihm für diesen Fehler an Punkten abziehen werden.

Die Eltern auf der Tribüne sind wie vom Donner gerührt. In eisigem Schweigen packen sie die Sachen zusammen. Die Kamera wird unsanft in ihre Verpackung zurückgeschoben. Bittere Züge um den Mund, verlassen die beiden schnurstracks den Ort, eilen steifen Schrittes davon.

Eine Szene, wie sie wohl zigtausendmal vorkommt auf allen möglichen Sportplätzen der Welt. Ehrgeizige Eltern überwachen die Darbietungen ihrer Sprösslinge. Fiebern mit, leiden mit, freuen sich mit. Ist es nicht schön, wenn die Eltern sich so für ihre Kinder einsetzen? Diese Familie hat viel investiert in den Sport des Sohnes. Teure Pferde wurden erstanden, die besten Reitlehrer für die Ausbildung rekrutiert. Die Eltern waren allzeit bereit, zu chauffieren, im Hintergrund zu warten, bei der Organisation zu helfen, zu dokumentieren und Geld nachzuschießen, wo es gebraucht wurde. Wochenende für Wochenende verbrachten sie im Gefolge des Sohnes beim Turnier, feierten Erfolg nach Erfolg – und dann so etwas. Ein kleiner Patzer, ein Erschrecken des Pferdes – und schon mussten sie sich einem fremden Erstplatzierten geschlagen geben.

Der junge Mann war der Bruder einer Freundin, die erzählte, was sich anschließend an so einen »Fehltritt« daheim abspielte. Es wurde geschwiegen. Tagelang. Eisig. Die ganze Zeit über. Fehler dieser Art durften nicht vorkommen. Die Eltern konnten es einfach nicht hinnehmen, derartig enttäuscht zu werden.

Der junge Mann mit dem Engelsgesicht liebte seine Eltern. Er wusste, was sie alles für ihn geopfert hatten, und gab alles, um es ihnen recht zu machen – und mehr noch als das. Dann wurde er sehr krank. Niemand wusste zunächst, woran er litt. Schwere Dosen Cortison ließen sein hübsches Gesicht aufquellen und übersäten die Haut mit Ausschlag. Aber es stellte sich keine Besserung ein. Bis einer der Ärzte die wahre Ursache erkannte. Sein Therapievorschlag war einfach und gnadenlos: Trennung von den Eltern. Niemand wollte das glauben. Ausgerechnet diese Eltern, die doch alles für ihren Sohn taten? Wie sollten sie schuld sein an seiner schweren Krankheit? Zunächst lehnten sie ab, eine Trennung von ihrem Sohn kam nicht in Frage. Doch da die Krankheit sich weiter verschlimmerte und überhaupt keine Besserung in Sicht war, ließ man sich schließlich doch darauf ein. Und siehe da, das Wunder geschah: Der junge Mann erholte sich und wurde wieder gesund.

Kinder lieben ihre Eltern. Natürlich sind sie zunächst keine gleichwertigen Partner. Je jünger ein Kind, umso weniger kann es noch von sich aus tun, um die Eltern zu erfreuen. Doch mit dem ersten Lächeln mit etwa 6 Wochen beginnen Kinder, ihre Eltern für deren Zuwendung zu belohnen. Das Glücksgefühl, das viele Mütter und Väter beschreiben, wenn ihre Babys sie das erste Mal anlächeln, ist beredter Zeuge dieses Umstandes.

Von diesem Zeitpunkt an lernen Kinder, wie sie ihre Eltern erfreuen und es ihnen recht machen können. Vor allem kleine Kinder suchen ständig Anerkennung durch die Eltern als Bestätigung dafür, dass sie auch wirklich geliebt werden – und mehr noch als das. »Mama, schau, was ich kann!!!« Das Kind will auch Anerkennung für etwas, das es sichtbar zustande gebracht hat, für eine konkrete Leistung. Es geht dem Kind offensichtlich nicht nur darum, immer nur bedingungslos, fürs bloße Dasein geliebt zu werden, sondern auch darum, sein Können ehrlich bestätigt zu bekommen. Kinder entwickeln erstaunliche Sensorien dafür, ob sie ihre Eltern wirklich für sich einnehmen konnten oder ob diese nur so tun, als würden sie sich freuen. Selbst feine Nuancen in den Gefühlsregungen der Eltern werden registriert. Manch einen Menschen verfolgt nicht erlangte Bestätigung durch den Vater oder die Mutter ein Leben lang.

So erzählte mein Vater immer wieder die folgende Geschichte: Einmal, als er noch ein kleiner Junge war, traf er auf dem Heimweg von der Schule eine Gruppe Freunde, denen er imponieren wollte. Um sie zu belustigen, rutschte und kugelte er immer wieder über einen Schotterhaufen auf dem Gehsteig. Die anderen Jungen bogen sich gerade vor Lachen, als er von Ferne seinen Vater kommen sah. Auch dieser hatte ihn offenbar erkannt. Doch bevor er zum Schauplatz der lustigen Darbietungen kam, wechselte er die Straßenseite. Der Sohn war ihm peinlich. Meinen Vater hat das damals tief getroffen und auch Jahrzehnte später beschäftigte ihn diese Geschichte immer noch. Dabei war es nur eine von vielen Geschichten auf dem Weg zum Erwachsenwerden, die mein Vater schmerzlich in Erinnerung behalten hatte, weil er meinte, sein Vater hätte nicht zu ihm gehalten, ja hätte ihn sogar verachtet für sein Verhalten und seine Entscheidungen missbilligt. Vater entwickelte in der Folge das, was er später die »Ich-werd's-euch-schon-zeigen-Motivation« nannte. Er hielt sie für einen der stärksten menschlichen Antriebe überhaupt. Sie hat ihn wohl ein Leben lang begleitet. Sie machte aus einem Stotterer, der in der »Stotterschule Wurst« in einer muffigen Turnkammer Konsonanten herunterstammelte, einen der gefragtesten Redner. Namhafte Politiker wollten nicht anschließend an Vaters Vorträge sprechen, man könne nach Riedl eigentlich nur »abstinken«, hieß es. Er wurde einer der führenden Köpfe auf nahezu jedem Gebiet, das er im Zuge seines wissenschaftlichen Werdegangs betrat – und dennoch blieb er ein Getriebener. Ständig auf der Suche nach neuen Ufern, auf der Suche nach Anerkennung – wessen Anerkennung?

Seine Mutter freilich schildert Vater in ganz anderem Licht. In seiner Autobiographie »Neugierde und Staunen« schreibt er, wie die Liebe seiner Mutter zu ihm zwar unspektakulär, dafür aber umso unerschütterlicher war. Bei der Aufnahmeprüfung in die Realschule war er durchgefallen. »Dieser Mittag, an dem ich gedemütigt und mit schwimmenden Augen mit der Mutter heimging, ist unvergessen«, schreibt er. »Als sie Jahrzehnte später zu Grabe getragen war und mir ihre tausend Liebesbeweise durch die Seele strichen, war es dieser Mittag, der sich immer wieder in den Vordergrund drängte. Dabei war an ihm nichts Außergewöhnliches. Sie war um mich. Mit einem kleinen, längst vorbereiteten Lieblingsessen, dem frühen Sommer entsprechend im geliebten Gartenhaus. Ich kann mich nicht erinnern, dass sie mich getröstet oder mir Zuversicht vorgeredet hätte. Sie war da.«[86)]

In einem ähnlichen Spannungsfeld zwischen Vater und Mutter bin auch ich aufgewachsen. So als wäre Mutter für die Wurzeln und Vater für die Flügel zuständig gewesen. Ein Lob von Vater musste verdient sein. Nur der bergenden Liebe der Mutter ist es zu verdanken, dass die väterliche Forderung nach Leistung tatsächlich Motivation hervorbringen kann. Und in der Tat scheint es meist die Mutter zu sein, die das Kind eher um seiner selbst willen liebt, und der Vater jener, der mehr Bedingungen an sein Wohlwollen knüpft. Im Idealfall ergänzen einander die Eltern dabei.

Robert Walser, ein Querdenker und »natural born philosopher«, der wohl nur deswegen nicht als Philosoph gilt, weil er sich nie mit Platon oder Kant auseinandergesetzt hat, bringt die väterliche Seite der Liebe auf den Punkt: »Kindern tut es vielleicht recht gut, wenn sie eine gewisse Achtlosigkeit zu spüren bekommen; sie dürfen nicht so von ihrem Wert überzeugt werden. Bewunderung erzeugt ja Übermut, Härte.« Und er fügt dann noch hinzu: »Indem man streng ist mit einem Kinde, verbirgt man vor ihm, wie man es liebt und oft vielleicht fast anbetet. Die Kinder dürfen nicht wissen, welchen Wert sie haben bei denen, von denen sie erzogen werden sollen.«[87] Mit einem modernen Ausdruck wird diese Einstellung zur Kindererziehung »benevolent neglection« genannt, »wohlwollende Vernachlässigung«. Auch ein Jungvogel fliegt nicht gerne vom Nest weg, wenn die Eltern ihn nur dort füttern wollten. Nur Wurzeln alleine lassen einen nicht vom Fleck kommen und nur Flügel alleine lassen einen nie zur Ruhe kommen. Es kommt daher auf ein ausgewogenes Verhältnis zwischen »väterlicher« und »mütterlicher« Liebe an.

Die »väterliche Liebe« unterscheidet sich von der »mütterlichen Liebe« in erster Linie dadurch, dass ein Kind sie erst erwerben muss, so schreibt der Psychologe Erich Fromm in seinem berühmten Buch »Die Kunst des Liebens«. Während die Mutter das Kind auch dann liebt, wenn es unfolgsam ist oder etwas falsch macht, will der Vater erst durch Leistung überzeugt werden. Er liebt das Kind für Wohlverhalten. Fromm selbst räumt ein, dass diese Unterscheidung nichts mit den handelnden Personen zu tun hat. Ein Vater kann also auch mütterliche Liebe geben und umgekehrt.[88]

Mütterliche Liebe, die so notwendig ist für die Selbstsicherheit eines Kindes, kann sich nur entwickeln, wenn das Kontinuum Betreuer–Kind aufrecht bleibt. Nur dann ist das Kind seiner Bezugsperson wichtig genug, um ohne Wenn und Aber geliebt zu werden. Die Hauptbezugsperson wird daher in der Regel »mütterliche« Liebe geben, auch wenn es der Vater des Kindes ist, und umgekehrt wird »väterliche« Liebe eher von jenem Elternteil gegeben, der dem Kind etwas weiter entfernt ist. Um weniger Verwirrung zu stiften, ist es besser, von »bedingter« und »unbedingter« Liebe zu sprechen. Wie viel bedingte oder unbedingte Liebe ein Kind von welchem Elternteil bekommt, ist nämlich keineswegs durch das Geschlecht der Bezugspersonen festgelegt. Und das ist auch ganz unerheblich. Wichtig ist nur, dass ein Kind von beidem ausgewogen viel bekommt.

Vor allem in der »vaterlosen Gesellschaft« wird die väterliche Liebe wohl tatsächlich meist eine bedingte Liebe sein. Die Psychologin Julia Onken konnte gleich drei Typen von Töchtern orten, die sich typischerweise aufgrund mangelnder Aufmerksamkeit von Seiten des Vaters entwickeln. Die »Gefalltocher« tut alles, um für den Vater hübsch zu sein, sie macht sich für ihn attraktiv, und nicht nur für ihn, ein Leben lang begleitet sie der Wunsch, anderen optisch zu gefallen und über ihre äußere Erscheinung auch von anderen gemocht zu werden. Die »Leistungstochter« probiert es auf anderem Weg, das Herz des Vaters zu erobern, und auch später im Leben begleitet sie der Wunsch, über besondere Leistungen Anerkennung zu bekommen. Schließlich ist die »Trotztochter« jene unter den Töchtern, bei der es am schwersten fällt, zu erkennen, dass auch sie um Anerkennung buhlt. Vordergründig tut sie dem Vater alles zufleiß – kleidet sich, wie er es gar nicht mag, benimmt sich in seinen Augen daneben, rebelliert gegen all seine Wünsche und Vorstellungen. Und trotzdem geht es ihr nur um eines: endlich anerkannt zu werden, für voll genommen zu werden, geliebt zu werden. Auch sie dehnt ihr Modell meist auf Beziehungen zu anderen Menschen aus in der Hoffnung, auch hier, wenn schon keine Liebe und Anerkennung, so doch wenigstens Aufmerksamkeit zu finden.[89)]

Für einen Elternteil, der die Verbindung zu seinem Kind verloren hat, ist die Entwicklung von unbedingter Liebe fast nicht möglich.

In einer Gesellschaft, die sich von der vaterlosen allmählich zur elternlosen wandelt, schwindet der Anteil an Erziehungsberechtigten, die zu unbedingter Liebe fähig sind. Eltern, die beide bedingt lieben, werden dazu neigen, das Kind zu dressieren, statt es liebevoll an seine Aufgaben heranzuführen. Das nun nicht aus Grausamkeit oder Herzlosigkeit, sondern aus Mangel an unbedingter Liebe, die ja nur durch ein ungebrochenes Kontinuum, ein tiefes Wissen um das »So-Sein« des Kindes garantiert werden kann. In einer Gesellschaft, in der Kinder zunehmend fremdbetreut werden, sind daher auch Mütter im Vormarsch, die ihre Kinder nicht mehr unbedingt lieben.

Die Leistungsgesellschaft schreit förmlich nach diesem Elterntyp. Sahen Eltern früherer Generationen ihre Aufgabe hauptsächlich darin, einfach da zu sein und ein Zuhause zu schaffen, in das ein Kind heimkehren konnte, sehen sich Eltern heute vielfach als Manager ihres Kindes. Der Terminkalender moderner »Kids« ist so verplant, dass kaum noch ein freier Nachmittag bleibt. Vor rund 40 Jahren trafen Kinder ihre Schulfreunde nach der Schule daheim. Das erlaubte ein individuelleres Spiel in gewohnter Umgebung mit eigenen Sachen. Der Unterricht in der Grundschule endete zwischen 11 und 13 Uhr. Fast jedes Kind ging damals zum Mittagessen heim. Nur einen einzigen Jungen gab es in meiner Klasse, dessen Mutter nicht daheim mit dem Essen wartete, sie war alleinerziehend und musste arbeiten gehen. Udo hatte immer einen Schlüssel um den Hals hängen. »Schlüsselkinder« nannte man Kinder wie ihn. Sie waren Ausnahmen und wurden von den anderen bedauert.

Heute ist es genau andersherum. Fast alle Mütter müssen arbeiten. Von 28 Kindern gibt es in der Klasse meines Sohnes nur drei, die nach dem Unterricht nach Hause gehen. Alle anderen werden im Hort betreut, die meisten bis zum späten Nachmittag. Freunde zu sich nach Hause einzuladen ist vielen Kindern dadurch unmöglich. Die freie Zeit, die Kinder früherer Generationen noch in Fülle hatten, gibt es heute nicht mehr.

Neil Postman, Professor für Media Ecology an der NY University, hält sogar das Verschwinden der Kindheit für möglich. Das vielleicht folgenschwerste Kolonialisierungsunternehmen der Gegenwart, so schreibt er, ist die Zerstörung der Kindheit durch Missachtung und Destabilisierung ihrer Spielräume, ihrer inneren Geschichte und ihrer spezifischen Zeitrechnung. Die Vorstellungs- und Empfindungswelt von Kindern ist endgültig dann abgeschafft, wenn Kinder und Jugendliche nur mehr zu Erwachsenen-Wünschen fähig sind.[90)]

Das ist eigentlich eine rückschrittliche Entwicklung, wenn man bedenkt, dass es auch im Mittelalter das Konzept Kindheit nicht gab. Kinder werden auf Darstellungen aus dieser Zeit wie zu klein geratene Erwachsene abgebildet – die Proportionen stimmen bei ihnen nicht. Und genau das spiegelt die Einstellung zur Kindheit im »finsteren Mittelalter« wider, wo Kindern nicht nur die Arbeit, sondern auch die Sorgen und Nöte Erwachsener selbstverständlich zugemutet wurden und sich kaum jemand darüber Gedanken machte, ob das für die Entwicklung des jungen Menschen auch bekömmlich war. Kindheit ist Luxus, den man sich in guten Zeiten leisten kann. Ob diese nun wieder im Schwinden begriffen sind?

Kompliziert wird die Sache noch dadurch, dass nun auch noch die Bedürfnisse der Erwachsenen über das Kind befriedigt werden sollen. Erwachsene, die den Kontakt zu ihren Kindern verloren haben, projizieren eigene Wünsche auf das Kind, statt wahrzunehmen, welche Bedürfnisse dieses selbst haben könnte.

Wie aber soll in Erfahrung gebracht werden, was das Kind will, wenn es gar keine Zeit dazu hat, herauszufinden, was es gerne tun würde? Ist sein kleines Gehirn einmal auf Input geschaltet, verlangt es auch danach. Es ist bequem, sich verplanen und unterhalten zu lassen. Die so notwendigen Freiräume, die unerlässlich wären, um eigene Ideen umzusetzen und Fantasien zu entwickeln, sind drastisch beschnitten. Die Phase der Langeweile, die meist Schüben von Kreativität vorausgeht, gilt als verpönt, als Zeitverschwendung. »Trödle nicht, träum nicht, beeil dich!« Das kleine Gehirn verlernt dabei, selbständig zu denken, es bleibt auf Input gepolt, konsumiert bevorzugt, lässt sich gerne berieseln und verlangt nach immer mehr.

Es ist gar nicht so einfach, Kindern heute die Notwendigkeit von Freiräumen zu vermitteln. Die Beschneidung von Sport- und Freizeitprogrammen der Kinder wird nicht gleich mit Dank belohnt – stattdessen erntet man Gejammer und Zank. Wenn man aber über diese Besonderheit des menschlichen Gehirns Bescheid weiß, lässt sich die vorübergehende Unbill des Leerlaufes leichter ertragen. Bleibt der betreuende Erwachsene hart und macht klar, dass sie oder er nicht für die Unterhaltung der Kinder zuständig ist, passiert wie von selbst ein kleines Wunder. Nachdem sich der Sturm der Entrüstung gelegt hat, hört man plötzlich nichts mehr – oft für Stunden. Und schließlich wird man geholt, eine herrliche selbst gebaute Ritterburg oder ein liebevoll arrangiertes Stofftierpicknick zu bewundern. Es ist immer wieder verblüffend, wie einfach das funktioniert.

Viele Eltern haben Angst, dass ihr Kind etwas versäumt, wenn sie es nicht ständig anhalten, neue Erfahrungen zu sammeln. In einer Leistungsgesellschaft wie der unseren ist es daher modern, schon kleinste Kinder gezielt zu fördern. Das Buch »Wie Sie die Intelligenz ihres Babys vermehren« schenkte mir eine wohlmeinende Freundin, als meine Tochter noch kein Jahr alt war. Darin waren Anweisungen, wie man Kindern, die noch kaum sprechen können, das Lesen und andere nützliche Wissensinhalte nahebringt. Die Methode ist denkbar einfach. Man zeigt den Kindern für wenige Sekunden Tafeln, auf denen Worte und Bilder zu sehen sind, und spricht dazu laut. So sollen kleine Kinder bereits lange vor der Schulzeit lesen lernen und Bilder richtig benennen können. Ich spielte das Spiel mit Isabella, die sehr konzentriert war und sich tatsächlich als sehr lernfähig erwies. Ich wurde jedoch den Eindruck nicht los, dass sich diese Trainingsmethode einer vorbewussten Merkfähigkeit bedient, nicht unähnlich jenen Reflexen, die Mütter der Naturvölker nutzen, wenn sie die Babys dazu bringen, auf Pfiff zu urinieren – lange bevor diese den Schließmuskel tatsächlich kontrollieren können.

Das »Training« machte Spaß. Aber in erster Linie war es die heitere Interaktion, die das Kind dabei genoss. Und gewiss wurde auch die »Intelligenz gemehrt«, aber eher durch das Bad in der Sprache und die vielen anderen Sinneseindrücke, die das Spiel zu bieten hatte, als dass es tatsächlich verstanden hätte, was die Worte und Zeichen bedeuteten. Genauso gut hätte man ihm beibringen können, auf bestimmte Signale hin Gesichter zu schneiden. Wäre vielleicht sogar noch lustiger gewesen.

Dennoch scheint die »Mehrung der Intelligenz« vor der Zeit vielen Eltern heute ein großes Anliegen zu sein. Zunehmend melden sich Mütter von »hochbegabten« Kindern zu Wort, die – ausgestattet mit Intelligenztest-Ergebnissen ihrer Sprösslinge – auf eine Sonderbehandlung ihres Kindes pochen. Auf Radio Wien, eines Freitagmittags, November 2007, ging es um die Gesamtschule. Die Mutter eines Zweijährigen rief an, um kundzutun, dass dieser bereits lesen und schreiben könne – was solle also ihr hochbegabter Sohn unter den minderbemittelten Nachkommen der anderen? Dem angespannten Nachdruck in ihrer Stimme war echte Entrüstung anzuhören.

Es gibt inzwischen schon eigene Vereine für HB-(hochbegabte) Kinder. Die unterste Grenze für die Aufnahme ist ein IQ von 120. Da 100 dem Durchschnitt entspricht, wäre ein Kind mit einem IQ von 120 also um 20 Prozent klüger als der Durchschnitt. Aber nur dann, wenn der IQ ein Maß dafür wäre, wie weit ein Kind tatsächlich entwickelt ist.

Ein besonders interessanter Zusammenhang kristallisiert sich heraus, wenn man auf diversen Plattformen im Internet liest, was die Mütter von »hochbegabten« Kindern schreiben. Viele Hochbegabte, die nach Meinung der Eltern bereits eingeschult werden könnten, weil sie angeblich schon lesen, schreiben und rechnen können, werden von den Schulen dennoch zurückgestellt, mit der Begründung, die soziale Reife entspräche der geistigen noch nicht. IQ ist offenbar nicht gleich EQ.

Der Neuropsychiater Oliver Sacks schreibt, dass jedes normal entwickelte Gehirn gleichermaßen begabt ist und Hochbegabung in einem Bereich meist Defizite in einem anderen nach sich zieht.[91) In unserer IQ-verliebten Welt kommt der EQ, der emotionale Intelligenzquotient, meist viel zu kurz. Zwar mag er vielleicht nicht bei jedermann für 80 Prozent des späteren beruflichen Erfolges verantwortlich sein, wie Daniel Goleman, ein amerikanischer Wissenschaftsjournalist, überzeugt ist.[92) Sicher aber kommt dem EQ eine eigene wichtige Rolle bei der Entwicklung eines Menschen zu. Vor allem auch deshalb, weil er sich weitgehend unabhängig vom IQ zu entwickeln scheint. Schon beim Erwachsenen sind selten beide Formen der Intelligenz gleichermaßen ausgebildet. Gerade beim kindlichen Gehirn, das noch einen langen Reifungsprozess vor sich hat, hinkt oft die eine der anderen meist deutlich hinterher.

Kinder, die im Test einen hohen IQ-Wert bescheinigt bekommen, aus ihrer Altersklasse herauszunehmen, ist also nur bedingt zu empfehlen. Sie sind ihren Klassenkameraden zwar überlegen, was die intellektuelle Leistung anlangt, sprich, sie rechnen rascher und lesen flotter, aber wie man sich in eine Gruppe einfügt, wie man sich in einen Spielkameraden einfühlt und wie man Freunde gewinnt, das können auch sie noch von den anderen lernen. Nicht zuletzt ist die Rücksichtnahme auf Schwächere ein hohes Gut, das es mit mindestens der gleichen Priorität zu erwerben gilt wie die Kunst des Rechnens. Und manch ein Schüler konnte auch noch intellektuell wie sozial davon profitieren, dass er seine Fähigkeiten anderen zu vermitteln lernte.

So sehr es zu begrüßen ist, dass Eltern die Intelligenz ihrer Kinder fördern – tausendmal besser, als sich gar nicht mit ihnen auseinanderzusetzen –, so sollte doch daneben auch noch genug Zeit bleiben, soziale Fähigkeiten zu erlernen. Rein intellektuellen Leistungen den Vorzug zu geben retardiert fallweise die emotionale Entwicklung. Ein Kind muss sich nämlich nicht nur die Schule mit anderen teilen, sondern die ganze Welt. Daher ist es wichtig, auch den Umgang mit anderen Menschen rechtzeitig zu lernen.

Emotionale Intelligenz kann natürlich auch durch gezieltes Training gefördert werden. In den USA kommt der »Self-Science«-Lehrplan schon seit 20 Jahren zum Einsatz. Die Perfektionierung des EQ kann aber nur »am Substrat« geschehen, durch die ständige Auseinandersetzung zwischen Kind und betreuenden Erwachsenen, sowie mit Hilfe der Beobachtung des Kindes in der Kindergruppe. Viele Eltern sind überrascht, ein »ganz anderes Kind« zu erleben, wenn dieses im Kreise seiner Spielgefährten ist und vergisst, dass es beobachtet wird. Sich emotional mit Kindern auseinanderzusetzen erfordert einiges an Erkenntnis über die Persönlichkeit des kleinen Menschen. Nur über das Verständnis der Beschaffenheit des kindlichen Charakters kann eine sinnvolle Unterstützung seiner emotionalen Fähigkeiten stattfinden. Und dieser ständige Austausch auf emotionaler Ebene ist wieder eine Grundvoraussetzung dafür, dass die Projektion eigener Wünsche und Bedürfnisse auf das Kind unterbleibt. Anleitung durch eine erwachsene Bezugsperson, die Einsicht und Erkenntnis in die Persönlichkeitsstruktur des Kindes hat, das ist es, was vielen Heranwachsenden heute für ihre emotionale Entwicklung fehlt.

Die vaterlose Gesellschaft – Vaters Los

Endlich! Die neue Gartenhütte ist fertig. Stolz steht Raoul vor dem Werk seiner eigenen Hände. Vom Fundament bis zum Dachgiebel, alles ist selbst gemacht. Wochenlang wurde gemessen, betoniert, gesägt, gebohrt, gehämmert, geschliffen, gestrichen, gezimmert, verfliest und das Dach gedeckt. Nun präsentiert er sie stolz der Familie. Daniela, fünf Jahre alt, steht dabei, den Wollkopf nachdenklich zur Seite geneigt. »Papi«, sagt sie, »jetzt hast du endlich etwas gearbeitet!«

Für einen Moment fehlen Raoul die Worte. Was denkt das Kind denn, was er macht, wenn er wochentags immer frühmorgens aus dem Haus geht und spätabends heimkommt? Hat er nicht oft genug erklärt, warum er so wenig Zeit mit ihr verbringen kann? Schließlich lacht er mit Verspätung doch noch, innerlich aber mit einem weinenden Auge. Denn so vieles in seinem Alltag wird von seiner Tochter nicht einmal wahrgenommen. Es hat für sie und ihr kleines Leben keine Bedeutung.

Als er für zwei Jahre im Ausland arbeitete, war es ganz schlimm. Daniela, drei Jahre alt, verstand nicht, warum ihr Vater sie verließ. Unter der Woche sagte sie ständig: »Ich vermisse meinen Papi!« Als er dann abends anrief, wollte sie aber nicht zum Telefon kommen. Wenn Raoul freitags nach Hause kam, wollte sie ihn nicht einmal begrüßen. Streckte er die Arme nach ihr aus, rief sie: »Geh weg, Papi!« Das war für alle eine schwierige Zeit. Für einen Erwachsenen, der so von seinem Kind abgewiesen wird, ist es schwer, zu begreifen, dass das Kind das genaue Gegenteil meint von dem, was es sagt. Im Grunde war klar, warum Daniela ihren Vater so zurückstieß. Sie war tief gekränkt, eine kleine, beleidigte Liebende. Es war ihre persönliche »Rache« dafür, dass er sie unter der Woche »im Stich ließ«.

In unserer Gesellschaft ist die »Vaterlosigkeit« ein vertrautes Szenario. Meine eigene Generation ist mehr oder weniger ohne Vater aufgewachsen. Ebenso die Generationen davor. Mein Vater selbst zitierte immer wieder gerne die launige Definition des Vaters seiner Zeit: »Älterer Herr, Pfeife rauchend, im Weggehen begriffen.«

Es war diesen Generationen durchaus klar, dass die Kinder darunter litten, so wenig Kontakt zu ihren Vätern zu haben, und umgekehrt, dass natürlich genauso den Vätern der Kontakt zu ihren Familien abging. Dennoch wurde nicht gegengesteuert. Ja, heute sieht es vielfach schlimmer aus denn je zuvor. Die Größe vieler Konzerne macht eine höhere Mobilität der Angestellten nötig. Die Globalisierung hat vor den Arbeitsplätzen nicht Halt gemacht. Vielfach gibt es keinen geregelten Dienstschluss mehr, keine Wochenenden oder Urlaube. Der Vater, der heute eine Familie ernähren möchte, gerät rasch in den raffinierten personalstrategischen Mahlstrom seiner Arbeitgeber.

Große Firmen lassen heute eindeutig eine gewisse Strategie erkennen, ihre Manager den Familien zu entfremden. Gegen Gehaltserhöhung wird ein Auslandsaufenthalt anberaumt – zunächst auf zwei Jahre. In dieser Zeit arbeitet der Wochenendvater auf Höchstleistung. Abends, unter der Woche, wartet auf ihn ja nur das leere Hotelzimmer, also warum nicht die Zahlen für den nächsten Tag gleich noch durchgehen? Viel mehr Zeit als üblich investiert der unfreiwillig Familienlose auf diese Weise, denn auch ein neuer Freundeskreis hat sich noch nicht gefunden, die neuen Kollegen sind mit ihm noch nicht richtig warm geworden.

Nach zwei Jahren besteht immerhin die Gefahr, dass der Manager einige neue Freunde unter den Kollegen gefunden hat, mit denen er abends essen geht, statt über den Zahlen zu brüten. Es wird daher von der Firmenleitung für den zweifellos tüchtigen Mitarbeiter ein neuer Wirkungsbereich – ein anderes Land, eine andere Umgebung – ins Auge gefasst, wieder gibt es Gehaltserhöhung. So wird die Maßnahme letztlich auch der Familie schmackhaft gemacht, die nun für weitere zwei Jahre auf den Vater verzichten soll. Sie leidet zwar zunehmend unter dessen Abwesenheit, hat sich aber an das höhere Gehalt bereits gewöhnt. Ein Ausstieg ist für den Familienernährer nur mehr schwer vorstellbar.

In abermals neuer Umgebung beginnt das Spiel für den Manager von Neuem, wieder sind die Abende ausschließlich für die Arbeit da. Nach vier bis sechs Jahren und zwei bis drei solchen Wechseln des Arbeitsplatzes besteht gute Chance, dass die Familie abgesprungen ist und der Freundeskreis sich zerstreut hat. Nun kann der Manager wieder nach Hause geholt werden und mit den wertvollen Erfahrungen, die er in der Fremde gewonnen hat, daheim so richtig punkten. Ein modernes Menschenopfer im Dienste globalisierter Großfirmen und ein Extremfall der vaterlosen Gesellschaft.

Einen Ausbruch aus dieser Beförderungstaktik haben nur wenige versucht. Er endet meist mit der Entlassung, im besten Falle gibt es eine herbe Zurückstufung, da man in der Firma den Eindruck gewinnt, der Mitarbeiter sei nicht mehr daran interessiert, sich richtig »einzubringen«.

Kleine Kinder verlieren den Bezug zu ihrem Vater am raschesten. Sie haben noch keinen ausgeprägten Zeitbegriff. Sie leben im Hier und Jetzt. Alles, was morgen vielleicht sein wird oder in einigen Tagen, ist für sie bedeutungslos. Das Kind macht sich keine Vorstellung davon, was in der Zeit passiert, in welcher der Erwachsene weg ist. Für es verschwindet der arbeitende Elternteil »böswillig« und »verlässt« es. Kinder haben dann das Gefühl, nicht interessant genug zu sein, um diesen Prozess aufhalten zu können, und reagieren beleidigt. Die mehr kämpferischen Naturen unter ihnen machen sich daran, diesen Umstand zu ändern.

Indem Daniela die beleidigte Diva spielte, zwang sie ihren Vater, um sie zu buhlen. Das war anstrengend, noch dazu nach einer vollen Arbeitswoche fern von zu Hause. Aber das bitterböse Gesichtchen ließ keine rechte Entspannung aufkommen. Und so wurde der Freitagabend zum »Kampftag« zwischen Raoul und Daniela. Immer wieder lockte er sie an, immer wieder stieß sie ihn zurück, bis dann einer der beiden ermüdete und der andere nachgab. Samstags gab es noch einige emotionale Wärmegewitter, sonntags schon wieder Jubel, Trubel und Heiterkeit. Wobei Raoul jedes Mal das Herz schwer wurde, weil er wusste, dass er Montag zeitig in der Früh abermals würde abreisen müssen, nur um das zarte, frisch gewebte Band des Vertrauens zwischen ihm und seiner Tochter wieder zu zerreißen. Und das Spiel begann von vorne.

Den Kontakt zu einem Kind zu verlieren ist für die meisten Eltern sehr schmerzhaft. Auch Mütter, deren Arbeit sie weit weg von zu Hause führt, fühlen das, vielleicht noch umso mehr, da die Kinderstube über viele Generationen hinweg als Aufgabenbereich der Frau galt. Läuft etwas nicht nach Plan, wird auch heute noch die Schuld dafür eher bei der Mutter gesucht, dem Vater wird zugute gehalten, dass er sich nicht ausreichend kümmern konnte. Anschließend an Vorträge, die ich vor unterschiedlichsten Auditorien über

Geschlechtsunterschiede hielt, meldeten sich häufig Männer aus dem Publikum zu Wort, die meinten, dass Mütter daran schuld wären, dass junge Männer zu Machos heranwüchsen. Schließlich wären es die Mütter, welche für die Erziehung der Jungen verantwortlich zeichneten. Wenn Frauen eine gerechtere Welt wollten, sollten sie eben ihre Söhne besser erziehen.

Und was ist mit den Vätern? Vor allem Jungen leiden nachweislich unter dem Fehlen männlicher Vorbilder in ihrer Welt. Anders als die Mädchen, die ihrer Mutter verbunden bleiben, was die Entwicklung der Geschlechterrolle anlangt, sind die jungen Männer schon recht früh vor ein Identitätsproblem gestellt. Sie sollten sich bereits lange vor der Pubertät von der Mutter lösen und in der Welt des Vaters nach neuen Identitäten suchen.

Mein Sohn Tommy war noch nicht zwei, als er schon »erkannte«, wohin er gehören wollte. Er war ununterbrochen auf der Suche nach männlichen Wesen in seiner Umgebung. Ein Erlebnis ist mir besonders deutlich in Erinnerung. Ich saß mit meinen Freundinnen aus dem Damenturnverein beim Kaffee in einem der Sporthalle angeschlossenen Lokal. An der Bar neben uns machte eine Gruppe Straßenarbeiter gerade Pause. Bei uns wurde geschnattert, dort rau gelacht, bei uns gab es Kaffee in zarten Schalen, dort Bier aus der Flasche, wir saßen adrett, die Männer lehnten lässig. Tommy hatte nur Augen für sie. Keine Verlockungen vermochten ihn bei uns am Tisch zu halten. Er stellte sich zu den Arbeitern, staunte sie an und begann allmählich, ihre lässige Haltung zu imitieren, was aufgrund seiner Kleinkinderfigur und seiner gepolsterten Windelhose unglaublich komisch aussah.

Dem Sohn den Vatermangel auszugleichen ist keiner Mutter wirklich möglich. Sie kann ihren Jungen nirgends »hinziehen«, weil er sich gar nicht an ihr als Frau orientieren möchte. Jedes Kind sucht sich seine Vorbilder selbst aus. Und diese sind oft nicht die Hauptbezugsperson. Schon im Kindergartenalter sind bereits die »signifikanten Anderen« ebenso interessant. Diesen möchten Kinder ebenfalls nacheifern und sie sich zum Vorbild nehmen. Bezeichnenderweise sind das auch zumeist nicht die nettesten und freundlichsten Mitglieder der Gesellschaft, sondern jene, die das Sagen haben. Das Kind sucht sich ein »mächtiges« Vorbild. Schwach und abhängig ist es selbst, und das soll schließlich nicht so bleiben. Nur so ist es auch zu verstehen, dass die bemühteste Mutter alleine nicht ausreicht, um aus einem kleinen Macho einen großen »Frauenversteher« zu machen. Hier fehlt eindeutig ein männliches Vorbild im Allgemeinen und das väterliche im Speziellen.

Aber natürlich ist trotzdem ein Quäntchen Wahrheit an der Kritik meiner männlichen Hörer. Frauen wirklich zu verstehen können Männer nur durch den Umgang mit Frauen selbst lernen. Sich selbst und andere Männer zu verstehen aber nur durch Männer. Was sie von anderen Männern allerdings sicher lernen – durch Abschauen –, ist, wie sie sich gegenüber Frauen *verhalten* werden, aber das ist noch lange nicht das Gleiche wie Frauen *verstehen* zu lernen. Das Verstehen kann ihnen aber helfen, ihr Verhalten entsprechend autonomer an ihre eigenen Wahrnehmungen anzupassen und diesbezüglich unabhängiger zu werden vom Einfluss anderer Männer. Ein feiner, aber vielleicht nicht unwichtiger Unterschied. Eine Mutter trägt tatsächlich eine große Verantwortung bei der Erziehung ihrer Söhne. Schließlich wird das Verhältnis zu ihr deren spätere Liebesbeziehungen prägen.

Eine Freundin erzählte mir dazu folgende Geschichte: »Es war nach dem gemeinsamen Mittagessen, ich war gerade im Bad beim Zähneputzen, da kommt mein Sohn Leo (13) herein, schlingt mir ohne Umstände die Arme um den Leib, legt seinen Kopf auf meine Schulter, schaut mir im Spiegel in die Augen und sagt, mit der normalsten Stimme der Welt (untermalt vom Brummen der elektrischen Zahnbürste): ›Ach Mama, ich mag dich so sehr! Aber ich weiß, dass da nie etwas draus werden kann. Ich bin dein Sohn und du bist meine Mutter, wir haben einfach keine Chance!‹, lächelt mir spitzbübisch-tragisch zu und geht wieder hinaus.«

In der vaterlosen Gesellschaft ist die Welt der Männer jener der Kinder weit entrückt. Zwischen Müttern, Großmüttern, Kindergärtnerinnen und Lehrerinnen bleibt keine Möglichkeit der Identifikation mit einem männlichen Erwachsenen. Das Bild, das die Jungen sich von einem erwachsenen Mann machen, ist daher diffus. Ohne Vorbild jedoch fehlt nicht nur der Anreiz, sich zu entwickeln, sondern auch die Richtung, die diese Entwicklung einschlagen sollte.

Statt die Notwendigkeit der häufigen väterlichen Abwesenheit zu hinterfragen, hat sich die Gesellschaft an die eindeutigen Defizite in der emotionalen Entwicklung von Kindern, insbesondere Jungen, gewöhnt. Es ist die Norm, dass vor allem Burschen in der Schule als verhaltensauffällig gelten und weniger gut abschneiden als Mädchen. Deutschland wäre europaweit führend in der PISA-Studie, wenn die Schulleistungen der Mädchen alleine herangezogen würden. Es sind die Jungen, welche den Notendurchschnitt derart drücken, dass das Land zu den Schlusslichtern bei dem großen Schulleistungstest gehört.

Jungen stellen die Hauptklientel der Schulpsychologen. Kinder, bei denen das Aufmerksamkeitsdefizit-Syndrom (ADS) diagnostiziert wird, sind zu 90 % Jungen. Sie sind häufiger Schulabbrecher, sie haben größere Probleme, sich sozial in eine Gruppe einzufügen, und sie sind gewaltbereiter als Mädchen.[93)]

Wenn überhaupt irgendein Erklärungsversuch für die Zunahme dieses Phänomens unternommen wird, gibt man halbherzig der Emanzipation der Frau die Schuld, denn jetzt, da Mädchen endlich zeigen dürften, was sie können, wären die Jungen eben »überrumpelt« und fühlten sich in die Defensive gedrängt. Dabei wird übersehen, dass es gerade das Kontinuum der Jungen ist, das in der Erziehung auf das rücksichtsloseste unterbrochen wird.

Obwohl schon lange klar ist, was den jungen Männern fehlt, hat sich der Gedanke, den Vater wieder nach Hause zu holen, noch nicht wirklich durchgesetzt. Statt über Möglichkeiten nachzudenken, wie man den Vater vermehrt in die Kindererziehung einbinden könnte, denken auch Fachleute lieber über Schadensbegrenzung nach. In seinem Buch »Glückliche Jungs« empfiehlt der australische Kinderpsychologe Steve Biddulph – als typischer Vertreter des englischen Sprachraums – den Sportlehrer als ideale Leitfigur für das Identifikationsbedürfnis der Burschen.[94)] Sicher besser als gar kein Vorbild, ist jedoch der Sportlehrer nicht für jeden Jungen gleich gut als Vatersatz und Orientierungshilfe geeignet. Viele Buben genießen es allerdings geradezu, einem Sportlehrer, oder sagen wir dem Fußballtrainer, einfach »gehorchen« zu dürfen, was sie eigentlich gerne tun, aber daheim beim Vater sich nicht so einfach leisten können, ohne »das Gesicht zu verlieren«.

Steve Biddulphs Söhne und Julia Onkens Gefall-, Leistungs- und Trotztöchter starten schon seit vielen Generationen mit emotionalen Defiziten ins Erwachsenenleben. Inzwischen ist die vaterlose Gesellschaft dabei, auch noch eine elternlose zu werden. Denn in den meisten Familien ist die Mutter heute genauso wie der Vater außer Haus beschäftigt. Bisher konnte die Mutter das Fehlen des Vaters gerade noch mangelhaft ausgleichen, jetzt kann sie es immer öfter gar nicht mehr. Zum Verlust der Welt rund um den Vater kommt für viele heutige Kinder meist noch der Verlust der Welt um die Mutter.

Von Müttern wird in vielen Fällen eine Entweder-oder-Entscheidung erwartet zwischen ihren Aufgaben als Mutter und ihren beruflichen Verpflichtungen. Denn die Arbeitswelt verlangte bis vor kurzem noch nach Menschen, in deren Leben Kinder praktisch gar nicht vorkamen bzw. keine eigene Zeit beanspruchten.

In den »Eltern«-Heften der späten 90er-Jahre gab es eine Kolumne, die Frauen Ratschläge gab, die nach der Entbindung wieder in den Beruf einsteigen wollten. Man empfahl frisch gebackenen Müttern, keine Kleidung anzuziehen, die sie als »Mutti« outen könnte – also schlichtes Schwarz vor Rosa unbedingt zu bevorzugen. Auf keinen Fall sollten Fotos des Babys den Schreibtisch zieren, denn damit »käme man als unprofessionell rüber«, und die werten Kollegen sollten auch von Geschichten rund um die Kinderstube verschont bleiben. Dabei fröstelt den Leser, obwohl die Ratschläge sicher nur gut gemeint waren. Aber sie ließen ein Bild von der Arbeitswelt entstehen, wie sie familienfeindlicher und -verachtender nicht sein konnte.

Um diese Trennung der Welten herunterzuspielen, wurde das Märchen von der Power-Frau kreiert. Diese bringt mühelos Familie, Freundeskreis, Haushalt und Beruf unter einen Hut, ist dabei immer die Erste und die Letzte im Büro, ihrem Mann eine feurige Liebhaberin und den Kindern eine geduldige Mutter. Eine unerreichbare Utopie und reine Fiktion und dennoch riskierten unzählige arbeitende Mütter ihre physische und psychische Gesundheit, um diesem Bild gerecht zu werden.

Wenn sie sich zwischen den unvereinbaren Welten bewegten, sahen sie, was sie in der jeweils anderen zurückließen, und versuchten, 200 % zu geben, als lebten sie zwei oder noch mehr Leben auf einmal. Dabei liefen sie einem zweifachen Ideal hinterher: Sie wollten geben, was ihre Mütter gaben, und sie wollten leisten, was ihre Väter leisteten. Auf die Dauer konnte das nicht gut gehen. Burnout, Depressionen, Schuldgefühle und Verzweiflung stellten sich ein, weil hier Frauen alleine auf verlorenem Posten kämpften.

Die Väter versuchten diesen Spagat erst gar nicht. Sie wussten schon seit vielen Generationen um ihre geringere Belastbarkeit.[95] Viele gingen den bequemen Weg und nutzten einfach die stärkere emotionale Bindung der Frauen an ihre Kinder aus: Die meisten Mütter trennen sich schwerer von ihren weinenden Babys als die Väter. Es kam einer seelischen Erpressung gleich, was hier vielfach geschah. Die Mütter, denen die verlassenen Kinder mehr – und sei es nur ein wenig mehr – leidtaten, waren dann auch eher bereit, beruflich zurückzustecken, und schon war das patriarchalische Prinzip wieder hergestellt. Aber die alte Arbeitsteilung ist für viele Frauen heute derart unbefriedigend geworden, vor allem solange die dazugehörigen alten Werte noch gelten, dass auch sie ihre Kinder verlassen, sobald sie es halbwegs mit ihrem Gewissen vereinbaren können.

Aber überall dort, wo Mütter weggehen, klafft ein großes Loch.

Es wird von den Frauen erwartet, dass sie sich darum kümmern, ja sie selbst erwarten es von sich. Nur von den Vätern erwartet man das nicht. Noch nicht. Denn in dem Maße, in dem die Mütter ihren Kampf an der Front des Perfektionismus verlieren, beginnen sich bereits Abgründe aufzutun.

In der Talkshow Nachtcafe, bei der ich im November 2003 zum Thema »Typisch Mann, typisch Frau« eingeladen war, sprach unter anderem Georg Marszalkowski, seines Zeichens Deutscher Hausmann des Jahres 2003, über seine Erfahrungen in einem sehr ungewöhnlichen Männerberuf. Der charismatische Vater hatte nicht nur seine Kinder großgezogen, er führte den gesamten Haushalt, während seine Frau arbeitete. Er erzählte von den Disziplinen bei der Meisterschaft zum »Hausmann des Jahres«, bei der unter anderem ein Spiegel geputzt und ein Omelett mit einem Kleinkind am Arm zubereitet werden musste. Am Schluss seiner launigen Schilderungen sagte er dann noch einen denkwürdigen Satz: »Den Haushalt kann man delegieren, auch andere können bügeln, putzen und kochen, aber – einer sollte für die Kinder da sein.« Das, so dachte ich, darf heute nur ein Mann sagen.

Und in der Tat ruht die Hoffnung auf einen Wertewandel heute auf den breiten Schultern der Männer. Immer mehr moderne Väter machen sich daran, die Kinderbetreuung sehr ernst zu nehmen, ja der eine oder andere Vater packt den Stier bei den Hörnern und nimmt Karenzurlaub. Noch sind es wenige, laut einer Studie der Wirtschaftskammer in Wien und Niederösterreich, an der sich 186 Klein- und Mittelbetriebe beteiligten, haben nur 3,6 Prozent der Familiengründer bisher Karenzurlaub beantragt, nur 10 Prozent der Befragungsteilnehmer hatten überhaupt schon Erfahrung mit Väterkarenz gemacht. Dennoch war die Reaktion auch unter den Arbeitgebern eine sehr positive. »Väter, die Karenz beanspruchen, verfügen auch im Team über ein sehr gutes soziales Verhalten und werden durch die Karenzgewährung noch mehr an das Unternehmen gebunden«, so ein charakteristisches Zitat.[96)]

Ein Geschlechterrollentausch kann helfen, verhärtete Fronten aufzubrechen und auch Frauen, die die ehemals traditionelle Rolle wieder übernehmen wollen, den Rücken zu stärken. In den Internetforen schreiben Mütter durchwegs positiv über ihre Erfahrungen mit der Väterkarenz. Natürlich gibt es Probleme bei der Übergabe des Kindes, doch gewöhnt sich das Kind offenbar leichter an den Wechsel der Hauptbezugsperson als die bisherige Betreuerin. So sind es häufig die Mütter, die ihr Kind vermissen und eifersüchtig sind auf die viele Zeit, die der Vater nun mit dem Kind alleine verbringen kann. Stellvertreterkriege werden geführt. Meist sind es gar nicht die Verrichtungen rund um das Kind, sondern scheinbar geschlechtstypische Unterschiede in der Handhabung des Haushaltes, die für Unstimmigkeit sorgen. Viele Mütter haben jedoch auch ganz andere, unerwartete Probleme. Eine junge Mutter, die ihrem Mann für zwei Jahre Kind und Haushalt überließ, schreibt, dass sie selbst überrascht war, wie wenig es ihr ausmachte, Kind und Mann daheim zu lassen. Stattdessen bereitete ihr etwas anderes Schwierigkeiten: Sie verspürte als Alleinverdienerin plötzlich eine ungewohnt große Verantwortung, die ihr Sorgen von einer Intensität bescherte, mit der sie vorher nicht gerechnet hatte.

Es tut gut, die Perspektive des anderen Geschlechts wahrzunehmen. Um wie viel mehr Respekt haben Partner voneinander zu erwarten, wenn jeder die Situation des jeweils anderen hautnah erlebt hat! So zitiert »Bienchen« in einem Elternforum ihren Ehemann vor dessen Karenzurlaub: »Du hast doch ohnehin Zeit, du bist den ganzen Tag zu Hause und hast nichts zu tun!« Doch nach seiner Erfahrung mit der Betreuung eines Kleinkindes hörte er sich ganz anders an: »So ist das nicht, ein Kind macht viel Arbeit und so locker nebenbei etwas zu machen spielt es nicht! Alleine wenn du fortgehst, brauchst du 30 Minuten, bis du annährend fertig bist!« »Gewonnen!«, freute sich Bienchen.

Es tut der Mutterseele gut, zu sehen, dass auch der Vater mit denselben Problemen zu kämpfen hat, nicht nur wahrnimmt, wie anstrengend häusliche Tätigkeiten und Kindererziehung sein können, sondern auch, wie schwer es ist, gegen die gesellschaftlichen Vorurteile anzukämpfen. Carmen, deren Mann 2 Jahre Karenzurlaub genommen hatte, schreibt: »Phasenweise kam dann eine gewisse Unzufriedenheit auf, weil doch ›Mann‹ nicht so geschätzt wurde, sich durch die ›niedrigen Arbeiten‹ oft nicht so bestätigt gefühlt hat. (...) Mein Göttergatte würde sicher wieder in Karenz gehen, jedoch hat er es sich sicher gemütlicher vorgestellt, als es dann letztendlich war. Außerdem scheint er jetzt nach 2 Jahren keinen Sinn mehr in der ›Arbeit‹ bei einer Firma zu sehen. Laut seinen Aussagen waren die beiden letzten Jahre die ›sinnvollsten‹ seines Lebens.«

Das kann natürlich geschehen. Männer erliegen dem Zauber, der von der Beschäftigung mit einem Kind ausgeht, durchaus ebenso leicht wie Frauen. Aber gerade darauf kommt es an bei der unbedingten Liebe. Man möchte sie nicht mehr missen. Es kann passieren, dass daneben plötzlich nichts mehr wichtig erscheint.

Heute kann die Aufwertung häuslicher Tätigkeiten leichter von Männern ausgehen, sie sind unverdächtiger, was ihre ursprüngliche Geschlechterrolle betrifft. Ein Mann, der sich für sein Kind entscheidet, wirkt nicht altmodisch und unemanzipiert, ganz im Gegenteil. Außerdem sind Männer so viel besser darin, ihrer Tätigkeit gesellschaftliche Bedeutung beizumessen. Über die Jahrtausende hat es das Patriarchat verstanden, alles Männliche als wichtig und alles Weibliche als selbstverständlich hinzustellen. Nun ist es an der Zeit, dass Männer diesen Vorteil auch einmal zugunsten ihrer Kinder ins Feld führen.

Vorreiter in Sachen Väterkarenz ist Skandinavien, welches dieser Entwicklung bereits um 40 Jahre voraus ist. Bei der schwedischen Polizei z.B. ist Väterkarenz ein Karrierekriterium. In Österreich ist das herkömmliche Männerbild noch sehr präsent, sind die Rahmenbedingungen für die Entwicklung durch Politik und Wirtschaft noch nicht wirklich gegeben, so Psychoanalytiker und Geschlechterforscher Erich Lehner.[97)] In Skandinavien gibt es eine verpflichtende Väterquote, die Geldleistung verfällt, wenn Väter nicht mindestens vier Wochen Erziehungsurlaub nehmen. Außerdem erhalten in Schweden und Norwegen die Eltern 80 Prozent ihres Gehalts als Karenzgeld. Dadurch können sich die – auch dort – in der Regel besser verdienenden Männer einen Karenzurlaub leichter leisten. Und die Betriebe, die Väterkarenz fördern, profitieren bereits von der Entwicklung: Sie haben kompetentere, teamfähigere und motiviertere Mitarbeiter. Damit investieren sie in die Zukunft, ist Unternehmens- und Personalberater Friedrich Kofler überzeugt.[98)]

Doch über die Zukunft der Betriebe hinaus profitieren auch die Familien und ihr Umfeld von der neuen Aufwertung durch die Einbindung des Vaters. Auch Generationenverträge können auf dieser Basis neu geschlossen werden.

Generationenkonflikt – wie man in den Wald ruft

Vielleicht weiß Normans Mutter, Mrs Bates, etwas über den Verbleib von Marion, dachte deren Schwester Lila Crane, als sie heimlich in das Haus eindrang, in dem Norman und seine kränkliche Mutter lebten. Endlich hatte sie im finsteren, unheimlichen Kellergeschoss die richtige Türe gefunden. Die alte Dame saß mit dem Rücken zu ihr in einem Schaukelstuhl. Sie reagierte nicht. Schlief sie etwa? Sie war so still, so unheimlich bewegungslos. Lila ging um den Stuhl herum, um ihr ins Gesicht zu blicken – und stieß einen Schrei des Entsetzens aus. In dem Schaukelstuhl, in den Kleidern einer älteren Dame, eine blonde Perücke auf dem Kopf, saß – eine menschliche Mumie.

Norman Bates, dargestellt von Anthony Perkins in Hitchcocks legendärem Film »Psycho«, hatte etwas untertrieben, als er sagte, seine Mutter wäre krank. Mutter und Sohn waren in einem unnatürlich engen Verhältnis verbunden gewesen, bis die Mutter einen Liebhaber fand. Norman hatte sie beide mit Strychnin vergiftet, weil er es nicht ertragen konnte, von ihr distanziert zu werden. Später exhumierte er ihren Körper und konservierte ihn, um der Mutter immer nahe zu sein. Von nun an lebte er zwei Persönlichkeiten. In der Gestalt seiner Mutter ermordete er Frauen, die ihn als Sohn sexuell erregten – bis sein dunkles Geheimnis aufflog.

Die Figur des Psychopathen, Norman Bates, hatte ein sehr reales Vorbild. Ed Gein, Sohn preußischer Einwanderer, brachte es als psychopathischer Killer und Leichenschänder im Jahre 1957 in Wisconsin, USA, zu trauriger Berühmtheit. Gein lebte nach dem Tode seiner Mutter, 1945, alleine in einem abgelegenen Farmhaus. Er verbarrikadierte das obere Stockwerk des Hauses, in dem sie gewohnt hatte, um alles so zu erhalten, wie es zu ihren Lebzeiten gewesen war, und nahm seltsame Gewohnheiten an, wie nächtliche Besuche auf dem Friedhof. Offenbar begann er da bereits, Leichen auszugraben für seine grausigen Vorhaben. Doch erst 1957, als die Angestellte Bernice Warden vermisst wurde, geriet Ed Gein unter Verdacht. In seinem Schuppen fand man die Leiche der Gesuchten, aufgeschlitzt und enthauptet, verkehrt herum aufgehängt wie ein Tierkadaver. Doch das sollte nicht der einzige grausige Fund auf dem Anwesen bleiben. Auf den Bettpfosten steckten menschliche Schädel; Lampenschirme, Sessel und Polstermöbel waren mit menschlicher Haut bezogen, aus Schädelkalotten waren Suppenschüsseln hergestellt worden, ein menschliches Herz fand sich in einem Topf auf dem Ofen, es gab Bekleidungsstücke aus Menschenhaut wie eine »Busen-Weste« oder einen »Brustwarzen-Gürtel« nebst einer Schachtel präparierter Scheiden, die Ed gestand getragen zu haben. Gesichtshaut hatte er für sich als Masken präpariert. Nachbarskindern, auf die Gein gerne aufgepasst hatte, waren diese Gesichtsmasken bekannt. Gein hatte ihnen erzählt, ein Freund hätte ihm diese »Schrumpfköpfe« aus der Südsee geschickt.

Gein trug die Präparate, weil er wie seine Mutter aussehen wollte, er wollte »in ihre Haut« schlüpfen. Das wollte er noch viel mehr als das eigene Geschlecht zu verändern. Er wollte seine eigene Mutter sein.

Dabei hatte sich Augusta Gein eigentlich keines anderen Verbrechens schuldig gemacht, als ihre Söhne, Henry und Ed, vor der Verderbtheit der Welt zu warnen. Alle Frauen, mit Ausnahme ihrer Person, waren in ihren Augen Huren. Sie unterband jeglichen Sozialkontakt ihrer Kinder mit der Außenwelt. Am liebsten las sie den beiden Buben besonders blutrünstige Passagen aus dem Alten Testament vor. Während jedoch Henry die Ansichten der Mutter bald ablehnte, sah Eddie diese als ultimative Wahrheiten einer verehrungswürdigen Göttin an. Henry, der sich bald Sorgen um den jüngeren Bruder machte, brach sogar absichtsvoll Streit mit der Mutter vom Zaun, um Eddie von seiner krankhaften Fixierung abzubringen. Das endete schlagartig, als Henry 1944 unter mysteriösen Umständen ums Leben kam. Als die Mutter ein Jahr später an einer Serie von Schlaganfällen starb, verlor Gein seine einzige Freundin und die wahre Liebe seines Lebens.

Gein ist zum Glück ein abnormer Einzelfall geblieben. Sein psychopathisches Verhältnis zu seiner Mutter aber und sein daraus resultierender Wunsch, sein Geschlecht zu verändern und sich mit Körperteilen von weiblichen Leichen zu umgeben, machten ihn zum Vorbild für zahlreiche weitere Filmpsychopathen, darunter auch »Buffalo Bill« im »Schweigen der Lämmer«. Bis heute überzeugt keine Ursache für abnormes Verhalten so sehr wie eine psychotische Prägung auf die Mutter. Die alleinige Fixierung auf sie ist etwas sehr Unheimliches.

Unter normalen Umständen binden sich nur sehr kleine Kinder derart bedingungslos an ihre Hauptbetreuerin. Ältere Kinder suchen auch schon Bestätigung von anderer Seite. Andere Erwachsene aus dem sozialen Umfeld und auch Spielgefährten prägen die Einstellung des älteren Kindes immer mehr mit. Aber den Grundstein der sozialen Entwicklung legt die Hauptbezugsperson. Ihre gesellschaftliche Stellung und Gewandtheit übertragen sich auf das Kind. So haben Kinder von Müttern, die viele Sozialkontakte pflegen, in der Regel selbst einen größeren Freundeskreis. Sie sind beliebter, weil sie selbstsicherer wirken und leichter auf andere zugehen. Mütter, die selbst schwer Kontakt zu anderen Menschen finden, übertragen auf ihre Kinder hingegen eine abwartende und unsichere Haltung.

Von der Basis einer sicheren Mutter-Kind-Beziehung aus sind mit dem Älterwerden des Kindes daher auch andere Sozialkontakte nicht nur wünschenswert, sondern sogar notwendig, weil sie relativierend wirken. Hier ist besonderes Feingefühl von der Betreuerin gefragt, die ja nicht immer bestimmen kann, wer außer ihr das Kind beeinflusst. Viele Eltern fürchten sich daher vor der »schlechten Gesellschaft«, in die ihr Kind geraten könnte. Obgleich über die Jahre allmählich eingeschränkt in der Exklusivität ihres Einflusses, kann doch die Hauptbezugsperson eine sehr wichtige Position im Leben des Kindes behalten. Um als zentraler Ansprechpartner bestehen zu bleiben, ist jedoch das rechte Maß an Einflussnahme entscheidend. Kinder ihre eigenen Erfahrungen machen zu lassen ist eine wichtige Voraussetzung, um von diesen als Bezugsperson weiterhin ernst genommen zu werden. Zuhören wird im Laufe der Zeit oft wichtiger, als Belehrungen und Restriktionen auszusprechen.

Dabei kommt der Qualität der Beziehung abermals eine tragende Rolle zu. Denn Zuhören ist nicht gleich Zuhören. Man verliert die Lust, sich auszutauschen, wenn man merkt, dass der andere den Anschluss verliert. Das gilt für Eltern-Kind-Beziehungen genauso wie für Paarbeziehungen. Alleine das Ohr des Zuhörers zu haben genügt nicht. Man erzählt bereitwilliger, je mehr der Zuhörer bereits weiß. Moderne Schlagworte wie »Quality-Time« sollen Eltern in der Annahme bestärken, sie könnten ganz einfach in wenigen intensiven Momenten nachholen, was andere in »Permanent Time«, in stetiger Kleinarbeit, aufgebaut haben. Das klingt so, als stünde der »Quality-Time« lediglich eine »Quantity-Time« gegenüber, die weniger wertvoll ist. Dabei wäre »Intensity-Time« der passendere Ausdruck für das, was tatsächlich zu leisten wäre, wenn man versuchen wollte, »Permanent-Time«-Erziehung auf einen kürzeren Zeitraum zu kondensieren. Denn Eltern, die tatsächlich in kurzer Zeit nachzuholen versuchen, was andere in »Permanent Time« erarbeiten konnten, haben ein Stück Schwerarbeit vor sich.

Heute raten Kinderpsychologen Eltern, die gerne mehr über den Tagesablauf ihres Kindes in Erfahrung bringen wollen, nicht zu fragen: »Wie war es heute?« oder: »Was war heute los?«, worauf man üblicherweise als Antworten »gut« und »nichts« erhält, sondern gezielt zu fragen: »Hast du den blauen Pullover wieder gefunden?« oder: »Verträgst du dich wieder mit Martin?« Das setzt jedoch voraus, dass man um den Verlust des blauen Pullovers und den Streit mit Martin Bescheid weiß.

»Permanent Time« steht für nichts anderes als Kontinuum. Es scheint, als wäre die gesamte Individualentwicklung im Idealfall ein einziges lebenslanges Kontinuum. Wird sein Ablauf gestört, wird der Anschluss immer schwerer zu finden sein, je länger die Unterbrechung andauert. Erzählen Grundschulkinder daheim schon nichts mehr, wird später der Teenager erst recht nichts mehr erzählen.

In einer aktuellen Unicef-Studie wurden Schüler aller Altersstufen weltweit befragt, ob sie mit der Kommunikation im Elternhaus zufrieden wären. Die Ergebnisse der europäischen Länder ergaben besonders schlechte Noten für österreichische und deutsche Eltern. Bei uns stimmt die Gesprächskultur offenbar nicht. Die Frage, ob sich die Eltern mehrmals die Woche Zeit nehmen, um mit den Jugendlichen zu reden, wurde von 48 Prozent der 15-Jährigen mit Nein beantwortet.[99)] Italienische und ungarische Eltern bekamen die Bestnoten, nicht nur bezüglich der Kommunikation. In Italien werden offenbar auch die meisten Mahlzeiten gemeinsam eingenommen im weltweiten Vergleich. Eine kulturelle Besonderheit?

Die mangelnde Kommunikation findet ihren Niederschlag in einem seltsamen Phänomen: Die Jugend scheint als »Generation« nicht mehr fassbar zu sein, schreibt Mathias Albert, Professor für Politikwissenschaften an der Uni Bielefeld. In der 14. Shell-Jugendstudie, die 2002 veröffentlicht wurde, wird ein Bild von der Jugend gezeichnet, das keine eindeutige Weltorientierung mehr erkennen lässt. Es gibt kaum noch Interesse an der Politik, zwar werden teilweise alte Werte wie »Treue« und »Pflichtgefühl« wieder aktuell, aber jeder Jugendliche scheint für sich selbst einen eigenen Wertecocktail individuell zusammenzustellen, je nachdem, welche Einstellungen am besten zur persönlichen Lebensgestaltung passen. Die individuelle Reihung von Werten und das Desinteresse an politischem Engagement haben dazu geführt, dass »die Jugend« als solche nicht mehr ansprechbar ist. Einerseits, weil sie keine einheitliche Zielgruppe mehr darstellt, andererseits, weil die Übergänge zwischen Kindheit und Jugend verschwimmen. Die Kindheit wird immer kürzer und ist, wie schon erwähnt, sogar auf dem Wege, ganz zu verschwinden. Und nun scheint auch die Jugend im Begriff zu sein, sich aufzulösen – unfassbar zu werden.[100)]

So scheint es offenbar auch erstmals keinen eindeutigen Generationenkonflikt mehr zu geben. Bisher war es die Aufgabe der jüngeren Generation, das Etablierte zu hinterfragen und aufbrechen zu wollen. Unsere Elterngeneration zeichnete für das Wirtschaftswunder verantwortlich. Sie hatte ihrer eigenen Elterngeneration, die über den Krieg vielfach alles verloren hatte, gezeigt, dass man es durch Fleiß und persönlichen Einsatz wieder zu etwas bringen konnte. Sie glaubte an die Segnungen des Wirtschaftsaufschwunges und an die Chancen, die dieser offenbarte. Wie alle bisherigen jungen Generationen wollte auch meine eigene Generation nicht so werden wie die Elterngeneration. Wir wollten soziale statt materielle Werte im Vordergrund sehen. Manche griffen zu radikalen Mitteln, ihren Unmut kundzutun. Sie ließen keine Demonstration aus, rebellierten gegen die Obrigkeit (was immer das war), besetzten Häuser, nahmen unerlaubte Rauschmittel und verfassten Pamphlete gegen das »Establishment«. Und wir teilen das Schicksal aller anderen ehemaligen jungen Generationen: Auch wir sind heute die Etablierten. Aber stehen unsere Errungenschaften zur Diskussion? Was sind nun unsere Fehler in den Augen der Jungen?

Auch die heutige Jugend ist nicht nur zufrieden mit dem Alten, auch sie wollen es anders machen und nicht so werden wie ihre Eltern. Nur scheint es bei der Jugendbewegung keine Speerspitze mehr zu geben, keine fassbare Opposition. Ob das nun an der zunehmenden Individualisierung liegt, daran, dass viele junge Menschen ganz eigene Wege gehen und sich nicht mehr als Gruppe fassen lassen, oder ob es andere Gründe hat, warum die Etablierten keinen eindeutigen »Gegenspieler« orten können? Auf jeden Fall gibt die Koinzidenz der fehlenden »Angriffsfläche« der jungen Generation und der mangelnden Kommunikation zwischen den Generationen Anlass zu Überlegungen.

Generationenkonflikt setzt voraus, dass Vertreter verschiedener Altersstufen gegeneinander Position beziehen – entsprechend ihrer Lebenseinstellung, ihren Werten und Überzeugungen. Konflikt setzt voraus, dass man nicht nur über die eigene Position, sondern auch über die Position des anderen Bescheid weiß. Auch Auseinandersetzung ist eine Form der Kommunikation. Die amorphe Jugend und ihre »Unfassbarkeit« für die Generation ihrer Eltern könnte auch eine Folge mangelnder Gespräche sein. Man weiß übereinander immer weniger, zunehmend fehlen die Berührungspunkte und damit auch die Angriffsflächen. Opponieren kann man nur gegen etwas, mit dem man sich auseinandergesetzt hat.

Statt eines Konfliktes scheint es heute ein Generationenpatt zu geben. Solange die Eltern noch genug Geld heranschaffen, um die nächste Generation – und zunehmend auch noch die vorherige Generation – mit Konsumgütern ersatzzubefriedigen, kann der Schein eines wenn schon nicht zufriedenen, so doch wenigstens friedlichen Nebeneinanders aufrechterhalten werden. Aber wie es aussieht, ist die Armut im Vormarsch. Immer mehr Menschen haben nicht mehr Teil am ewigen Karussell des Gelderwerbs und Konsums, und andere Werte als materielle sind derart an den Rand gedrängt worden, dass sie als Alternativen nicht mehr greifbar sind.

Die Verteilung der Ressourcen scheint daher eines der wenigen Themen zu sein, die noch für etwas Zündstoff sorgen – zumindest was den voraussichtlichen Generationskonflikt zwischen unserer Generation und der Jugend in der Zukunft betrifft. Immer mehr Alte sollen von immer weniger Jungen »erhalten« werden. Gleichzeitig mit dem Verkümmern der Kommunikation und dem Verschwimmen von Gegensätzen und Gemeinsamkeiten entwickelt sich ein Phänomen, das zunehmend eine interessante Spiegelbildlichkeit aufweist: Betreuungsreinrichtungen werden nicht nur für immer jüngere Kinder eingefordert, sondern zunehmend auch für die alten Menschen.

Viermal so viele Kleinkinder wie noch vor 30 Jahren werden heute in Kinderkrippen abgegeben.[101)] Dieser starke Zuwachs an Fremdbetreuung betrifft vor allem die Kleinsten, die Kinder unter drei Jahren, denn die Anzahl der Kindergartenkinder hat im Vergleich nur unwesentlich zugenommen. Gleichzeitig ist die Anzahl der alten Menschen, die Pflegegeld in Anspruch nehmen, um die Hälfte gestiegen. Die meisten von ihnen (85 Prozent) wollen daheim gepflegt werden.[102)] Nur wenige alte Menschen gehen freiwillig in ein Pflegeheim. Doch die ehrenamtlichen Pfleger werden rar. Jüngste Skandale rund um schwarz beschäftigte Pflegekräfte aus dem Ausland haben aufgedeckt, wer die alten Menschen daheim heute wirklich betreut. Angesichts der überwältigenden Masse illegaler Pfleger musste sogar die österreichische Regierung klein beigeben und Übergangslösungen zur Legalisierung derselben einräumen.

Die Pflegesituation alter Menschen daheim ähnelt nicht unbeträchtlich der Situation der Kinderbetreuung. So wie Mütter, die Kinder und Beruf zu vereinbaren suchen, leiden auch pflegende Angehörige zunehmend unter dem Burnout-Syndrom. 88 Prozent geben an, überfordert zu sein, drei Viertel sind bereits krank und klagen über gravierende Störungen. Dementsprechend daher auch der Maßnahmenkatalog: mehr Betreuungseinrichtungen, mehr finanzielle Unterstützung, aber auch Teilzeitarbeit für pflegende Angehörige. Eine Ganztagsarbeit ist offenbar mit der Betreuung abhängiger Familienmitglieder, der ganz jungen wie der ganz alten, nicht vereinbar.

Die Politik berechnet einfach, wie viele Ehefrauen, Töchter und

Schwiegertöchter – die zwischen null und zwanzig Stunden die Woche arbeiten – überhaupt noch zur Verfügung stehen werden in den kommenden Jahrzehnten, in denen immer mehr pflegebedürftige Alte zu erwarten sind. Dieses Heer an Frauen besorgte nämlich bisher unentgeltlich die Altenpflege. Doch die Zeiten haben sich geändert, die Werte haben sich verschoben und nicht zuletzt wird in den kommenden Jahrzehnten ein Vielfaches an alten und pflegebedürftigen Menschen auf eine Generation junger Menschen zukommen, die in ihrer Jugend selbst vielfach nicht von ihren Angehörigen betreut wurden.

Dieselben Kleinkinder, die heute die Tagesstätten bevölkern, sind bis dahin in die Kaste der verdienenden Erwachsenen aufgestiegen. Endlich emporgehoben zu den wirklich Wichtigen dieser Welt, werden sie dann wohl auch fordern, dieses Stadium in vollen Zügen auskosten zu können. So wie man sie früher in die Kinderbetreuungseinrichtungen steckte, damit sie »aus dem Weg« waren, genauso werden sie nun mit den Alten verfahren. Ganz ohne Bitterkeit oder Rachegedanken, nur so, wie man sie es selbst gelehrt hat. Ja wer, so fragt man sich, hat denn früher die Alten betreut? Mit aller Wahrscheinlichkeit jene, die von eben diesen Alten selbst einmal als Kinder betreut worden sind.

So wie die Kleinkinder können auch alte und pflegebedürftige Menschen nicht auf die Barrikaden steigen und für ihre Rechte demonstrieren. Sie sitzen in Rollstühlen und starren gegen die Wand in trostlos finsteren Gängen, liegen hilflos in ihren Spitalsbetten, wo sie ihrem Tod entgegendämmern. Aufkeimende Rebellion wird durch gut dosierte Sedativa im Rahmen gehalten. Ab und zu gibt es einen kleineren oder größeren »Pflegeskandal«, weil der eine oder andere aus dem Personal das Leiden nicht mehr ertrug und mithalf, das Ende früher herbeizuführen. Aufgedeckt durch ehrlich empörte Angehörige, die redlich verdientes Geld dafür gezahlt hatten, dass »ihre Alten« mit ausreichender Hingabe gepflegt werden.

Verbannung der jüngsten sowie der ältesten Mitglieder einer Gesellschaft aus dem Zentrum des Lebensinteresses zugunsten der etablierten verdienenden Schicht wird allmählich derart zur Selbstverständlichkeit, dass man gar nicht mehr wahrnimmt, was alles dadurch zerstört wird. Wir Menschen sind für die Großfamilie gemacht. All unsere Offenheit für das soziale Lernen ist darauf ausgelegt, von einem gut funktionierenden sozialen Netz ständig umgeben zu sein. So brauchen wir, um richtig gedeihen zu können, schon als Kleinkinder neben der Hauptbezugsperson auch noch andere Menschen um uns, und zwar aus jeder Generation. Nicht nur die Eltern, auch die Großeltern, Verwandte, Nachbarn und Freunde gehören in das Leben eines Heranwachsenden, nicht eingeteilt in Altersklassen, sondern die ganze Palette vom Neugeborenen bis zum Greis.

Steve, ein Freund aus North Carolina, erzählte, dass er als kleines Kind keinen Kontakt mit seinen Großeltern hatte. Als er mit etwa fünf Jahren seinen Großvater kennenlernte, bekam er schreckliche Angst, mit ihm alleine gelassen zu werden. Noch nie hatte er ein so runzeliges, hinfälliges Wesen gesehen – er dachte, dieser Mensch könnte jede Minute sterben.

In der Großfamilie wäre es undenkbar gewesen, von Geburt und Tod ausgeschlossen zu sein. Bei uns wird es allmählich zur Norm. Kinder und Alte werden aus dem Alltag der erwerbstätigen Erwachsenen entfernt, ohne zu bedenken, welche Verarmung das bedeutet und wie egozentrisch eine allzu homogene Gesellschaft ohne steuernde Regulative wird. Dabei wäre nichts so wichtig für die Schicht, die sich dem Tanz um den schnöden Mammon verschrieben hat, wie die Relativierung ihrer Ziele.

Als unsere Tochter gerade 6 Wochen alt war, beschlossen mein Mann und ich, wieder einmal unser Lieblingslokal aufzusuchen, einen »Chinesen« in Wien. Wir waren seit der Geburt des Kindes nicht mehr zum Essen aus gewesen und planten alles generalstabsmäßig. Ich hörte, wie Michael telephonisch den Tisch bestellte. »Zwei Erwachsene und ein Baby«. »Ja«, hörte ich ihn sagen, »sie ist ganz brav.« Als er aufgelegt hatte, fragte ich, was das zu bedeuten hätte. Wer sei brav? Der Oberkellner, der uns persönlich kannte, hatte offenbar gefragt, ob das Baby auch nicht schreien würde. Schließlich könnten sich die anderen Gäste des Lokals belästigt fühlen. Ich griff zum Hörer und bestellte den Tisch ab. Kein Bedauern seinerseits – eher hörbare Erleichterung. Wir haben seit damals keinen Fuß mehr in das Lokal gesetzt.

Dagegen haben wir in vielen Lokalen in Italien ganz andere Erfahrungen gemacht. Eine kleine Pizzeria an einer Strandpromenade ist mir in ganz besonders guter Erinnerung. Kaum betraten wir mit Kleinkind das Restaurant, stürzten sogleich Kellner herbei und brachten ein Hochstühlchen nebst Spielzeug zur Unterhaltung. Als das Essen kam, schnappte sich einer der Kellner wie selbstverständlich den kleinen Wicht, trug ihn fort in die Küche, wo für die Unterhaltung ausreichend gesorgt war. Vergessen war der Schnuller, großäugig wurde bestaunt, was die Welt der Erwachsenen zu bieten hatte. Und nicht nur in Lokalen, auch bei anderen Gelegenheiten fühlt man sich mit Kindern bei unseren südlichen Nachbarn mehr als willkommen. Ja, es scheint, als wäre die gesamte Öffentlichkeit dort mehr auf Kinder eingestellt und diesen gegenüber toleranter.

Ob es wohl ein Zufall ist, dass italienische Kinder ihren Eltern mehr Kommunikationsbereitschaft einräumen als Kinder aus dem deutschen Sprachraum? Glaubt man jüngsten Studien, so ist gerade in Italien das »Hotel Mama« besonders beliebt. Zwei Drittel der jungen Leute unter 35 wohnen noch bei den Eltern.[103)] In Zeiten, wo es jungen Menschen zunehmend erschwert wird, Ausbildungsstätten und Jobs zu finden, gibt es dort wenigstens noch dieses Refugium. Das Hotel Mama schließt bei uns dagegen immer früher. In Deutschland wohnt lediglich ein Fünftel der Unter-35-Jährigen noch bei den Eltern. Ausgespuckt von den Kinderbetreuungsstätten, für die sie bereits zu alt sind, sieht man bei uns die Jugend in Shopping-Center herumziehen. »No Future Kids« nennt man sie, denn sie haben weder ein Nest, in das sie sich zurückziehen könnten, noch erwartet sie die Schicht der Verdienenden mit offenen Armen. Und dennoch ist man bass erstaunt, dass gerade diese Jugendlichen mit der Generation der Erwachsenen nicht einmal mehr negative Berührungspunkte zu haben scheinen.

Die 15. Shell-Jugendstudie befragte die junge Generation das erste Mal über den demografischen Wandel und das Thema Überalterung. Die Jugendlichen heute haben Respekt vor der Generation ihrer Großeltern. Sie sehen allerdings ihre Zukunft in einem viel ungewisseren Licht als noch vor vier Jahren. Vor diesem Hintergrund gewinnt die Familie wieder stärker an Bedeutung. 72 % der Jugendlichen sind der Meinung, dass man eine Familie braucht, um wirklich glücklich leben zu können. Im Vergleich zu früher bescheinigt diese Studie den Jugendlichen ein stabileres Wertesystem.[104)]

Wird das ausreichen, um eine Wende herbeizuführen? Wird die junge Generation in einer sanften Rebellion wieder die Familie in den Vordergrund stellen, so wie die Hippies in den späten 60er-Jahren Blumen in die Gewehrläufe der Soldaten gesteckt haben?

Vielleicht gibt es dann auch wieder Hoffnung für die Alten. Bereits in den 80er-Jahren hatte Frankreich die Idee der »grand-mère au-pair«.[105)] Alte einsame Menschen wurden als Leihomas vermittelt. Denn nicht nur Kinder leiden unter dem Zerfall der Familien, auch ältere Menschen fühlen sich zunehmend ausgeschlossen. Inzwischen gibt es schon Großelterninitiativen, die helfen sollen, das Besuchsrecht von Großeltern und Enkelkindern nach der Scheidung ihrer Eltern zu organisieren. Viele Großeltern wollen heute auch nicht mehr auf ihre Rechte verzichten, da sie vor allem durch die vermehrte Berufstätigkeit beider Eltern oft sehr viel an Erziehungsarbeit übernehmen. Die Beziehung zu den Großeltern ist für die meisten Kinder, entsprechend neuester Studien, nach jener zu Eltern und Geschwistern die wichtigste in ihrem Leben.

So würde sich der Kreis wieder schließen und jene Generationen, für welche die Erwerbstätigen keine Zeit erübrigen können, dürften wieder mehr Zeit miteinander verbringen. Zwar können auf diese Weise nicht direkt Altenpfleger gewonnen werden, aber schaden kann es auf keinen Fall, wenn das Verständnis und Einvernehmen zwischen Jung und Alt wieder wächst.

Bowling for Columbine – das Imperium schlägt zurück

Ein finsterer Einsiedler kriecht aus seiner Höhle. Er blinzelt ins Licht. Sein Haar ist wirr, der Bart umsteht sein Gesicht wie dichtes Gestrüpp, sein Blick wirkt irritiert. Schon lange hat er keinen Menschen mehr zu Gesicht bekommen. Ein Urmensch, der in den Wäldern haust, im dritten Jahrtausend, dem Zeitalter der hoch entwickelten Zivilisation – Karl?

Ich kannte Karl aus meiner Kindheit. Er war der Sohn eines Kollegen meines Vaters an der University of North Carolina (UNC). Auch seine Mutter arbeitete dort. In den späten 60er-Jahren hatte das noch Seltenheitswert. Nancy und Helmuth waren kaum zu Hause. Karl blieb sich weitgehend selbst überlassen. Als Gesellschaft ließ man ihm eine Schäferhündin, an der er sehr hing. Mit ihr verbrachte er seine Tage im »basement« des Hauses, an der dunkelsten Stelle des ohnehin dunklen Hauses, das alleine mitten im tiefsten Wald lag. Karl galt als wild und unführbar. Aber die Eltern waren nicht weiter beunruhigt. Sind Jungs nicht alle so? Ich fürchtete mich ein wenig vor Karl. Nicht weil er ein Jahr älter und daher stärker war als ich, sondern wegen seiner mitleidlosen Augen. Er war raubtierartig, schien immer nach Schwachstellen zu suchen, als würde er eine potenzielle Beute taxieren.

Warum wundert es mich nicht, dass Karl heute alleine in einer Erdhöhle haust? Er hat der Gesellschaft den Rücken gekehrt, die nichts von ihm wissen wollte. Er hat das Beste gemacht aus seinen prägenden ersten Erfahrungen mit anderen Menschen – sie wollten nichts von ihm und jetzt will er ganz gewiss nichts mehr von ihnen.

Es war die Zeit der Flower-Power in den USA. Man hatte in

Woodstock erfolgreich gegen den Vietnamkrieg protestiert. Statt soldatischem Gehorsam wurde nun erstmals die grenzenlose Freiheit zum Dogma erhoben. »Make Love Not War« – eine ganze Generation brach auf, um nie wieder individuellen Einschränkungen ausgesetzt zu sein. Der Ungehorsam gegenüber der Obrigkeit war Ehrensache. Man wollte alles anders machen als die ungeliebte Elterngeneration. Die ultimative Freiheit für jedermann, das war das große Ziel.

Erziehung? Um Himmels willen, bloß keine Einengung und keine Zwänge. Eltern waren die Freunde der Kinder, nicht deren Erzieher. Kinder durften schlichtweg alles. Für europäische Beobachter, wie meine Eltern, ein einziges Wunderland. Einmal gab es ein denkwürdiges Abendessen bei einem Kollegen meines Vaters, dessen dreijähriger Sohn natürlich nicht zu Bett geschickt wurde. Es hätte ihn in seiner persönlichen Entwicklung behindert. Das Kind, das keinen Geschmack an der Unterhaltung der Erwachsenen fand, begann über den Tisch zu kriechen. Gläser fielen, Suppe wurde verschüttet. Die Mutter setzte ein zuckersüßes Lächeln auf und flötete: »Please, darling, don't!« Das Kind setzte jedoch ungehindert und ungerührt seine Aktivitäten fort. Es verließ die Tischfläche nur, um darunterzuschlüpfen und die Gäste der Reihe nach in die Waden zu beißen. Die Konversation wurde immer wieder unterbrochen von spitzen Aufschreien der Betroffenen. Die Mutter verlor nicht die Geduld und wurde nicht müde, immer wieder »Please, darling, don't!« zu wiederholen. Natürlich ohne den geringsten Erfolg. Schließlich bemerkte das Kind, dass seine Bemühungen, die Unterhaltung zu unterbrechen, nicht effizient genug waren. Es schritt also wacker zum Fernsehgerät. Es schaltete ein und drehte den Ton so laut, dass man bei Tisch das eigene Wort nicht mehr verstehen konnte. Wie der Abend ausging, weiß ich nicht. Das Erlebnis war für meine Eltern nur derart unverständlich, dass es noch oft erzählt wurde. Und »Please, darling, don't!« ist bei uns ein geflügeltes Wort geblieben für das Unvermögen von Eltern, zu ihrem Kind durchzudringen.

Bei all der Liebe zu Freiheit und zu Selbstbestimmung wurde von der Flower-Power-Generation ein wesentlicher Umstand übersehen. Kinder brauchen Grenzen. Sie wollen nicht verwöhnt, sie wollen gefordert werden. Sie brauchen Erwachsene, die ihnen den Weg zeigen. Sie bohren so lange nach, bis sie auf Granit stoßen. Diese Grenze mag einmal früher, einmal später erreicht sein. Aber es gibt sie bei jedermann – es muss sie geben! Kinder reagieren desorientiert, wenn sie diese Grenzen nicht finden. Wie ein Schwimmer, der kein Ufer erkennt, mobilisieren sie ihre ganze Kraft, um endlich den ersehnten Halt zu finden.

Man kann dieses Vortasten von Kindern oft beobachten. Und wenn die Grenze erreicht ist, versuchen die Kinder immer wieder, darüber hinaus zu kommen – nur ein ganz klein wenig. Bleiben die Eltern hart und unnachgiebig, stellt sich meist wie von selbst eine seltsam tiefe Befriedigung bei den Kindern ein, die den Beobachter umso mehr verwundert, weil das Kind ja gar nicht bekommen hat, was es wollte. Je kleiner Kinder sind, umso fixer können diese Grenzen sein. Auf der Straße nur an der Hand, ohne Jacke nicht in den Schnee, die Haare werden gewaschen! Ältere Kinder lieben es, diese Grenzen in ihrem Sinne gummibandartig zu erweitern. Das kann man entsprechend ihres erlangten Grades an Vernünftigkeit auch zulassen. Ist erst einmal das Teenager-Alter erreicht, gibt es nur mehr Diskussionen über solche Grenzen – dass sie kommentarlos akzeptiert werden, kommt nur mehr selten vor. Besser, wenn man als Eltern handfeste Argumente parat hat, warum was gerade nicht erlaubt werden kann. Und – welche Überraschung – wenn man überzeugen kann, schwenkt auch das ältere Kind wie von selbst auf Linie.

Auch Jugendliche brauchen ihre Eltern. Auch sie wollen Grenzen erkennen und über diese diskutieren, nur dann können sie ihre Freiheit finden. Erwachsene haben häufig Angst, nicht ausreichend flexibel, offen, ehrlich, dynamisch und spontan zu erscheinen. Diese Eigenschaften scheint die Jugend gepachtet zu haben und die heutigen Erwachsenen sind oft selbst noch leidenschaftliche Jugendliche. Sie wollen nicht ledern, alt und konservativ erscheinen. Sie sind lieber die Freunde als die Erzieher ihrer Kinder. Aus Angst, etwas falsch zu machen, wird oft gar nicht mehr kommuniziert, man beschränkt sich darauf, materielle Güter zur Verfügung zu stellen, so schreibt Arno Dalpra, Leiter der Jugendberatungsstelle »Mühletor und Streetwork«, in seinem Jahresbericht 2003.

Um die Reife junger Menschen beurteilen zu können und die Grenzen sinnvoll stecken und erweitern zu können, ist es nötig, sie nicht aus den Augen zu verlieren. Ohne ausreichend tief gehende Gespräche ist das nicht möglich. Ein Drittel der Eltern, sagt der deutsche Jugendforscher Klaus Hurrelmann, macht einen tollen Job, ein Drittel wurstelt sich durch und ein Drittel gefährdet seine Kinder und sollte unbedingt betreut und begleitet werden.[106)] Eine Erkenntnis von unabsehbarer Tragweite, gelassen ausgesprochen. Immerhin sind Fachleute wie der Salzburger Erziehungswissenschaftler Volker Krumm überzeugt davon, dass das Elternhaus für zwei Drittel der Entwicklung eines Kindes verantwortlich zeichnet.[107)]

In diesem Lichte gilt es ein gänzlich neues Phänomen zu betrachten, das derzeit die Medien in Atem hält und die Eltern schulpflichtiger Kinder in Angst und Schrecken versetzt: die vielen Amokläufe an Schulen. »Bowling for Columbine« nannte Michael Moore seinen mit dem Academy Award preisgekrönten Dokumentarfilm über das blutige Massaker, das der Columbine Highschool in Colorado im Jahre 1999 zu trauriger Berühmtheit verhalf. Dabei hatten die beiden Jungen Eric Harris und Dylan Klebald am Tage der Bluttat ausgerechnet die Bowlingstunde um 6 Uhr früh geschwänzt. Ihre Tat war von langer Hand geplant. Viel ist seither über die Beweggründe der beiden jungen Massenmörder spekuliert worden. Sie hielten sich angeblich für Götter und wollten die »Schwachen« umbringen. Am Tag des Massakers trug der eine ein weißes T-Shirt, auf dem »Natural Selection« (natürliche Auslese) stand, der andere ein schwarzes mit der Aufschrift »Wrath« (Zorn). Michael Moore sah die Ursachen hauptsächlich in der Waffenverliebtheit der US-Bürger und in deren Ängstlichkeit vor Überfällen, geschürt durch eine Regierung, die einen Krieg rechtfertigen musste und gleichzeitig die Umsätze der heimischen Waffenindustrie ankurbeln wollte. Doch das ist wohl nicht die ganze Wahrheit.

Es gibt zahlreiche Videos, selbst aufgenommen von den beiden Jungen, von der Polizei großteils vor der Öffentlichkeit geheim gehalten aus Angst vor Nachahmungstätern, in denen die beiden jedes Detail der Tat ankündigen. Wie es geschah, ist also gut dokumentiert. Aber die Frage nach dem Warum blieb unerklärlich. Angeblich war der eine nicht Herr seiner Wutausbrüche und musste deshalb Kurse zur Aggressionsbewältigung besuchen, aus denen er wegen besonders guter Mitarbeit vorzeitig entlassen wurde. Und der andere nahm Antidepressiva, hatte diese aber zur Zeit der Tat angeblich schon absetzen können. Man munkelt auch, die beiden wären unter den Gleichaltrigen unbeliebt gewesen. Ist soziales Außenseitertum, sind psychische Probleme ausreichende Erklärung für so eine unfassliche Tat?

Ist nicht jeder Einzelne von uns einmal Außenseiter gewesen, war einmal lächerlich, wurde verspottet, an den Rand der Gruppe gedrängt? Muss nicht jeder Heranwachsende gleichermaßen fertigwerden mit Enttäuschungen über die eigene Unzulänglichkeit und würde sich mehr Anerkennung und Rücksichtnahme wünschen?

Gerade die Pubertät ist eine entscheidende Phase in der Entwicklung der Fähigkeit, sich selbst zu steuern. Gerade jetzt muss das noch nicht ausgereifte Gehirn lernen, negative Gefühle im Zaum zu halten.[108)] Jetzt ist der Zeitpunkt gekommen, der Vernunft Vorrang gegenüber Impulsen und Antrieben aller Art einzuräumen. Aber dazu bedarf es einer langen Kette von Vorbereitungen, Schritten, die bereits lange Jahre vor der letzten Reifung begonnen haben sollten.

Bis dahin sollten Gefühle verstanden werden: »Ich kränke mich, weil die anderen mich ausschließen.« Es sollten die Worte nicht fehlen. »Ich bin voller Wut«, schreibt Pekka-Eric Auvinen, der norwegische Amokläufer von Tuusula, im Internet, bevor er »seinen« Massenmord an der Jokela Highschool begeht. Was heißt »voller Wut«?

Warum ist er wütend und auf wen? Was geht denn tatsächlich in diesen jungen Männern vor? Und warum sind sie so sprachlos?

Keiner von ihnen scheint in der Lage zu sein, zu erklären, was in seinem Inneren vorgeht, welche Gefühle hier tatsächlich am Werk sind. Welche Menge an nicht verarbeiteter Frustration, Demütigung, Kränkung, Ärger, Trotz und Verzweiflung sind denn diesem »Zorn« vorausgegangen? All diese jungen Männer waren von herausragender Intelligenz, aber liest man, was sie selbst über ihre Gefühlswelt zum Besten geben, ist man versucht, sie für retardiert zu halten. Und genau das sind sie. Es sind seelisch schwer behinderte Menschen. Sie leben unerkannt unter uns, weil man von einem durchschnittlich intelligenten Menschen dieser Altersklasse erwarten darf, dass er das Kostüm seiner Emotionen im Griff hat. Man darf erwarten, dass er gelernt hat, was Gefühle bedeuten, dass er sie versteht, »begreift« – und sie daher in Begriffe kleiden und entsprechend verarbeiten kann.

Bereits ein durchschnittlicher Vierjähriger sollte Wünsche aufschieben können. Legt man ihm eine Schokolade hin und schlägt vor, er solle sie erst in einer Stunde essen, dann bekäme er eine weitere, so wird das zwar eine schwer zu bewältigende Aufgabe für den eben erst erwachenden eigenen Willen sein, die meisten Kinder aber werden es schaffen und mit der Belohnung Bestätigung finden für ihr »Durchhalten«. Ein jüngeres Kind ist dazu noch nicht in der Lage. Zunehmend aber trifft man auf weitaus ältere Kinder, die keinerlei Fähigkeiten zur Selbstbeherrschung haben. Ohne ständiges Feedback durch Lob und Tadel für Wohl- und Fehlverhalten kann sich aber die Fähigkeit zur Selbstkontrolle nicht entwickeln. Auf ein Lob und eine Bestätigung warten zu können zeichnet den reiferen Jugendlichen aus. Das Wissen darum, dass man mit Beharrlichkeit jede ausweglos scheinende Situation zu den eigenen Gunsten wenden kann, ist eines der wesentlichsten Lernziele, die man im Leben erreichen sollte. Erfolgreiche Menschen sind nicht weniger oft auf die Nase gefallen als weniger erfolgreiche, sie sind nur öfter aufgestanden.

Die Pandemie der jugendlichen Amokläufer – inzwischen erreichen uns die Horrormeldungen über neue Bluttaten an Schulen bereits im Wochentakt – führt eines ganz deutlich vor. Hier sind Kleinkinder in den Körpern von Erwachsenen gefangen. Unfähig, sich selbst zu steuern, unfähig, zu erkennen, was ihnen fehlt, was sie bedrückt, unfähig, dieser Frustration Ausdruck zu verleihen, greifen sie auf instrumentale Reaktionen zurück. Wie beim Kleinkind kommen diese nicht aus rationalen Überlegungen der Großhirnrinde – die aufgrund ihrer Sprachzentren eines Ausdrucks und damit einer Verarbeitung fähig wäre, einer Grundvoraussetzung für eine vernünftige Lösung des Dilemmas –, sondern sie kommen direkt aus den tiefsten Tiefen des Stammhirns, welches wir noch mit den Reptilien gemeinsam haben. Es wird zurückgegriffen auf Urinstinkte wie Kampf und Flucht, zwei wichtige, lebenserhaltende Strategien, die aber in der Komplexität eines großen Sozialgefüges wie jenem der modernen Menschheit viel zu grob und unpassend sind, um zielführende Lösungsansätze zu bieten.

Vordergründig mögen die Amokläufe als rationale Taten hingestellt werden können. In der Tat waren sie minutiös geplant. Doch das ist nur Ausdruck des hohen Intellekts der Täter. Irgendwann ist aber bei jedem von ihnen die Verbindung zwischen Gefühlswelt und Vernunft abgerissen. Gefühle, die nicht erkannt werden, stauen sich auf und lösen ähnliche Beklemmungen aus wie eine zu volle Blase. Und ebenso wie diese muss der aufgestaute Druck dann auf mechanischem Wege abgelassen werden.

Tiere, die ungleich uns Menschen nicht die Möglichkeit einer Steuerung durch eine übergeordnete Instanz wie unsere Vernunft besitzen, müssen auf ebendiese Weise aufgestaute Frustrationen abreagieren. In einem Experiment wurde eine Ratte in einem Käfig immer durch ein rotes Licht und einen Summton vorgewarnt, bevor der Boden des Käfigs unter Strom gesetzt wurde. Wenn sie nicht rasch genug reagierte, bekam die Ratte dann den unvermeidbaren Stromschlag. Das Tier lernte schnell, bei dem Signalton rasch in den Nachbarkäfig zu wechseln. Die Ratte war es zufrieden, sie konnte jederzeit der »Strafe« entgehen. Dann schloss der Versuchsleiter die Verbindungstüre.

Ab nun konnte die Ratte nicht mehr aus. Sie »wusste« um die unausbleibliche »Strafe« durch den Stromschlag und geriet bei Aufleuchten der Lampe und Erklingen des Summtons in Panik. Wurde das Experiment über Tage und Wochen weitergeführt, wurde die Ratte allmählich apathisch. Sie »erkannte«, dass sie die Strafe niemals würde vermeiden können, und stellte allmählich all ihre Lebensfunktionen ein. Sie starb schließlich an Nierenversagen.

Der Versuch wurde wiederholt, nur setzte man diesmal nicht eine Ratte alleine in den ausweglosen Käfig, sondern gab ihr eine »Leidensgefährtin« zur Gesellschaft. Und nun geschah etwas Interessantes: Hatten die Ratten einmal erkannt, dass sie dem Stromschlag nicht ausweichen konnten, begannen die beiden, wie wild aufeinander loszugehen. Sie bekämpften einander, einem Urinstinkt folgend. Und blieben damit gesund. Zwar konnten sie dadurch dem Stromschlag nicht entgehen, aber sie konnten ihren »Frust« an der jeweils anderen abreagieren.[109)]

Wie die Ratten im Käfig können viele frustrierte Jugendliche den negativen Erlebnissen, die ihre Umgebung ihnen ständig zufügt, nicht ausweichen. Es ist kein Zufall, dass all diese Attentate in den Schulen passieren, die aufgrund der allgemeinen Schulpflicht, Käfigen gleich, alle Kinder »gefangen halten«, bis der Gesetzgeber erlaubt, dass sie diesen wieder verlassen können.

Das alles wäre für einen normal entwickelten jungen Menschen auch gar kein Problem. Die Türen für alternative »Nachbarkäfige« sind vielfältig – ein liebevolles Elternhaus, ein verständnisvoller Freundeskreis (außerhalb der Schule), andere Betätigungsfelder, die Erfolge bringen (Sport, Musik, gestalterische und handwerkliche Betätigungen etc). Doch für Pubertierende im emotionalen Kostüm von Kleinkindern gleicht diese Schulsituation tatsächlich einem Käfig ohne Ausweg. Die »Stromstöße«, die ihnen die Umgebung wissentlich oder unwissentlich verpasst, stauen Aggressionen auf. Viele dieser späteren Amokläufer tragen die »Ohnmacht als bestimmendes Lebensgefühl« schon lange mit sich herum, erklärt Christian Pfeiffer, Direktor des Kriminologischen Forschungsinstitutes Niedersachsen, oft sind sie isoliert, gemobbt und gedemütigt. Sie können sich selbst nicht helfen und auch andere können es zumeist nicht, weil es kaum Vorzeichen gibt. Und so werden diese jungen Burschen zu tickenden Zeitbomben.

Ist einmal die Verbindung abgerissen, kann Hilfe nur mehr durch professionelle Betreuung erfolgen. Mitschülern oder Lehrern hier einen Vorwurf zu machen wäre völlig unangebracht. Wie im Straßenverkehr muss ein gewisser Vertrauensgrundsatz gelten. Gerade in einer komplizierten Gesellschaft wie der unseren, die nie schnelllebiger und hektischer war und gleichzeitig nie weniger Tiefgang hatte, muss man sich darauf verlassen können, dass die Individuen jeden Schritt der normalen persönlichen Reifung durchlaufen haben.

Die Eltern kann man leider nicht so leicht aus der Verantwortung entlassen. Ihre vordringlichste Aufgabe wäre es, für dieses Kontinuum zu sorgen. Wenn nicht ihnen, wem sonst sollte auffallen, dass die emotionale Entwicklung ihres Kindes unterbleibt? Aber natürlich ist das eine grobe Vereinfachung. Denn es setzt voraus, dass die Eltern selbst ausreichend gereift sind und wohlmeinende Betreuung erfahren haben. Tragen sie selbst schon Defizite aus ihre Jugend mit, kann man ihnen kaum den Vorwurf machen, dass sie auf etwas hätten achten sollten, das sie selbst gar nicht kennen.

Die Art, mit Kindern umzugehen, wird von einer Generation zur anderen weitergegeben. So auch die Unfähigkeit, eine Bindung zu eigenen Kindern aufzubauen. In einer Gesellschaft, in der kaum mehr jemand Zeit für den andern hat, ist eine qualitative Verbesserung der Eltern-Kind-Beziehungen auch nicht zu erwarten.

Wenn ein Konzept fehlt, wie man eine liebevolle Mutter oder ein liebevoller Vater ist, wird es äußerst schwer, dieses Ziel zu erreichen. So werden Kinder aus Elternhäusern voller Gewalt und Übergriffe vielfach selbst wieder zu prügelnden, lieblosen Eltern.

Aber es gibt auch Ausnahmen. Fred, der Mann einer Freundin, wurde als Kind den Eltern weggenommen, weil diese ihn völlig verwahrlosen und fast verhungern ließen. Das Jugendamt brachte ihn ins Heim, weil er mit 9 Monaten so schwach war, dass er seinen Kopf kaum heben konnte. Andere Kinder sind in diesem Alter bereits munter beim Krabbeln. Nach vier Jahren Heim entschloss sich die Behörde jedoch, ihn den Eltern zurückzugeben. Damit begann dann sein eigentliches Martyrium. Ständig wurde er geschlagen und so schwer misshandelt, dass er heute noch unter den physischen Folgen zu leiden hat. Ganz zu schweigen von den psychischen Folgen der mehrfachen Vergewaltigungen durch seinen Vater. Immer wiederkehrende Albträume plagen ihn bis heute. Trotzdem ist Fred ein liebevoller Vater geworden, fast zu liebevoll, wie seine Frau erzählt. Seinen Kindern lässt er angeblich alles durchgehen, setzt ihnen überhaupt keine Grenzen. Fred hat kein Konzept mitbekommen, wie man ein guter Vater ist. Aber eines weiß er ganz genau: Seine Kinder sollen es besser haben.

Wir haben die Möglichkeit, es besser zu machen als unsere Eltern, selbst wenn wir als Kinder kein geeignetes Vorbild dafür hatten, wie gute Eltern sich verhalten sollen. Menschen aus problematischen Elternhäusern sollten daher auch als Erwachsene noch in ihrer Elternrolle begleitet und nach Kräften unterstützt werden: von ihrem sozialen Umfeld, aber auch durch professionelle Hilfe von Jugendämtern und Psychologen. Viele Eltern, die als Kind nicht das Glück hatten, in einer liebevollen Familie aufwachsen zu dürfen, machen trotzdem einen guten Job. Alleine die Erkenntnis, dass das, was man selbst erfahren hat, schlecht war, ist schon eine gute Voraussetzung, um es selbst besser zu machen. Für das eigene Kind offen zu sein ist meist schon ein guter Anfang. Die ehrliche und intensive Auseinandersetzung mit diesem selbst zeigt oft schon den Weg.

Das Wichtigste ist, die Kontinuität zu bewahren, den Kontakt nicht zu verlieren. So kann es gar nicht erst passieren, dass Eltern nicht Bescheid wissen, was ihr Kind beschäftigt, welche Freunde es trifft, wofür es sich interessiert und ob es mit seinem Leben zurechtkommt. Eltern, die sagen, sie hätten nichts bemerkt vom Drogenkonsum ihrer Kinder oder gar einer Schwangerschaft – sie können diese Verbindung nicht mehr gehabt haben. Sie ist irgendwann unbemerkt abgerissen und nicht mehr aufgenommen worden, weil sie niemandem wichtig erschien.

Die Schuld für die Entgleisungen der Jugendlichen von der Gesellschaft auf die Eltern und wieder zurück zu wälzen, bringt uns freilich nicht weiter. Nach eingehender Analyse der Ursachen ist aber dringend Handlungsbedarf gegeben. Es muss sich etwas ändern, das zumindest sollte inzwischen klar sein.

Kochrezept Kindererziehung – wo ein Wille ist ...

Der kräftige ältere Herr hält einen festen Holzprügel in die Kamera. Er will etwas sagen, doch die Worte wollen nicht aus seinem Mund kommen. Er muss sich abwenden, die Gefühle übermannen ihn. Bei der schrecklichen Erinnerung bricht sein großes Herz, wie der hölzerne Knüppel, den seine Hände demonstrativ ein für alle Mal zerstören ...

Eigentlich hätte der Wiener Installateur Gerhard Spitzer vor 15 Jahren in dem rumänischen Waisenhaus in Luncan nur Gasleitungen verlegen sollen. Doch was er dort sah, erschütterte ihn so sehr, dass er bis heute geblieben ist.

Die Waisenkinder wurden von ihren Betreuern täglich mit Holzknüppeln geschlagen, sie wurden gedemütigt und misshandelt. Sich Fremden anzuvertrauen kam für sie nicht in Frage. Die Betreuer warnten sie vor allem vor Ausländern. Diese würden die Kinder mit Süßigkeiten anlocken, so die Pfleger, und dann würden sie ihnen die Organe herausschneiden und diese in den Westen verkaufen.

»Der gute Mensch von Luncani« titelt der »Schauplatz« ORF am

7. Dezember 2007. Der Reporter Michael Brauner hat Spitzer in die Müllberg-Siedlung von Luncan begleitet, wo dieser mit den Ärmsten der Armen lebt. Spitzer hat nicht nur mehrere Waisenkinder adoptiert, er hat ihnen eine Zukunft gegeben. Er sorgte für die Ausbildung seiner Schützlinge, vergaß aber auch die vielen anderen verlassenen Kinder nicht. Er gründete eine Wohngemeinschaft für Jugendliche mit angeschlossener Lehrwerkstatt. Die Mitarbeiter selbst kommen aus dem Waisenhaus und haben schlimmste Erlebnisse hinter sich. Trotzdem sind sie in der Lage, heute andere anzuleiten und für sie da zu sein.

Armut lähmt, sagt Spitzer. Die Menschen haben die Hoffnung verloren, aus eigener Kraft wieder aus dem Elend herauszufinden. Der Wiener Installateur lebt ihnen vor, wie es geht. Er hilft, wo er kann. Bei eingestürzten Dächern ist er genauso mit Rat und Tat zur Stelle, wie er Medikamente an die Alten verteilt, deren Rente nicht mal für das Nötigste reicht. Er packt mit an, wenn es was zu reparieren gibt, und zeigt den Weg anhand seines eigenen Beispiels. Inzwischen kommen alle Menschen der Umgebung zu ihm, wenn es irgendein Problem gibt. Er fühlt sich nicht als Missionar oder Weltverbesserer, er kann einfach nicht wegschauen. »Seine« Jugendlichen lieben ihn. Denn das Wichtigste für sie ist, dass er sich als Person eingebracht hat, sich selbst zur Verfügung gestellt hat. Er hat den Kindern mit greifbarer Liebe Geborgenheit gegeben, als sie es am nötigsten hatten.

Immer mehr Menschen erkennen, dass verarmte und verlassene Kinder aus den benachteiligten Regionen der Welt auch ein Recht auf individuelle Betreuung haben sollen und in ihrer Entwicklung unbedingt gefördert und unterstützt werden müssen. Zunehmend aber erscheinen auch Kinder aus den reichen Industrienationen, die Eltern und darüber hinaus noch alle erdenklichen materiellen Güter haben, emotional zu verarmen und unter denselben Deprivationssyndromen zu leiden wie die von uns so bedauerten Waisenkinder aus den wirtschaftlich schwachen Ländern der Welt.

Unsere Kultur ist an einem Wendepunkt angekommen. Die Individualisierung ist so weit vorangeschritten wie nie zuvor, zugleich verlangsamt sich die emotionale Reifung zum mündigen Erwachsenen. Viele Menschen bleiben ewige Kinder und leben für die Befriedigung ihrer unmittelbaren Bedürfnisse, wovon wieder die Wirtschaft profitiert, welche die Entwicklung so noch zusätzlich verstärkt. Dienste am Nächsten, die emotionale Zuwendung, Verantwortung und Empathie erfordern, werden zwar für die eigene Person eingefordert, aber dort, wo man selbst Geber sein sollte, wird immer häufiger delegiert – an bezahlte Kräfte, die dann ihren Dienst zwar versehen, aber häufig die erforderliche innere Bereitschaft nicht in demselben Maße aufbringen können wie jemand, der emotional eingebunden ist. Die moderne Menschheit zerfällt langsam in ihre verschiedenen Altersklassen, welche die Bedürfnisse der jeweils anderen nicht mehr wahrnehmen – sehr zum Nachteil nicht nur der schwächeren Mitglieder dieser Gesellschaft.

Das Erbe des Patriarchats der vergangenen Jahrtausende hat uns eine Geringschätzung ehemals als weiblich angesehener Tätigkeiten beschert. Tätigkeiten rund um die Familie werden daher häufig als entwürdigend abgelehnt. Ihre Geringschätzung hinterlässt zwar ein fühlbares, aber undefiniertes Vakuum – wie kann etwas fehlen, das anscheinend gar nicht von Bedeutung ist?

Beruf und Kindererziehung sind in einem Maße unvereinbar geworden wie nie zuvor in der Menschheitsgeschichte, nie gab es größere Spezialisierung. Aus der »vaterlosen« ist die »elternlose Gesellschaft« geworden. Daher bekommen auch Kinder aus den reichen Industrienationen heute immer seltener das, was sie am nötigsten brauchen. Wenn sich Eltern heute aber vermehrt ihrem Beruf außer Haus zuwenden, wird sich irgendjemand um die Kinder kümmern müssen. Was bisher landläufig als Kinderbetreuungseinrichtung galt, wird als Ersatz für den Verlust der Hauptbezugspersonen jedoch nicht ausreichen. Diese Einrichtungen sind nur ungenügend auf die neue Aufgabe vorbereitet, die bevorsteht, sollte der Trend weiter anhalten.

Abhängig vom Alter des Kindes wird es nötig sein, durch entsprechende außerfamiliäre Einrichtungen zu ersetzen, was das Elternhaus nicht mehr ausreichend bieten kann. Der Kontakt zu einer verlässlichen Hauptbezugsperson innerhalb der ersten drei Lebensjahre ist als besonders wichtig anzusehen. Die meisten Kindergärten nahmen bis vor kurzem Kinder erst ab drei Jahren auf. Das nicht aus Bosheit den Hauptbezugspersonen gegenüber, damit diese erst dann wieder in ihren Beruf einsteigen können, sondern aus der Erfahrung heraus, dass jüngere Kinder meist noch nicht reif genug sind, über Stunden von ihrer Hauptbezugsperson getrennt zu sein. Sollen Kinder vor dem dritten Geburtstag schon in Fremdbetreuung gegeben werden, so ist das kindliche Bedürfnis, zu einer bestimmten Bezugsperson zu gehören, in diesem Lebensabschnitt daher besonders zu berücksichtigen.

Im Unterschied zur Erwachsenenliebe ist die Liebe des Kindes vorhersagbar und daher steuerbar.[110)] Jeder Erwachsene, der sich dazu berufen fühlt, kann Hauptbezugsperson für Kinder sein und ihnen auf diese Weise »Urvertrauen« schenken. Eine verantwortungsvolle Planung dieser Verbindung kann mit Sicherheit helfen, zum Glück eines Kindes und seiner Familie beizutragen.

Für ein kleines Kind, dessen Mutter und Vater tagsüber arbeiten, kann tatsächlich ein Kindermädchen zur Hauptbezugsperson werden. Das bringt Eltern mitunter in eine unangenehme Situation. Mütter, die Kindermädchen beschäftigen, erzählen immer wieder, wie schwer es mit zunehmender Dauer des Dienstverhältnisses wird, sich daheim durchzusetzen. Ihr Wort gilt bei den Kindern oft nicht mehr viel, und die Aupair-Mädchen, welche das wohl bemerken, nutzen vielfach die günstige Gelegenheit, um mehr Geld oder mehr Freiheiten zu verlangen. Viele kommen aus armen Ländern wie den ehemaligen Ostblockstaaten herüber, aber nicht, weil sie sich besonders für Kindererziehung interessieren würden, sondern weil es für sie ein willkommenes Sprungbrett in den »goldenen Westen« bedeutet. Vor allem kleine Kinder hängen aber ihr Herz unweigerlich an die gerade vorhandenen Betreuer und nicht an jene, die zwar ihr Bestes wollen, aber nicht verfügbar sind. Um halbwegs das Heft der Erziehung in der Hand zu behalten, greifen viele Mütter zu drastischen Maßnahmen. Sie entlassen die Kindermädchen alle paar Jahre. Meist dann, wenn sich die Kinder endlich wieder an »die Neue« gewöhnt haben.

In manchem Fall kann die unbedachte Trennung von einer geliebten Ersatzmutter für das Kind höchst dramatisch sein. Thomas Lorenz, Sohn des Nobelpreisträgers, erzählte meiner Mutter, dass er als Kind von einem Kindermädchen betreut worden sei, das er sehr ins Herz geschlossen hatte. Die Eltern waren beide berufstätig und als kleiner Junge hing Thomas ganz besonders an seiner Kinderfrau. Als sie entlassen wurde, weinte er tagelang. Noch als Erwachsener litt er sehr unter diesem einschneidenden Erlebnis.

Bisher wurde den handelnden Personen in der Fremdbetreuung viel zu wenig Aufmerksamkeit gewidmet. Die Geringschätzung mütterlicher bzw. unbedingter Liebe hat dazu geführt, dass man glaubte, jede beliebige bezahlte Kraft könne ersetzen, was dem Kind fehlt. Im Verhältnis zur Last ihrer Verantwortung wurde wenig Sorgfalt auf die Auswahl, Ausbildung und Honorierung jener Menschen gelegt, von denen erwartet wird, dass sie in Zukunft die Grundbedürfnisse unseres Nachwuchses weitgehend befriedigen sollen.

Eine echte Alternative zur elterlichen Betreuung wird nur eine Person bieten können, zu der die Kinder eine kontinuierliche individuelle Bindung entwickeln können. Mütter, die auf Tagesmütter eifersüchtig sind, fühlen genau, welche Intensität die Beziehung zwischen ihrem Kind und der Betreuerin bekommen kann. Gerade für die ersten drei Lebensjahre ist so eine beständige Bezugsperson aber unerlässlich.

Auch das ältere Kind braucht noch Kontinuität. Die unmittelbare Bedeutung der individuellen Mutter-Kind-Bindung wird zwar ab dem dritten Geburtstag langsam abnehmen zugunsten von wichtigen anderen Bezugspersonen im Leben des Kindes, aber sie bleibt bestehen – nicht selten ein Leben lang. Die Voraussetzungen für eine möglichst anhaltende Bindung zwischen Fremdbetreuung und Kind zu schaffen muss gerade dann höchste Priorität bekommen, wenn die natürliche Bindung in der Familie bereits mangelhaft ist. Dabei ist die Wechselseitigkeit der Bindung zwischen Kind und betreuendem Erwachsenen unbedingt zu berücksichtigen. Betreuenden Erwachsenen zu helfen, eine intensivere und dadurch befriedigendere Beziehung zu ihren Schützlingen aufzubauen, sollte mehr in den Vordergrund gestellt werden.

Die Kindergärtnerin meines Sohnes war tieftraurig, als sie die Kinder ihrer Gruppe, nach drei Jahren engster Betreuung, in die Schule entlassen musste. Sie war noch ganz jung und hatte noch nicht gelernt, dass zu viel an emotionaler Investition tiefe Löcher in die eigene Seele reißen kann. Ich traf sie im Herbst darauf und fragte, wie ihre neue Gruppe wäre. Die Kinder wären noch sehr klein, sagte sie. Offenbar vermisste sie ihre »Großen« immer noch.

Das System der Weitergabe von Kindern an verschiedene Betreuer entsprechend ihrer Alterklasse – auch wenn das der Bequemlichkeit vieler Eltern entgegenkommt – verhindert jede tiefere Bindung. Die Betreuer lernen, weniger zu investieren, wollen sie nicht jedes Mal seelisch verletzt zurückbleiben, wenn sie ihre Schützlinge abgeben müssen. Und die Kinder lernen, dass sich niemand wirklich für sie verantwortlich fühlt. Alles halb so schlimm, wenn ihnen dafür die Hauptbezugsperson erhalten bleibt. Was aber, wenn die Hauptbezugsperson eine dieser Betreuerinnen ist?

Wie intensiv sich Kinder auch nach ihrem dritten Geburtstag an ihre Betreuerin anschließen können, erzählte mir eine erfahrene ältere Kindergärtnerin, die seit Jahrzehnten einen eigenen Privatkindergarten in Wien betreibt. Einige ihrer ehemaligen Schützlinge, sagte sie, kämen über viele Jahre nach der Schule noch zu ihr – weil sie sonst keinen Erwachsenen hätten, mit dem sie reden könnten. Wie gut, dass es Gabi gibt!

Die Grundschule trägt in vielen Ländern dem Umstand Rechnung, dass Kinder sich auch bis zum zehnten Lebensjahr gerne an eine bestimmte Betreuerin anschließen. Die Grundschullehrerin bedeutet Kindern sehr viel, sogar die Hierarchie der Beliebtheit einzelner Kinder in der Klassengemeinschaft steigt und fällt nicht selten mit der Zuneigung und dem Wohlwollen der Lehrerin.[111)] Das mag nun nicht für alle Kinder positiv sein und deshalb gibt es in manchen Ländern (wie Frankreich) ein System des jährlichen Wechsels der Lehrkraft auch in der Grundschule. Kinder und Lehrer müssen aber vor allem dann in ihrer Beziehung zueinander bestärkt werden, wenn daheim Bezugspersonen immer seltener zur Verfügung stehen. Außerdem lernt es sich leichter, wenn man es freiwillig tut, weil man die lehrende Person gern hat. Und umgekehrt ist es viel leichter, zu lehren, wenn einem die Kinder ans Herz gewachsen sind.

Früher war es üblich, in den Grundschulen Lesen, Schreiben und Rechnen zu vermitteln. Vom Elternhaus wurde erwartet, dass sie bereits ausreichend »sozialisierte« Kinder an die Lehrerschaft übergaben. Die seelisch-geistige Reife der Grundschüler sollte daheim bereits so weit vorbereitet worden sein, dass diese teamfähig und emotional altersgemäß stabil eingeschult werden konnten. Aufgrund der zunehmend fehlenden individuellen Betreuung zu Hause beginnen sich die Anforderungen an Grundschule und Elternhaus nun zu verschieben. Hans Ambros, Direktor der Grundschule in Wien Sievering, ist bereits seit über 30 Jahren Schuldirektor und überblickt schon viele Generationen von Schulkindern. Durch ihn habe ich Einsicht in diese sehr interessante Entwicklung bekommen.

Als Elternsprecherin hatte ich unter vielen erfreulichen unter anderem auch die unangenehme Aufgabe, die Interessen der Elternschaft gegenüber jenen Kindern zu vertreten, die als verhaltensauffällig galten. Im speziellen Fall dieser Klasse gab es fünf »verhaltenskreative« Jungen, die einen Unterricht schlichtweg unmöglich machten. Als die Lehrerin einmal von einem der Jungen blutig gebissen wurde, entschieden die Eltern, es müsse etwas geschehen. Direktor Ambros erklärte damals, das Problem der Grundschule bestünde hauptsächlich darin, dass sie eine Schule für alle sein müsse und daher niemand abgelehnt werden dürfe. Dieses an sich gute Konzept wird vor allem dann problematisch, wenn Kinder, auf die schon daheim kaum noch jemand Einfluss hat, ganz einfach und selbstverständlich der Gemeinschaft überantwortet werden, die damit dann irgendwie zurechtkommen muss.

Die Häufung dieser »Problemfälle« bezeichnet einen deutlichen Trend – einen zunehmenden Verlust von Erziehungseinfluss der Eltern. Die Schule, die bisher hauptsächlich Wissen hätte vermitteln sollen, sieht sich immer mehr in die Rolle der generellen Erzieherin gedrängt. Hier wird ein gesellschaftliches Problem auf die Lehrerschaft abgewälzt, die – gar nicht ausgebildet für diese neue Aufgabe – immer häufiger überfordert ist und, anstatt in ihrer Position aufgewertet zu werden, durch jeden Misserfolg sogar noch an Image verliert. Ganz so, als hätten die Lehrer jetzt den »schwarzen Peter Kindererziehung« ausgefasst.

Lehrer waren zwar immer auch Erzieher, nur war früher der Konsens darüber, was »Erziehung« überhaupt bedeutete, wesentlich einheitlicher, sodass in der Schule quasi lückenlos weitergeführt werden konnte, wovon man selbstverständlich erwartete, dass es auch zu Hause so gemacht wurde. Schulen waren früher sogar vielfach in noch viel größerem Ausmaß als heute »Disziplinierungsanstalten«, nur war man sich über die Notwendigkeiten, die Methoden und die Rechtfertigungen dieser Maßnahmen wesentlich einiger als heute. Man zog an einem Strang. Heute ist es nicht mehr so einfach, zu klären, was der »gemeinsame Strang« wäre. Lehrer machen sich daher eher verdächtig, wenn sie über das ihnen eingeräumte »soft-pädagogische Maßnahmenpaket« hinaus sich »einmischen« in die Erziehung, das »stünde ihnen ja gar nicht zu«, heißt es dann. Wie sie es machen, machen sie es falsch. Daher haben sie Unterstützung erhalten, von Begleitlehrern und Psychologen.

Schulpsychologen sind zwar in den Grundschulen vor Ort, um mit verhaltensauffälligen Kindern zu arbeiten, aber ihre Möglichkeiten beschränken sich auf einzelne Gespräche mit betroffenen Schülern und Eltern. Intensives Arbeiten mit einzelnen Schülern, wie es oft angesagt wäre, ist alleine aus zeitlichen Gründen gar nicht möglich. Schwierige Schüler werden daher von einer Schule in die nächste abgeschoben, was das Problem nur verlagert, aber selten löst. Die Schulpsychologin vermochte im Fall des »bissigen« Jungen nichts auszurichten, betonte aber, dass der Junge im Gespräch mit ihr immer so vernünftig und einsichtig wäre. Das stellte natürlich keine große Hilfe dar, denn in der Klassengemeinschaft benahm er sich immer wieder daneben. Nicht nur deshalb, weil die Klassenkameraden es weiterhin von ihm erwarteten, sondern auch weil seine Situation daheim für ihn unbefriedigend blieb. Der Junge wurde schließlich an eine Nachbarschule »vermittelt«. Solche »Schülerrochaden« wurden zwischen den miteinander befreundeten Direktoren häufig durchgeführt. In der Hoffnung, das Kind würde in der nächsten Schule seine Rolle als »Klassenunterhalter« verlieren, nahm jeder dem anderen die Problemfälle ab, nur um diese zumeist im Jahr darauf wieder an eine andere Schule »weiterzuempfehlen«.

Natürlich hätte es auch früher problematische Schülerpersönlichkeiten gegeben, meinte Ambros, aber früher wäre es möglich gewesen, als Lehrer alleine eine Klasse von 36 Schülern zu unterrichten. Heute wäre es fast unmöglich, zu zweit 24 Grundschüler zu bändigen. Besonders die intelligenten Kinder seien heute das Problem.

Das bestätigte mir auch eine ehemalige Schulfreundin, Maria, die als Grundschullehrerin an verschiedenen Schulen in Wien tätig war. Zu dieser Zeit unterrichtete sie gerade eine Klasse in einem Wiener Gemeindebezirk, der hauptsächlich von sozial benachteiligten Schichten bewohnt wird. In ihrer Klasse gab es einige Schüler, die aufgrund ihrer familiären Situation zu geringe frühkindliche Förderung und Anregung erhalten hatten, daher als unterdurchschnittlich begabt galten. Maria sagte, diese Kinder wären sehr leicht zu unterrichten und sie fühlte sich sehr wohl in der Klasse. Die Schüler würden sie als Vorbild respektieren, das Lernklima sei hervorragend. Früher, so erzählte sie, hätte sie in einer Schule in einem Wiener Nobelbezirk unterrichtet. Die Schüler stammten hauptsächlich aus »besserem« Hause, hatten jede erdenklich Form von Frühförderung und Anleitung erhalten, waren aber für Maria nahezu unlenkbar. Auf die Frage, was denn ihrer Meinung nach den Unterschied ausmachte, meinte sie schlicht: Wohlstandsverwahrlosung. Die Kinder hätten zwar alles, aber niemand würde sich um sie kümmern. Es wäre sehr schwer gewesen, sich Respekt zu verschaffen in einer Gruppe von Kindern, die offenbar nichts und niemanden zu respektieren gelernt hatten. Die Eltern daheim waren mit der Erziehung bereits überfordert, sie hatten nur mehr wenig Beziehung zu ihren Kindern und konnten daher bei Problemen in der Schule gar nicht helfen. Gerade jene, die selbst den geringsten Einfluss auf ihre Kinder hatten, standen besonders vehement dafür ein, dass die Schule dafür da wäre, Kinder zu sozialisieren.

Die Pädagoginnen wissen heute genau um das Defizit ihrer Schützlinge. Über eine Hintertüre versuchen Schulen heute, die Eltern wieder mehr in die Kindererziehung einzubinden. Wenn es nämlich die vordringliche Aufgabe der Lehrer ist, Ordnung in einer Klasse zu schaffen, so muss die Wissensvermittlung natürlich drunter leiden. Diese wird daher heute zunehmend auch den Eltern überantwortet. Im Gegensatz zu früher werden Eltern mit den Hausaufgaben ihrer Kinder deutlich mehr befasst. In meiner Generation saß kaum eine Mutter dabei, wenn die Hausaufgaben zu machen waren. Ich erinnere mich nicht an Ansagen, Gedächtnisübungen oder Rechenproben, für die daheim geübt worden wäre. Meine Eltern waren an meinen schulischen Leistungen mehr indirekt beteiligt.

Heute sind die Eltern aufgerufen, nachmittags mit den Kindern zu üben. Nichterfolg wird über das Mitteilungsheft sofort gemeldet. Als ich Tommys Lehrerin auf die Mitteilung ansprach, die Schüler würden die Leseaufgaben nicht ordentlich erledigen, seufzte sie nur und sagte, das beträfe in erster Linie die Hortkinder. Offenbar gelingt es vor allem dann nicht immer, die Eltern für die Fortschritte ihrer Kinder zu interessieren, wenn diese bis abends fremdbetreut werden.

Natürlich nehmen sich auch die Pädagoginnen im Hort die Zeit, den Kindern bei den Hausaufgaben zu helfen. Viele Mütter lassen die Kinder deshalb im Hort die Aufgabe machen, weil sie das oft stundenlange Sitzen mit dem jammernden und zeternden Sprössling daheim nicht leiden können, ja oft habe ich Mütter darüber Beschwerde führen gehört, wie ungerecht es sei, dass sie die ganze »schlechte Stimmung« daheim abbekämen. Wenn es schon der eigenen Mutter zu viel wird, die Fortschritte des Kindes im Rechnen und Schreiben zu überwachen, um wie viel mehr müssen dann die »Tanten« im Hort aushalten, die nicht eines, sondern 20 Kinder gleichzeitig bei ihren Aufgaben betreuen müssen. Dass die Qualität dieser Betreuung im Einzelfall leidet, je mehr Kinder einer Pädagogin zugeteilt sind, liegt in der Natur der Sache.

Die Idee dahinter, die Eltern wieder mehr für die schulischen Anforderungen zu interessieren, ist, den Einfluss der Hauptbezugspersonen der Kinder für deren Förderung und Entwicklung auszunutzen. Haben die Eltern aber immer weniger Zugang zu ihren eigenen Kindern, kann das Konzept nicht greifen.

Wenn wir wollen, dass die Erziehungsinstitutionen außerhalb des Elternhauses mehr Verantwortung auch für die emotionale Reifung der Kinder übernehmen, müssen Schulen und Nachmittagsbetreuungseinrichtungen dahingehend überdacht und reformiert werden. Alle Kinder sollen die Chance bekommen, in Situationen aufzuwachsen, die ihren natürlichen Bedürfnissen am ehesten entsprechen – in einer Betreuungseinrichtung mit Familienstruktur.

Kinderheime wurden in den letzten Jahrzehnten genau in diesem Sinne bereits umstrukturiert. Man hat längst verstanden, dass Hospitalisierungsschäden wie seelische und geistige Retardierung vor allem in Heimen mit Altersklassenstruktur auftreten, seltener aber in modernen Kinderheimen. SOS-Kinderdörfer wurden für Kinder gegründet, die keine Eltern mehr haben oder aus verschiedensten Gründen nicht bei diesen leben können. Die Einrichtungen sind wie eine große Familie aufgebaut. Die Kinder sind verschieden alt und es gibt Hauptbezugspersonen, die physisch und emotional zur Verfügung stehen. Zwar werden diese von der Organisation bezahlt, aber ihrer emotionalen Bindung an die Kinder steht nichts im Wege. Sie können seelisch investieren, sich selbst einbringen, denn diese Kinder bleiben bei ihnen, als Kleinkinder, als Schulkinder und auch später als junge Erwachsene. Die Verbindung muss nicht abreißen. Es ist eine richtige Eltern-Kind-Beziehung mit allem, was dazugehört. Die Erfolge der Organisation SOS-Kinderdorf zeigen, wie nahe diese ursprünglich aus der Not geborene Einrichtung den Bedürfnissen der Kinder kommt. Viel näher als manche biologische Familie dieser Tage.

Ja, die Not vieler Familienkinder, die durch wechselnde Betreuerinnen und Eltern, die sich nicht zuständig fühlen, aus der Bahn geworfen sind, legt nahe, SOS-Kinderdörfer für alle in Betracht zu ziehen. Statt eines Systems, das bevorzugt gleichaltrige Kinder in großen Scharen von ständig wechselnden Betreuern beaufsichtigen lässt, sollte vielmehr eine Familienstruktur zumindest für Kleinkindbetreuung, Kindergarten und die ersten vier Schulklassen ins Auge gefasst werden. Erste Ansätze finden sich schon in Grundschulen, die von der ersten bis zur vierten Klasse alle Kinder gemeinsam unterrichten. Der Lernerfolg ist kein geringerer, im Gegenteil, die Auseinandersetzung mit Kindern anderer Altersgruppen ist sogar förderlich, nicht nur für das soziale, sondern gerade auch für das intellektuelle Lernen. Wenn es nicht möglich ist, die Schulen rasch an die neuen Erfordernisse der Kindererziehung anzupassen, so sollte wenigstens die Nachmittagsbetreuung familienstrukturartig aufgebaut sein.

In einer Situation, in der zwei Grundschullehrer schon kaum mehr in der Lage sind, eine Gruppe von 24 gleichaltrigen Kindern zu unterrichten, mutet das Ansinnen der Regierung, zusätzliche Lehrerposten zu streichen, nachgerade gewissenlos an. Experten in Sachen Kindererziehung sollten unbedingt gehört werden, wenn sie kleinere Klassen fordern. Pädagogen, die über die Vermittlung von Wissen hinaus auch noch zunehmend Elternfunktionen übernehmen, müssen auf anderer Ebene entlastet werden. Auch das System der Benotung durch den eigenen Lehrer sollte dahingehend überdacht werden, steht sie doch wie kaum etwas anderes der emotionalen Bindung zwischen Schüler und Pädagoge im Weg.

Ehemals »weibliche« Aufgabenbereiche wie die Erziehung von Kindern haben jedoch nach wie vor keinen greifbaren Stellenwert und genießen daher keinerlei Priorität bei politischen Entscheidungen. Wie viel darf Erziehung denn kosten? Welches zusätzliche Budget stünde Schulen denn zu, die über die reine Wissensvermittlung hinaus nun auch zunehmend Sozialisierungs- und Grunderziehungsarbeit leisten sollen? In einer leistungsorientierten Gesellschaft wie der unseren, mit einer ausgeprägten und ungebrochenen Vorliebe für alle ehemals »männlichen« Tätigkeiten, die außer Haus stattfinden, gibt es gar keinen Anhaltspunkt dafür, was Erwachsene, die sich unentgeltlich um Heim und Kinder kümmern, wert sind. Jetzt, da kaum jemand mehr die ungeliebten Aufgaben übernehmen möchte, stellt sich erstmals die Frage nach der Leistbarkeit von Alternativen. Wie viel Wertschöpfung ergibt es, gesunde, emotional stabile Kinder heranzuziehen? Entspricht sie der Wertschöpfung, die Mütter und Väter außer Haus erarbeiten? Sind diese Werte überhaupt miteinander vergleichbar?

Der wahre Wert einer Hauptbezugsperson kann offenbar nicht einmal annähernd geschätzt, geschweige denn bezahlt werden. Angesichts dieser Tatsachen kann man sich ausrechnen, was einer Gesellschaft leistbarer sein wird: der tatsächlich gleichwertige Ersatz von Mutter und Vater durch bezahlte Betreuungseinrichtungen oder die Rückkehr der Eltern zu Heim und Kinderstube. Die Antwort liegt auf der Hand. Selbst wenn der Staat mit finanziellen Ausgleichszahlungen an die Hauptbezugspersonen der Kinder »belastet« wird, die Erziehung der Kinder würde effektiver und befriedigender verlaufen und gleichzeitig viel weniger kosten.

Arbeitsplätze mit Kinderbetreuungseinrichtungen zu versehen ist ein erster Schritt in die richtige Richtung. Wenn der Prophet nicht zum Berg kommt, dann muss der Berg zum Propheten kommen. Strukturelle Veränderungen der Arbeitsplätze kommen wahrscheinlich sogar billiger als die Reparatur von Schäden an Kinderseelen, die ständig auf ihre Bezugspersonen verzichten müssen. Viele Firmen haben bereits reagiert und unterhalten betriebseigene Kindergärten und Tagesstätten.

Darüber hinaus muss auch der zeitliche Aufwand der Berufstätigkeit in Frage gestellt werden: Teilzeit für Eltern vor allem kleiner Kinder ist daher ein weiterer wichtiger Schritt in die richtige Richtung. Und schließlich hat am 8. Dezember 2007 ein besonders begrüßenswertes Ereignis stattgefunden. Eine große Supermarktkette gab den Angestellten ihrer Filialen frei, damit sie Mariä Empfängnis bei ihren Familien verbringen konnten. Die Kunden wurden für den Verlust, am Samstag nicht einkaufen gehen zu können, mit 10 % Rabatt auf alle Waren am Vortag belohnt. So viele Kunden habe ich in der kleinen Filiale in Mauerbach noch nie gesehen. Aber niemand beschwerte sich über die längeren Wartezeiten an den Kassen, es gab etwas wie ein fühlbares Einvernehmen unter den Kunden, die den Angestellten und deren Familien den freien Tag von Herzen gönnten.

Die menschliche Ausstattung hat so viele Hürden genommen, so viele Beschränkungen bravourös umschifft, ja der gänzlichen Auslöschung unserer Art mehrfach ein Schnippchen geschlagen – es müsste mit dem Teufel zugehen, wenn es nicht gelingen würde, diese neuen Hürden auch noch zu meistern. Die Zukunft wird zeigen, was uns eine stabile Gesellschaft wert ist und welche Werte diese zusammenhalten wird.

Anmerkungen

1 Jane Goodall, 1991: Ein Herz für Schimpansen. Meine 30 Jahre am Gombe-Strom. S. 60–61. Rowohlt Verlag, Reinbeck bei Hamburg.

2 Jean Liedloff, 1996: Auf der Suche nach dem verlorenen Glück. Gegen die Zerstörung unserer Glücksfähigkeit in der frühen Kindheit. Beck'sche Reihe, München.

3 Erich Fromm, 2003: Die Kunst des Liebens. 60. Auflage, Erstauflage 1956, Frankfurt am Main.

4 Konrad Lorenz, 1935: Der Kumpan in der Umwelt des Vogels. Journal für Ornithologie 83, 2–3, S. 137–215 und 289–413.

5 Jakob Grimm, Deutsche Mythologie, 3 Bd., 1875–1878. Berlin, Nachdruck, Drei Lilien, Wiesbaden 1992, S. 388, Volkssage aus Hessen.

6 Andreas Zompro, 2002, Das Schwarze Netz, Elmshorn.

7 Sarah Blaffer-Hrdy, 2000: Mutter Natur. Die weibliche Seite der Evolution. Berlin Verlag, S. 527.

8 Zitiert aus Anmerkung 7, S. 526f.

9 Nancy Scheper-Hughes, 1992: Death Without Weeping, the Violence of Everday Life in Brazil. Berkley, p. 364–373.

10 Margery Wolf, 1972: Women and the Family in Rural Taiwan. Stanford, California.

11 Marina Marcovich und Theresia Maria de Jong, 1999: Frühgeboren. Zu klein zum Leben? Die Methode Marina Marcovich. Fischer.

12 Zitiert nach Bernhard Hassenstein, 2001: Verhaltensbiologie des Kindes, 5. Auflage, Spektrum Akademischer Verlag, Gustav Fischer, 2001, S.134.

13 Cabanac M, Pfaff D W M, Ogawa S, Know L M, 1999: Neural oxytocinergic systems as genomic targets for hormones and as modulators of hormone-dependent behavieros. Rockefeller University New York, 26, p. 91–105; Results Probl Cell Differ.

14 Smock T, Albeck D, Stark P, 1998: A Peptidergic Basis for Sexual Behavior in Mammals. Department of Psychology, University of Colorado, Boulder, Prog. Brain Res. 1998, 119, p. 467–481; Appetenzverhalten, Frühstadium sexueller Erregung, Koitus antizipiert, Früherkennung eines möglichen Partners, könnte mit der versteckten Ovulation bei Primaten zu tun haben und mit Paarungsverhalten außerhalb des Östrus.

15 Irenäus von Eibl-Eibesfeldt, 2004: Die Biologie des menschlichen Verhaltens: Grundriss der Humanethologie. Piper, München, Zürich.

16 Thomas R Insel, Larry J Joung and Zuoxin Wang, 1997: Central Oxytocin and Reproductive Behaviors. Review of Reproduction 2, p. 28–37. Thomas R Insel, Larry J Joung and Zuoxin Wang, 1997: Molecular Aspects of Monogamy. 1997, Annals of the New York Academy of Sicences. 807, p. 302–316.

17 Luis A Ebensperger, 1998: Strategies and Counterstrategies to Infanticide in Mammals. Biological Reviews 73: 321–346, Cambridge Unviersity Press.

18 Zitiert nach Harold I Siegel, 1986: Hormonal Basis of Maternal Behavior in the Rat. Annals of the New Academy of Sciences 474, (1), p. 202–215.

19 Beobachtung des Verhaltensforschers J B Schaller, zitiert nach Bernhard Hassenstein, 2001: Verhaltensbiologie des Kindes, 5. Auflage, Spektrum Akademischer Verlag, Gustav Fischer, S. 283.

20 Jane Goodall, 1991: Wilde Schimpansen. Verhaltensforschung am Gombe-Strom. Reinbeck bei Hamburg.

21 Zitiert nach Tina Bayer, 2006: Mutterliebe. Das stärkste Gefühl entschlüsselt. Spiegel online, 14. Mai 2006.

22 Friederike M Perl: Co-Sleeping – oder wo schläft das Kind? Hebammenforum, geburtshaus-muenster.de, April 2008

23 Seth Pollak Studie: Wismer Fries Alison B, Ziegler T et al., 2005: Early experience in humans associated with changes in neuropeptides critical for regulatory social behavior. Proceedings of the National Academy of Sciences. 103, p. 17237–17240.

24 John Bowlby, 1982: Attachment and Loss. New York, Baisc Books.

25 Bernhard Hassenstein, 2001: Verhaltensbiologie des Kindes, 5. Auflage, Spektrum Akademischer Verlag, Gustav Fischer, S. 145f.

26 Wladimir Ovtscharoff, Carina Helmeke und Anna Katharina Braun, 2006: Lack of Parental Care Affects Synaptic Development in the Anterior Cingulate Cortex. In: Brain Research, Amsterdam, Slsevier, Bd. 1116, 1, S. 58–63.

27 Arnold Gesell, 1941: Wolf Child and Human Child – The Life History of Kamala the Wolf Girl. Methuen. London. Zitiert nach: Dieter E Zimmer, 1989: Experimente des Lebens. Über wilde Kinder, Zwilling, Kibbuzniks und andere aufschlussreiche Wesen. Haffmans Verlag, Zürich.

28 Heute erhebt sich die Frage, ob man den Kindern etwas Gutes getan hat, sie aus ihrer gewohnten Umgebung herauszureißen, vielleicht hätte Amala nicht sterben müssen, hätte sie bei der Wolfsfamilie bleiben dürfen. Humberto E Maturana und Francisco J Varela, 1984: Der Baum der Erkenntnis. Bern, München. Angegebene Quelle: C. MacLean, 1977: The Wolf Children, New York.

29 Primäres und Sekundäres Ich überlagern einander, werden aber dennoch als verschiedene Wesenseinheiten erlebt, der Größenwahnsinnige empfindet die beiden Ichs als ein und dasselbe, der Schizophrene erlebt sie als völlig getrennt und hat demnach auch zwei Persönlichkeiten. Rudolf Hernegger, 1982: Psychologische Anthropologie. Von der Vorprogrammierung zur Selbststeuerung. Beltz, Weinheim und Basel.

30 Maya Pines, 1981: The Civilizing of Genie. In: Psychology Today, September, p. 28–34.

31 Katharina Rutschky (Hrsg.), 1977: Schwarze Pädagogik. Quelle zur Naturgeschichte der Bürgerlichen Erziehung. Ullstein Materialien 35087, Berlin, Frankfurt.
32 Bernhard Hassenstein, 2001: Verhaltensbiologie des Kindes, 5. Auflage, Spektrum Akademischer Verlag, Heidelberg, Berlin, S. 120f.
33 Die Gesellschaft gegen Christel Meyer, 1976, in: Time Life Bücher/ Menschliches Verhalten, Band Die Familie, Kapitel Die Kinder und die Alten, Time Life International (Nederland), S. 96f.
34 Erich Fromm, 2003: Die Kunst des Liebens. 60. Auflage (Erstauflage 1956), Frankfurt am Main.
35 Harry Harlow, 1958: The Nature of Love. American Psychologist 13, p. 375–685.
36 Martin Daly und Margo Wilson, 1988: Evolutionary Social Psychology and Family Homicide. Science 242: 519–524.
37 Eckhart Voland, 1993: Grundriss der Soziobiologie. UTB Stuttgart, Jena, Kapitel Infantizid, S. 151ff.
38 Christian Vogel und H Lorch, 1984: Reproductive Parameters, Adult-male Replacements, and Infanticide Among Free-ranging Langurs (presbytis entellus) at Jodhpur (Rajasthan), India. In Infanticied: Comparative and Evolutionatry Perspectives Hausvater G und Hrdy S B (Hrsg.) Aldine, Hawthorne, New York.
39 Thematisiert von Freud-Mitarbeiter Paul Federn, 1919: Zur Psychologie der Revolution: Die vaterlose Gesellschaft. Leipzig, Wien.
40 Edward O Wilson, 1998: Consilience. The Unity of Knowledge. Random House, New York.
41 Klein, H, 1991: Couvade Syndrome: Male Counterpart to Pregnancy. International Journal of Psychiatry Med., 21, 1, p. 57–69.
42 Berg S J and Wynne-Edwards K E, 2001: Changes in Testosterone, Cortisol, And Estradiol Levels in Men Becoming Fathers. Mayo Clin. Pric. 76, p. 586–592; Storey A E et al., 2000: Hormonal Correltaes Of Paternal Responsiveness In New and Expectant Fathers. Evol. And Human Behav., 21, p. 79–95.
43 White E B, 2000: Wilbur und Charlotte, Diogenes Verlag, Zürich.
44 Natalie Angier, 2001: Schön Scheußlich. Goldmann, München.
45 C K Brian, 1968: The Hunters or the Hunted. An Introduction of the African Cave Taphonomy. Unviersity of Chicago Press, Chicago, London.
46 Frans de Waal, 1991: Wilde Diplomaten. Versöhnung und Entspannungspolitik bei Affen und Menschen. Hanser, München.
47 Robin Dunbar, 2000: Klatsch und Tratsch. Wie der Mensch zur Sprache fand. Goldmann, München.
48 Emily Sue Savage-Rumbaugh et al., 1986: Spontaneous Symbol Aquisition and Communicative Use By Pygmy Chimpanzee (Pan Paniscus). Journal of Experimental Psychology, General 115, p. 211–235. Robert Fouts,

1997: Next of Kin: What Chimpanzees Have Tought Me About Who We Are. Morrow, New York.
49 Adolf Portmann, 1969: Biologische Fragmente zu einer Lehre vom Menschen. Schwabe, Basel Stuttgart.
50 Sabina Riedl und Barbara Schweder, 2003: Wie Frauen Männer gegen ihren Willen glücklich machen. Ueberreuter, Wien.
51 Frans De Waahl, 1982: Chimpanzee Politics. Cape, London.
52 P B Gray et al., 2002: Marriage and Fatherhood are Associated With Low Testosterone im Males. Evloution an Human Behavior, 23/3, p. 193–201.
53 R Hegner und J Wingfield, 1987: Effects of Exerimental Manipulation of Testosterone Levels On Parental Investment and Breeding Success In Male House Sparrows. General and Comparative Endocrinology, 60, p. 236–243.
54 Desmond Morris, 1968: Der Nackte Affe. Droemersche Verlagsanstalt, München, Zürich.
55 D I Perret et al., 1998: Sexual Dimorphism and Facial Attraction. Nature 394, p. 884–886.
56 Sabina Riedl und Barbara Schweder, 2003: Wie Frauen Männer gegen ihren Willen glücklich machen. Ueberreuter, Wien.
57 Richard Leaky, 1993: Der Ursprung des Menschen. Fischer, Frankfurt/ Main.
58 Lionel Tiger, 1999: The Decline of the Males. Golden Books, New York.
59 A H Harcourt et al.,1981: Testis Weight Body Weight and Breeding Systems in Primates. Nature 293, p. 55–57
60 Martin Daly and Margo Wilson, 1983: Sex, Evolution and Behavior, 2nd edtition, PWS Publishers Boston Massachusetts, p. 152ff.
61 Großmutterhypothese von H A Euler, 1997: Eine Evolutionäre Psychologie der Familienbeziehungen zwischen den Generationen oder: Die umfassende Tüchtigkeit von Omas, Schwiegermüttern und Tanten. Vortrag am Konrad Lorenz Institut für Evolutions- und Kognitionsforschung in Altenberg, NÖ, 9. Oktober 1997.
62 J J Bachofen, 1954: Mutterrecht und Urreligion. Stuttgart.
63 Darryl Trevor Gwynne and L W Simmons, 1990: Experimental Reversal of Courtship Roles in an Insect. Nature 346, p. 172–174.
64 Luc F Bussière, Hassaan Abdul Basit and Darryl T Gwynne, 2005: Preferred Males are Not Always Good Providers: Female Choice and Male Investment in Tree Cricket. Behavioural Ecology 16 (1), p. 223–231.
65 Andreas Hejj, 1996: Traumpartner – Evolutionsbiologische Aspekte der Partnerwahl. Springer Berlin Heidelberg, S. 25ff.
66 Barry S S Hewlett et al., 2005: Hunter-Gatherer Childhoods: Evolutionary, Developmental and Cultural Perspectives. Transaction Publishers.
67 Barbara I M Schweder, 2002: Anthropologie der Skelettreste aus dem spät-

antiken Gräberfeld auf dem Frauenberg bei Leibnitz in der Steiermark. Fundberichte aus Österreich, Materialheft 10 A, Wien, S. 411–581.
68 Helen Fisher, 1983: The Sex Contract – the Evolution of Human Behavior. Quill.
69 Margery Wolf, 1972: Women and the Family in Rural Taiwan. Stanford University Press, California.
70 Paul Möbius, 1900: Über den physiologischen Schwachsinn des Weibes. Marhold, Halle.
71 Vera Sprothen, 23. 06. 2004: Courage Mutter! Spiegel Online.
72 David Friedrich Weinland, 2005: Rulaman. Knödler, Reutlingen (Erstausgabe 1857).
73 Lionel Tiger, 1999: The Decline of Males. Golden Books, New York.
74 Daten Statistisches Zentralamt.
75 James H O'Keefe and Loren Cordian, 2006: Cardiovascular Disease Resulting from a Diet and Lifestyle Odds With Our Paleolithic Genome: How to Become a 21st Century Hunter-Gatherer. Mayo Clinic Proceeings.
76 Ach Himmel, es ist verspielt, Komm Sing Mit, S. 315, 1962, Helbling OHG Innsbruck.
77 Bronislaw Malinowsky, 1966: The Father in Primitive Psychology. The Norton Library. New York, p. 53.
78 Richard Fester, 1979: »Was Schöpfungsgeschichten verraten« in R. Fester (Hrsg.): Weib und Macht. 5 Millionen Jahre Urgeschichte der Frau. Fischer, Frankfurt.
79 Die Bibel, Genesis, der Fall des Menschen: 3, 1–24; Katholische Bibelanstalt 1980, Herder, Freiburg, Wien.
80 Henry Lincoln, Michael Baigent und Richard Leigh, 1987: Der heilige Gral und seine Erben. Bergisch Gladbach.
81 Marie E P König in Richard Fester (Hrsg.), siehe Anmerkung 77.
82 Franz Kardinal König, 1994: Haus auf festem Grund. Annemarie Fenzl und Reginals Földy (Hrsg.), Amalthea, Wien, München, Berlin.
83 Dean Koonz, 2005: Der Wächter. Heyne, München, S. 170,171 und 34.
84 Magazin Weekend, Nr. 14, 8./9. September 2007 (Wien/NÖ/BGLD)
85 Persönliches Gespräch mit Renate Hofmann.
86 Rupert Riedl, 2004: Neugierde und Staunen. Seifert, Wien.
87 Robert Walser, 1978: Lektüre für Minuten. Suhrkamp. S.179.
88 Erich Fromm, 2003: Die Kunst des Liebens, siehe Anmerkung 3.
89 Julia Onken, 1993: Vatermänner. Ein Bericht über die Tochter-Vater-Beziehung und ihren Einfluss auf die Partnerschaft. Beck'sche Reihe.
90 Neil Postman, 1987: Das Verschwinden der Kindheit. Fischer, Frankfurt.
91 Oliver Sacks, 1998: Der Mann, der seine Frau mit einem Hut verwechselte. RoRoRo Sachbuch.
92 Daniel Goleman, 1995: EQ Emotionale Intelligenz. Hanser.

93 Sabina Riedl und Barbara Schweder, 2004: Mimosen in Hosen. Eine Naturgeschichte des Mannes. Ueberreuter, Wien.
94 Steve Biddulph, 2000: Jungen. Wie sie glücklich heranwachsen. Beust, München.
95 Siehe Anmerkung 93.
96 Pia Alexandra Bauer, Der Standard, Print 20./21. 10. 2007.
97 Zitiert aus: Väterkarenzquote in Österreich, 2006: Verdopplung bis 2008. Meine Family. Das NÖ Familienjournal, Heft 1.
98 Zitiert nach Hans Baumgartner, Kirchenzeitung, Linz, Ausgabe 2003/36.
99 Unicef-Bericht zur Entwicklung der Kinder 2007.
100 Mathias Albert, Professor für Politikwissenschaften, Uni Bielefeld. Jugend ohne Perspektive? »Alte« Werte und »neuer« Generationenkonflikt, 22. 06. 2004, Online Familienhandbuch. Jugend 2002. 14. Shell-Jugendstudie, Frankfurt/M. Fischer.
101 Statistik Austria Kindertagesheime 02. 07. 2007.
102 Statistik Austria Pflegegeldbezieher in Österreich.
103 Schluss mit Hotel Mamma. Spiegel Online, 06. 06. 2006.
104 15. Shell-Jugendstudie 2006.
105 Time Life Bücher, Menschliches Verhalten. Die Familie.
106 Michael Santen im Gespräch mit Klaus Hurrelmann: »Wie verlottert sind unsere Kinder wirklich?« Wir Eltern in Europa 17. 06. 2007.
107 Volker Krumm, 1995: Über die Vernachlässigung der Eltern durch Lehrer und Erziehungswissenschaft. Plädoyer für eine veränderte Rolle der Lehrer bei der Erziehung der Kinder. In A Leschinsky (Hrsg.) Die Institutionalisierung von Lehrern und Lernen – Beiträge zur Theorie der Schule. Z. f. Päd., Sonderheft 34, S. 119–140.
108 Barbara Strauch, 2004: Warum sie so seltsam sind. Gehirnentwicklung bei Teenagern. BvT Berlin.
109 Film »Mein Onkel aus Amerika; mon Oncle d'Amérique«, mit Gérard Depardieu, Alain Resnais (Regie).
110 Bernhard Hassenstein, siehe Anmerkung 12.
111 Karl Grammer, 1988: Biologische Grundlagen des Sozialverhaltens. Verhaltensforschung in Kindergruppen. Wissenschaftliche Buchgesellschaft.

Danksagung

Mein besonderer Dank gilt meiner Freundin und Kollegin, Rosmarie Maran-Steinlechner, die mit unvergleichlicher Akribie und Geduld die Rohfassung des Manuskriptes durchgearbeitet und mit wertvollen Anregungen versehen hat, sowie meiner Lektorin, Magdalena Burghardt, die für den letzten Feinschliff verantwortlich zeichnet. Mein Dank gilt auch allen Freundinnen, die mit Anekdoten und persönlichen Erfahrungen zur Illustration des Textes wesentlich beigetragen haben.